아름다운
부모들의 이야기
3

아름다운
부모들의 이야기3

1판 1쇄 인쇄   2021년 1월 10일
1판 1쇄 발행   2021년 1월 16일

글쓴이   이민정

펴낸곳   아훈출판사
펴낸이   아훈연구소
편집자문   김용기 김재신

등록번호   214-90-65919
등록일자   2015년 9월 18일
주소   서울시 서초구 반포대로 58(서초아트자이 오피스텔) 101동 804호 (우 06652)
연구소 전화   070-8201-9864, 010-3100-1411
홈페이지   www.ahoon.kr

공급처   ㈜북새통
             서울특별시 마포구 월드컵로 36길 18, 삼라마이다스 902호(성산동)
             전화: 02)338-0117, 팩스 02)338-7161
             홈페이지 www.booksetong.com

이럴 때
이렇게
말한다!

아름다운
부모들의 이야기

3

아훈
Ahoon

시작하며

나는 강의를 하면서 늘 아름다운 사람들을 만난다. 이 책은 그들의 이야기다. 그들은 《아훈》 강사이기도 하고 수강자이기도 하고 독자이기도 하다. 이 책에는 수강자들이 《아훈》 프로그램을 몇 시간 배우면서 실천한 사례도 있고, 며칠을 배우면서 실천한 사례, 몇 년을 배우면서 실천한 사례, 그리고 30년 가까이 배우면서 실천한 사례, 또 내 책을 읽고 바로 실천한 독자들의 사례도 있다.

올해 33년째 인간관계에 대한 강의를 하고 있는 나는 2010년에 인간관계에 '아름다운(알면 알수록 더 좋은 사람)'의 의미를 담은 "아름다운 인간관계 훈련《아훈》" 프로그램을 만들어 강의하고 있다.

나는 요즘 강의할 때 다음과 같은 중국 격언으로 시작할 때가 많다.

한 시간 동안 행복해지고 싶다면 낮잠을 자라.
하루 동안 행복해지고 싶다면 낚시를 가라.
한 달 동안 행복해지고 싶다면 결혼을 하라.
일 년 동안 행복해지고 싶다면 재산을 상속받으라.
일생 동안 행복해지고 싶다면 다른 이를 도와라.
우리가 일생을 행복하게 살려면 어떻게 살아야 하는지, 그 답은 달콤한 낮잠, 여유롭고 한가한 낚시, 인생에서 가장 행복할 것이라 꿈꾸는 결혼, 그리고 많은 사람이 바라는 재산 상속 등 한 시간, 하루, 한 달, 일 년 등 한계가 있는 행복이 아니라, 일생 동안 행복해지고 싶다면 다른 이를 도우며 사는 삶이라고 중국 격언은 말하고 있다.

그러나 우리는 '내'가 아닌 '다른 이'를 얼마나 도우며 살고 있을까. 우리는 누군가를 돕기보다는 도움 받는 삶을 원하지 않을까. 그런데 미국 시인이자 사상가인 랠프 왈도 에머슨은 말한다.

"사람이 누군가를 진심으로 돕고자 할 때 어김없이 스스로를 돕게 된다는 사실은 인생이 주는 아름다운 보상이다."

누군가를 돕는 일이 곧 자신을 돕는 일이라고 한다. 그렇다면 어떻게 '다른 이'를 도울까. '다른 이'를 도우며 사는 삶은 어떤 삶일까. 우리가 사람을 만날 때 어떤 사람을 만나면 행복하고 어떤 사람을 만나면 힘이 빠지고 피곤하다. 나는 어떤 사람일까.《아훈》에서는 만나면 서로 행복을 만들어 주는 사람, 즉 '다른 이'를 돕는 삶을 목표로 훈련한다. 그렇다면 '다른 이'를 돕는 삶은 언제부터 시작될까? 몇 살부터 시작될까.

며칠 전, 남편과 나는 다섯 살 손자에게 엄청난 도움을 받았다.
그날, 남편과 나는 손자가 노는 걸 지켜보고 있었다. 아이는 자기가 한글을 배웠다며 또박또박 자기 이름을 썼다. 남편이 자기 이름을 쓴 손자를 보고 부탁했다.

"민준아, 할아버지 이름도 써 줄래."

할아버지 이름을 알고 있는 다섯 살 손자는 긴장한 듯 할아버지 얼굴을 조심스럽게 올려다보더니 잠깐 머뭇거리다가 진지하게, 아주 천천히 또박또박, 온 영혼을 담은 듯 한 자 한 자 써 내려갔다.

"하 라 버 지."

남편이 손자에게 말했다.

"그래, 할아버지 이름이네. 고마워. 네가 할아버지 이름을 잘 써 줘서 할아버지가 (양팔로 크게 하트를 만들며) 이만큼 기뻐. '하 라 버 지' 이름을 쓴 이 글자 할아버지가 잘 간직할게. 고마워."

손자가 흐뭇한 표정으로 씩 웃었다. 손자의 웃음을 보는 남편과 나의 세상은 행복으로 가득했다. 다섯 살 아이가 할아버지 할머니에게, 함께 있는 우리 가족 모두에게 행복을 안겨 주었다.

어느 날 손자가 나에게 물었다.

"할머니, 할머니는 다섯 살 때 뭐했어요?"

"글쎄, 할머니가 다섯 살 때 뭐했을까. 아, 생각났다. 할머니가 네 살 때는 할머니의 엄마 찌찌 만졌어."

" … (수줍게 웃으며) 할머니의 엄마 찌찌요?"

"그래. 그런데 할머니가 다섯 살 되었을 때는 할머니의 엄마 찌찌 안 만졌어."

이번에도 손자는 배시시 웃으며 말했다.

"… 나도 이제는 안 만지는데."

"그렇구나. 그러니까 민준이랑 할머니랑 똑같네."

손자가 하얗게 웃었다. 다섯 살 아이와 나눈 대화로 할머니와 할아버지는 기쁘고 또 행복했다.

미국의 교육학자 마렌 모리첸은 말한다.

"우리는 대부분 위대한 일을 하지 못한다. 하지만 작은 일을 위대하게 해 낼 수는 있다."

다섯 살 아이는 작은 일을 위대하게 해 낸 것이다. 놀라웠다. '하 라 버 지' 네 글자와 아이의 하얀 웃음이 우리에게 얼마나 큰 감동인지, 다섯 살 손자가 할아버지와 할머니에게, 우리 가족 모두에게 얼마나 큰 도움을 주었는지, 이렇게 큰 행복을 안겨 주다니. 위대한 일을 한 것이다.

그리고 시간이 지난 어느 날 아이가 웃으며 말할 것이다.

"할아버지, 제가 다섯 살 때 할아버지 이름을 '하 라 버 지'라고 썼었죠. 지금은 정확히 쓸 수 있어요."

그러면 '하 라 버 지'는 할아버지 안주머니 수첩에 정성스럽게 접어서 넣어 둔, 손자가 다섯 살 때 쓴 그 메모지를 꺼내 보여 주면서 말할 것이다.

"그래. 그랬었지. 자 여기 네가 그때 썼던 '하 라 버 지' 글자, 여기 있어."

그러면 함께 있던 식구들은 아이가 다섯 살 때, 그 글자를 쓰던 날을 떠올리며 행복해할 것이다. 그리고 할아버지와 아이는 행복을 만드는 사람이 될 것이다. 우리 모두에게 도움을 주는 사람이 될 것이다.

그리고 또 시간이 지나 아이가 중학생이 되었을 때, 고등학생 … , 아이가 아이 아빠가 되었을 때, 또 세월이 지나 자신이 '할아버지'가 되었을 때 말할 것이다.

그때는 본인의 수첩에 간직하고 있는, 정성스럽게 접어 둔 메모지를 꺼내며 말하겠지.

"이 메모지는 옛날에, 우리 할아버지가 간직하고 있던 메모지야. 내가 다섯 살 때 썼던 글자. … '하 라 버 지' 글자야. 할아버지가 옆에 계시다면 나는 말할 거야.

'할아버지 지금은 정확히 쓸 수 있어요. 지금은 영어로도 쓸 수 있어요. 스페인어로도요. 또 … , 쓸 수 있어요 .…' 하고 말하면 할아버지는 그때처럼 활짝 웃으며 말씀하시겠지.

'그래. 우리 민준이가 그걸 아직도 간직하고 있구나. 할아버지가 우리 민준이 많이 사랑하는 거 알지. 고맙다, 고마워.'

하시겠지. 그러면 나는 말할 거야.

'네. 할아버지. 할아버지 기뻐하시도록 살려고 많이 노력하고 있어요.' 하고."

그리고 손자였던 본인이 촉촉한 눈으로 하늘을 바라보겠지. 저 어디쯤에 계시며 내려다보실 '할아버지'를 떠올리겠지. 아름다운 손자가 아름다운 '할아버지'를 떠올리겠지. 그리고 '내가 이 아름다운 세상에 참 잘 왔구나.' 하고 기뻐하겠지.

그러나 혹시, 혹시라도 그때 할아버지가 성급하게 가르치려 했다면,

행복이 성적순이라고 굳게 믿는 할아버지였다면, 아이가 한 글자 한 글자 정성스럽게 쓴 '하 라 버 지' 글자를 보며 말했을지 모른다.

"민준아, 이건 할아버지 이름이 아니야. 너 할아버지 이름 알지? 말해 봐. 그렇지. 할아버지 이름은 김 용 운이야. 자, 다시 써 봐. 다시 써! 다시, 자, 김부터 써 봐, 김은 네 이름 첫 글자랑 같은 글자잖아, 자 써 봐."

했다면 아이가 그렇게 활짝 웃었을까. 우리가 그렇게 행복할 수 있었을까. 아이가 우리에게 도움이 되었을까.

행복은 우리의 일상 곳곳에서 놀라운 감동으로 찾아올 수도 있고 또한 망가뜨리거나 놓쳐 버릴 수도 있는 게 아닐까. 사실 사람은 잉태의 순간부터, 그리하여 세상에 태어나면서부터 '다른 이'를 기쁘게 돕는 삶이 시작되는 게 아닐까. 우리가 찾기만 하면 찾을 수 있는 가까운 곳 어딘가에 가득 있는 게 아닐까.

어른들은 말한다. 다섯 살 아이가 그런 걸 다 기억할까. 그 기억이 그렇게 신선한 추억으로 남아 있을까.

포리스트 카터가 쓴 소설 『내 영혼이 따뜻했던 날들』에서는 다섯 살 때 아버지 어머니 모두 돌아가시고 외할아버지 할머니와 함께 살게 된 주인공은 말한다.

"내가 다섯 살이던 1930년 ….

내가 할 수 있는 일들을 도와드리노라면 할아버지는 내가 오기 전까지는 혼자서 이 많은 일들을 어떻게 해 왔는지 도저히 믿기지 않는다고 말씀하시곤 했다."

다섯 살 아이는, 자신이 할아버지의 든든한 조력자임을 인정받자 자신이 이 집에 필요한 사람이라고 생각했나 보다. 그래서 그는 이어서 말한다.

"나는 그들이 나를 사랑하고 나를 환영한다는 걸 깨닫고 마음이 따뜻해졌다. 그래서 나는 울지 않고 쉽게 잠이 들 수 있었다."

이 책은 '다른 이'에게 도움을 받으며 자란 한 아이가 결국 그들에게 더 큰 도움이 되었음을 보여 주는 성장 이야기다. 그러나 '다른 이'에게 도움이 되는 일은 쉬운 듯, 얼마나 어려운 일인지, 그들, 특히 실천하는 강사들은 말한다.

"선생님 어떤 경우에는요. '나 강사 아니야, 《아훈》 강사 아니라고. 나 강사 다 때려치우고 옛날 엄마야, 옛날 아내라고. 옛날처럼 막 한다. 막.' 하고 싶을 때가 많아요."

그러면 나도 말한다.

"그럼요. 그래야 우리가 이렇게 강의하고 또 만날 수 있죠. 우리가 성인이나 성녀가 되면 이렇게 만날 수도 없죠. 그래서 저도 언젠가 남편에게 말했어요. '야!! 너랑 나랑 두 살 차이밖에 더 나냐, 두 살 많다고 뭐가 그렇게 잘 났냐.' 했더니 남편이 말하더라고요. '그래. 나 너보다 잘났다. 왜? 네가 기어 다닐 때 나는 뛰었다.' 그래서 더 이상 말을 못 했어요."

사실 우리가 실천하면서 이렇게, 되었다, 안 되었다, 하고 싶다, 안 하고 싶다를 반복할 수밖에 없다. 내가 33년째 강의하면서도 '아차' 실수할 때가 많다. 그렇다고 후퇴하는 것은 아니라고 생각한다. 실수하면 더 큰 깨달음이 오기 때문에 '더 많이 연구하고 준비해야지.' 더 굳은 결심으로 훈련하다보면, 점점 더 이해하게 되고 더 여유로워지고 더 평화로워지니까. 더 풍요롭고 덜 후회하는 삶을 살게 되니까.

그래서 공자도 말씀하셨나 보다.
"우리는 세 가지 방식을 통해 지혜를 배울 수 있다.
첫째는 반성을 통해서다. 이는 가장 고귀한 방식이다.
둘째는 상상을 통해서다. 이는 가장 쉬운 방식이다.
셋째는 경험을 통해서다. 이는 가장 쓰디쓴 방식이다."
그래서 수강생들은 말한다.
"배울 때는 잘할 수 있을 것 같아요. 강의실에 앉아서 배울 때는 반성하고 상상하니까 쉽게 될 수 있을 것 같아요. 특히 상상할 때는 너무나 쉬운 것 같아요. 모든 걸 다 배운 대로 잘 할 수 있을 것 같아요. 그런데 실제로 하려니까 제 감정이 앞서서, 제가 반성하고 상상했던 게 다 도망가 버려요."
그래서 경험을 하려면 쓰디쓴 훈련이 필요하다고 했나 보다.

이 책에서 자주 만나게 되는 말이 있다.
"저는 몰랐어요."
"제가 어두운 길을 헤맬 때 …."

"제가 배운 방법대로 하려고."

"제가 바뀌니 상대방도 바뀌더라고요."

"제가 달라지니 아이들도, 남편도 모두 달라지더라고요."

"행복을 배워야 행복할 수 있다는 걸 몰랐어요."

"친절도 배워야 친절할 수 있다는 걸 몰랐어요."

"늘 의식하고 깨어 있어야 하더라고요."

"구체적인 방법을 모르니까 아무리 깨어 있어도 안 되더라고요."

"마음은 있는데 구체적인 행동을 모르니까 더 답답하더라고요."

"그렇게 살아왔어요. 제 마음대로요."

"배우길 참 잘했다는 생각을 해요."

그리고 또 눈물을 많이 흘린다. 그래서 목이 멜 때가 많고 울먹일 때가 많다. 그러나 그 눈물은 보석처럼 빛난다.

그리고 그들은 말한다.

내가 어떻게 바뀌었더니 상대방이 어떻게 바뀌었고, 내가 어떻게 달라지자 상대방이 어떻게 달라졌는지, 내가 모르던 걸 배우고 알게 되니 생각이 달라지고, 생각이 달라지자 행동이 달라지고, 행동이 달라지니 습관이 달라지고 그리고 운명이 어떻게 바뀌는지, 실제로 체험한 그 구체적인 상황의 결과를 말한다.

그들은 배운 내용을 실생활에 적용하면서 배우고, 실패하면서 배우고, 성공적인 결과를 얻으면서 배운다. 어떻게 성공하고 어떻게 실패했는지, 놀람으로, 아쉬움으로, 안타까움으로, 아픔으로, 감격으로, 환희로, 감동으로, 눈물로 어떻게 삶을 아름답게 가꾸어 가는지 서로 나누면서 배운다.

그래서 이 책에서 내가 많이 쓰는 단어는 수강생의 발표를 들을 때마다 하는 말이다.

"고맙습니다."

"사랑합니다."

"존경합니다."

'다른 이'에게 도움이 되기 위해, 그 쓰디쓴 경험을 통한 아름다운 실천 사례를 들으면 고맙고, 사랑하고, 존경하지 않을 수 없다. 때로는 소리치고 싶도록 고마울 때가 많다.

나는 강의 중에, 미국 존스홉킨스 대학 교수, P.M. 포르니가 했던 말을 자주 소개한다.

그는 학생들에게 아무리 단테에 대해 잘 가르친다고 해도 학생들이 버스에 탄 할머니들에게 불친절하면 선생으로서 실패했다고 느끼게 될 것이라고 말한다.

나 또한 《아훈》 강사와 수강생들 그리고 나 자신에게 이 말을 자주 한다. 독자들에게도 하고 싶은 말이다.

《아훈》 강사에게

"선생님 강의가 조금은 미흡하다고 하더라도 《아훈》 강사가 되기 전보다, 선생님이 가장 아끼는 사람들을 조금이라도 더 사랑할 수 있다면, 선생님이 만나는 사람에게 조금이라도 더 친절하게 대할 수 있다면 저는 강사 훈련자로서 성공했다고 느끼게 될 것입니다."

《아훈》 수강자에게도

"여러분들이 《아훈》 강의에 최선을 다해서 열정적으로 참여하지 못했다고 하더라도, 여러분이 가장 귀하게 여기는 사람들을, 《아훈》을 배우기 전보다 조금이라도 더 사랑할 수 있다면, 여러분이 만나는 사람에게 조금이라도 더 친절하게 대할 수 있다면 저는 강사로서 성공했다고 느끼게 될 것입니다."

이 책의 독자들에게

"여러분이 이 책을 읽으면서 책의 내용이 이해가 덜 된다고 하더라도, 이 책을 읽기 전보다 조금이라도 더 사랑하는 사람들을 사랑할 수 있다면, 여러분이 만나는 사람을 조금이라도 더 친절하게 대할 수 있다면 저는 저자로서 성공했다고 느끼게 될 것입니다."

그리고 나 자신에게도 말한다.

《아훈》 프로그램을 만들고, '책'을 쓰면서 미흡한 점이 많더라도 나에게 소중한 사람들을 이 일을 하기 전보다 조금이라도 더 사랑하고 있는가, 내가 만나는 사람들을 더 친절하게 대하고 있는가. 늘 돌아본다. 그러다 보면 성공적인 삶이라고 느끼는 날이 올 것이라는 희망으로 강의하고 글을 쓴다.

그동안 뉴욕에 있는 미주평화신문에 8년 넘게 연재한 글을 중심으로 이 글을 쓸 수 있음에 사장 신부님과 담당 선생님들, 그곳 독자들께 감사드린다. 또한 25년 동안 내가 쓴 책들을 계속 출판해 주시는 (주)김영

사와 투트리즈 출판사에 감사드린다.

그리고 이 책에 나오는 많은 사례를 제공해 준 수강자와 그의 가족들, 독자들, 《아훈》 강사와 그의 가족들, 자신의 부끄러운 사례, 아픈 사례를 아낌없이 내어 준 분들께 감사드린다.

또한 《아훈》 프로그램을 만드는 계기를 마련해 주신 전 대구 파티마 병원 장중태 원장 수녀님. 그리고 학부모와 교사들에게 《아훈》 프로그램으로 교육하시는 유치원 원장님들과 원장 수녀님들. 일주일에 두 번 실천 사례를 선생님들과 나누며 배우시는 소화데레사 원장 수녀님과 선생님들. 언제나 든든한 지원자가 되어 주시는 허용 신부님, 생활성서사 김용기 편집국장님, 정성우 《아훈》 연구소 실장님, 정숙영 선생님, 홍은지 선생님, 김민정 선생님, 박지예 선생님, 양인숙 선생님, 김화정 선생님, 박미진 선생님, 윤보혜 선생님, 김선경 선생님, 이 책을 만드는 데 도움 주신 바이북스 윤옥초 대표님, 이정은 선생님, 원고 교정을 도와주신 오세령 선생님, 살아 계신 나의 형제들, 돌아가셨어도 나를 위해 기도해 주실 나의 형제들과 부모님, 그리고 이제는 나와 남편의 스승이 된 두 아들과 나에게 큰 힘을 주는 며느리들과 손자, 그리고 나이 들면 넘어지는 일이 가장 위험하다며 절대로 넘어지지 말라고 날마다 당부하는 나의 남편, 모두에게 감사드린다.

이 책을 읽는 모든 분들에게 위로와 기쁨과 희망이 되길, 그리하여 행복을 만드는 데 도움이 되길 기도드린다.

2021년 산이 보이는 나의 집에서

차례

사례에 등장하는 분들의 이름은
가명임을 알려 드립니다

1장

2장

태이 엄마, 제가요. 태이 엄마 말을 듣고 현수한테 화가 많이 났지만 화내지 않으려고 애썼어요. 일주일이 아니라 4일째 되는 날 현수가 제게 묻더라고요.

"엄마, 엄마는 왜 저에게 화를 안 내세요?"

그래서 제가 태이 엄마에게 들은 대로 말했죠.

"응. 엄마가 화내지 않는 연습을 하고 있어."

하고요. 평소에 동생을 그렇게 미워하던 현수가 그날 저녁부터 동생에게 화내지 않고 심지어 동생이랑 화장실도 같이 가고 책도 읽어 주는 거예요. 그래서 제가 물었죠.

1장

" 현수야, 어떻게 된 일이야. 현수가 오늘 동생에게 잘해 주네."

했더니 현수가 말하더라고요.

"엄마, 저도 동생에게 화내지 않는 연습을 하고 있어요."

라고요. 가슴이 울컥 했어요. 정말 놀랐어요. 어떻게 제가 했던 말 한 마디가 현수의 행동을 그렇게 달라지게 할 수 있는지요. 그렇게 싸우지 마라, 네가 형이니까 동생에게 잘해 줘야 한다. 타일러도 날마다 동생 괴롭히던 아이가요. 태이 엄마, 현수가 심술이 많은 아이가 아니었나 봐요. 전 얘가 심성이 잘못된 아이라고 생각했거든요.

쯧쯧 키만 좀 컸으면

내가 어느 초등학교 학부모 특강에 초청받아 갔을 때였다. 나를 초청했던 분은 그 학교 독서 담당 선생님이셨는데, 그 선생님은 나를 초청한 특별한 이유가 있었다. 선생님은 학부모 앞에서 말씀하셨다.

제 아버지의 키는 176센티미터, 제 형은 184센티미터, 저는 162센티미터입니다. 저희 집 남자들 중에서 제 키가 제일 작습니다. 제 형의 학교생활은 평범했고 저는 초등학교 때부터 학업 성적은 물론 여러 분야에서 뛰어나다는 칭찬과 함께 상도 많이 받았습니다. 제가 신이 나서 성적표와 상장을 들고 아버지께 보여 드리면 아버지는 쓸쓸한 미소를 지으며, 또 아쉽고 아쉬운 표정으로 말씀하셨습니다.

"쯧쯧 … 키만 좀 컸으면 …."

이 말씀은 제 우수한 성적표를 보실 때마다, 상장을 보여 드릴 때마다, 또 누군가 저를 칭찬할 때마다 이어지고 또 이어졌습니다. 매번 빠짐없이요. 그때마다 저는 느끼고 또 느꼈습니다.

'그렇구나. 나는 뭔가 부족한 사람이구나. 뭔가 모자란 사람이구나. 나는 정상적이지 않구나. 중요한 게 빠졌구나.' 이렇게 생각하며 자괴감에 빠졌습니다. 주눅이 들고 당당하지 못했습니다. 비참했습니다. 저는 무엇이든 잘할 수 있었고, 또 무엇이든 될 수 있는 자신이 있었습니다. 과학자가 되고 싶었고 아인슈타인이 되고 싶었고 슈바이처가 되고 싶었습니다. 그러나 늘 듣는 그 말씀, "쯧쯧 키만 좀 컸으면" 특히 "쯧쯧" 혀를 차는 그 특유의 억양, 힘 빠지며 흐르는 톤, 아버지는 저를 걱정해서 하셨겠지만 제게는 막막함 그 자체였습니다. 그 말씀은 '그렇지, 뭐. 부족한 내가 뭘 하겠어.' 하는 족쇄가 되어 버렸습니다. 점점 자신감이 없어졌습니다. 어린아이인 저는 아버지의 그 말씀을 소화하거나 말릴 힘이 없었습니다. 저는 늘 부족한 사람으로 살게 되었습니다. 여러분의 자녀가 저처럼 되지 않기를 바라며 『이 시대를 사는 따뜻한 부모들의 이야기』 책을 쓰신 선생님을 모셨습니다.

선생님은 몇 번이나 울컥거리는 목소리를 추스르며 말을 이어갔다.

제가 이민정 선생님의 책을 좋아하는 이유는 제가 아버지와 어머니로부터 듣고 싶었던 말, 또 우리 아이들이 부모님에게 듣고 싶어 할 말이 이 책에 가득하기 때문입니다. 제가 상을 받고 온 날에 "쯧쯧 키만 좀 컸으면." 대신에,
'그래. 우리 아들이 이렇게 큰 상을 받았구나. 이런 상은 열심히 노력한 사람이 받을 수 있는 상인데, 우리 아들이 열심히 노력했구나. 애

썼다. 이렇게 열심히 노력하는 우리 아들을 보면 아빠는 정말로 고맙고 기뻐서 힘이 난단다. 고맙다.'

단순하면서도 간단한 이런 말을 들었다면 저는 하늘을 날고 싶었을 것입니다. 그때 어머니라도 한 마디 해 주셨더라면 위로가 되었을 것 같습니다. 그런데 어머니도 아무 말씀이 없었습니다. 저는 어머니도 아버지와 같은 마음이구나 생각했습니다.

"하늘을 날고 싶은 기분이라면 어찌 느릿느릿 걷겠는가?"

라는 미국 사회운동가, 헬렌 켈러의 말처럼 저는 느릿느릿 걷지 않았을 것입니다. 저는 신이 나서, 더욱 열심히, 온 힘을 기울여 노력했을 것입니다. 그랬다면 우울감에 빠지고 쉽게 주눅 들고 키 큰 사람 앞에서는 언제나 작아지는 패배감을 느끼지 않아도 되었을 것입니다.

이런 제 마음을 어느 날 아버지께 말씀드렸더니 아버지는 당신이 그게 잘못이라는 생각을 해 본 적이 없다고 하셨습니다. 저는 딱 한 번이라도 아버지께 듣고 싶었습니다.

'아들아, 그때 미안했다. 정말 미안하다.'

만약 아버지가 그러셨더라면, 제 영혼에 쌓인 채 굳어 버린 슬픔이 조금은 촉촉해질 수 있을 것 같습니다. 저 같은 아이들에게 위로가 되고 싶어 선생님이 되었고 오늘 선생님 강의를 초청한 이유입니다.

내 책에 대한 칭찬을 아프게 들었던 날이다. 선생님은 사랑하는 제자들이 당신과 같은 아픔을 겪지 않도록 독서 운동으로 아이들과 부모님을 돕고 있었다. 아이들의 기억 속에 남을 아름다운 선생님이라고 생각했다.

오스트리아 정신분석학자 빌헬름 라이히는 "어린아이들에게 있어서 가장 근본적인 문제는 무엇인가? 당신은 모든 불행과 문제, 비정상의 근원에서 무엇을 발견하는가?"라는 질문을 받고 그는 "어머니(부모)"라고 했다. 그는 부모가 자녀를 사랑하고 있다고 믿지만 무의식적으로는 죽이고 불구로 만든다고 했다. 왜냐하면 그들의 내면이 불구라면 그들의 존재에서 나오는 부정적인 것만을 줄 수 있기 때문이라고 했다.

부모가 자녀에게 올바른 것을 주기 위해 준비해야 하는 이유다. 부모는 부모가 가진 것만큼만 줄 수 있기 때문에 올바른 교육관을 준비해야 한다. 그러므로 아이가 하는 말을 받아서 부모가 가지고 있는 올바른 내면의 소리로 어떻게 대화하느냐가 곧 교육이기 때문이다. 아이들은 부모와의 대화를 통해서 자신이 어떤 사람인지, 세상을 어떻게 살아야 하는지에 대해서 배우게 된다.

나는 강의 중에, 그렇다면 실제 키가 작다고 고민하는 자녀에게 부모가 어떻게 힘이 되어 줄 수 있는지 그 구체적인 방법을 묻는 수강자를 만난다. 다음의 수강자도 궁금하다고 질문했다.

"선생님, 저도 그런 고민을 안고 있지만 어떻게 해야 하는지 방법을 모르겠습니다. 초등학교 1학년인 제 아이 윤수의 키는 6세 수준이고 몸무게는 5세 수준입니다. 엄마 입장에서 보면 더욱 왜소해 보이고 다른 아이들에게 휘둘리지 않을까 걱정입니다. 그러던 어느 날 윤수가 말했습니다.

윤수 : 엄마, 오늘 김도일이 나보고 '너는 왜 이렇게 키가 작아?'라
　　　고 했어.

도일이는 윤수가 유치원 다닐 때부터 친하게 지내는 친구입니다. 저
는 하고 싶은 말이 많았습니다. '거 봐. 그러니까 밥 많이 먹고, 운동도
열심히 하라고 했지. 넌 맨날 아이스크림만 먹고 군것질만 하고,' 등등
잔소리를 하거나 또는 아이를 위로한다고 '사람은 키가 크는 때가 다 달
라. 김도일이는 어렸을 때 키가 많이 크고 너는 앞으로 키가 많이 클 거
야. 그러니까 도일이처럼 밥도 많이 먹고, 운동도 열심히 ….' 하며 … 줄
줄이 늘어놓았을 것입니다. 그러나 저는 배운 내용들을 생각하며 천천
히 조심스럽게 말했습니다.

윤수 : 엄마 오늘 김도일이 나보고 '너는 왜 이렇게 키가 작아?'라고
　　　했어.

엄마 : 그랬어~ 도일이는 지금 키가 큰가 보다.

윤수 : 응. 도일이는 키가 커.

엄마 : 그렇구나. 그래서 도일이는 윤수 키가 언제 크는지 궁금했나
　　　보다. 사람이 키가 크는 건 다 다른데.

윤수 : 키가 크는 건 다르다고?

엄마 : 그럼. 사람이 키가 크는 때가 다 똑같진 않아.

윤수 : 그럼 내 키는 언제 많이 커?

이렇게 화내지 않고 대화를 이어갔지만 시원하게 대답해 줄 수가 없었습니다. 그래서 '엄마가 배우고 와서 얘기해도 될까?' 하고 아이에게 말했습니다. 선생님 이럴 때 어떻게 말해야 하죠?"

이럴 때 윤수 어머니는 자신의 교육관부터 정립해야 한다. 키 큰 사람과 키 작은 사람의 차이는 무엇인지, 키 크고 작음이 사람에게 어떤 영향을 끼친다고 생각하는지 윤수 어머니의 가치관이 확실해야 아이에게도 확실하게 말할 수 있다. 어쩌면 윤수 어머니가 사람의 평가 기준을 키가 크고 작음에 비중을 많이 두고 있는 건 아닌지. 우리가 사람을 평가할 때 외모로 평가하는지, 그 사람의 능력이나 그 사람이 지니고 있는 따뜻한 마음 등 눈에 보이지 않는 중요한 것이 있음을 어머니가 지니고 있다면 아이에게 말해 줄 수 있을 것이다. 그렇다면 위 상황에서 아이와 어떻게 대화해야 할까?

윤수 : 엄마, 오늘 김도일이 나보고 '너는 왜 이렇게 키가 작아.'라고 했어.
엄마 : 그래. 도일이가 우리 윤수의 키 작은 이유를 알고 싶었나 보다.
윤수 : (??? 그런가?) 응. 엄마 그런가 봐.
엄마 : 그럼 우리 윤수가 얘기해 줄 걸 그랬네.
윤수 : 뭐라고 얘기해요?

윤수의 질문처럼 이럴 때 엄마가 뭐라고 얘기해야 할까? 어머니가 올바른 생각을 준비하고 있다면 그 준비된 말을 할 수 있다. 어머니가 준비한 만큼 아이에게 도움이 될 수도 있고 오히려 방해가 될 수도 있다. 그리고 준비한 생각을 아이가 이해하도록 어떻게 말할 것인가. 다음은 윤수 어머니가 준비한 후 윤수와 나눈 대화다.

　엄마 : 음. 뭐라고 얘기할까. 사람마다 클 때가 다 다르다고 말하면 어때? 어떤 사람은 유치원생일 때 크고, 어떤 사람은 초등학생일 때나, 중학생일 때, 또 고등학생일 때도 크고. 크는 때가 다 다르다고 말이야.

　윤수 : 엄마, 사람이 크는 게 다 달라요?

　엄마 : 그럼. 다 다르지. 그리고 사람은 키가 큰 사람도 있고 작은 사람도 있지. 사람마다 얼굴이 다 다른 것처럼 말이야. 그런데 윤수야, 정말 중요한 건 마음이 얼마나 큰 사람인가 하는 거야.

　윤수 : 그래요? 엄마, 마음도 크고 작고 할 수 있어요?

　엄마 : 그럼. 마음도 큰 사람이 있고 작은 사람이 있지. 마음이 큰 사람은 자기가 열심히 일하면서 자기도 기쁘고 다른 사람도 기쁘게 돕는 사람이야. 그런 사람이 훌륭한 사람이야. 그래서 엄마는 우리 윤수가 마음이 큰 사람이 되기를 원해.

　윤수 : !!! ?? ….

　엄마 : 그리고 윤수야, 아직은 윤수가 다 이해할 수 없지만 사람은 겉으로 보이는 모습과 눈에 보이지 않는 모습이 있어. 사람이 자기도 기쁘고 누군가도 기쁘게 도와주려면 자기가 뭔가 잘 할 수 있어야 해. 그래서 자기의 실력을 키우기 위해서 사람들은

배우는 거야. 그래서 엄마도 지금 배우는 거야. 엄만 윤수가
그런 사람이 되길 바라고 있어.

선생님, 사실은 저 자신부터 화가 났어요. 왜 나는 이렇게 키가 작을
까. 저 자신이 지금도 왠지 저보다 큰 사람을 만나면 주눅이 들 때가 있
습니다. 그래서 저는 윤수도 저처럼 키 작아서 힘들지 않을까. 나는 왜
나처럼 키 작은 아이를 낳아서 아이를 힘들게 하는 걸까. 키 작은 아이
를 낳은 이유는 키 작은 나 때문일까, 남편 때문일까? 남편과 나의 부모
님들의 유전자 때문일까? 어쩌면 저 자신이 무엇이 중요한지 확실한 제
가치관이 없기 때문에 아이에게 화낸 건 아닐까 생각했어요. 그런데 이
제 무엇이 중요한지 뭔가 좀 보이는 것 같아서 조금은 아이의 키 작은
게 그렇게 큰 문제가 아닌 것 같네요. 그런 생각을 전혀 하지 못했어요.
저부터 다른 사람에게 기쁨이 되는 사람이 되어야겠네요. 가장 먼저 남
편과 아이들에게 기쁨이 되도록요. 그리고 이런 가치관은 부모인 제가
확실해야 아이에게 가르칠 수 있다는 책임감을 느낍니다.

그렇다면 나를 불러 주셨던 선생님이 윤수와 윤수 어머니가 했던 대
화를 선생님과 선생님의 아버지가 나누었다면 그 선생님은 지금은 어
떤 분이 되었을까를 상상해 본다.

윤수 어머니가 윤수와 나눴던 대화를 다시 정리해 본다.

윤수 : 엄마 오늘 김도일이 나보고 '너는 왜 이렇게 키가 작아?'라고
했어.

엄마1 : 거 봐, 그러니까 밥 많이 먹고, 운동도 열심히 하라고 했지. 넌 맨날 아이스크림만 먹고 군것질만 하고 ….

엄마2 : 도일이가 우리 윤수의 키 작은 이유를 알고 싶었나 보다. 그럼 우리 윤수가 얘기해 줄 걸 그랬네. 사람마다 클 때가 다 다르다고. 그리고 사람은 마음이 큰 사람이 있고 마음이 작은 사람이 있다고 말해 줄 걸.

엄마1과 엄마2 대화에는 어떤 차이가 있을까. 아이들은 엄마1과 엄마2의 대화를 할 때 각각 어떤 생각을 하게 될까.

간단한 대화로 어떻게 교육이 되어서 상대방의 행동을 바꾸도록 도왔는지 《아훈》 강사인 태이 어머니의 사례를 소개한다.

선생님, 정말 신기했어요. 저도 그런 결과가 있으리라 상상할 수 없었어요. 8살 제 아들 태이에게는 현수라는 친구가 있습니다. 평소에 현수 어머니와 저는 아이들에 대한 얘기를 많이 나누는 사이입니다. 어느 날 놀이터에서 만난 현수 어머니가 얘기 중에 답답하다는 듯 말하더라고요.

"태이 엄마, 저는요 정말로 아이들에게 너무나 화가 많이 나요. 안 그러려고 하는데 자꾸만 화를 내게 돼요. 특히 현수가 6살 동생과 싸우는 걸 보면 참을 수가 없어요."

현수 어머니의 말에 저는 제가 배우는 내용을 짧게 말했습니다.

"저희 선생님께서 그러시는데 이런 경우, 엄마가 큰아이에게 며칠만이라도 화내지 않고 친절하게 말하래요. 그러면 큰아이가 달라진 엄마에게 '엄마, 왜 화를 안 내세요?' 하고 질문하면 그때 대답해 주래요. '응, 엄마가 화내지 않는 연습을 하고 있어.'라고요. 그러면 아마도 아이가 달라질 거라고 하셨어요. 저도 해 봤더니 달라지더라고요."

제 얘기를 들은 현수 어머니가 고개를 갸우뚱하더니 일주일 뒤에 다시 만났을 때 신나서 말하더라고요.

"태이 엄마, 제가요, 태이 엄마 말을 듣고 현수한테 화가 많이 났지만 화내지 않으려고 애썼어요. 일주일이 아니라 4일째 되는 날 현수가 제게 묻더라고요.

"엄마, 엄마는 왜 저에게 화를 안 내세요?"

그래서 제가 태이 엄마에게 들은 대로 말했죠.

"응, 엄마가 화내지 않는 연습을 하고 있어."

하고요. 평소에 동생을 그렇게 미워하던 현수가 그날 저녁부터 동생에게 화내지 않고 심지어 동생이랑 화장실도 같이 가고 책도 읽어 주는 거예요. 그래서 제가 물었죠.

"현수야, 어떻게 된 일이야, 현수가 오늘 동생에게 잘해 주네."

했더니 현수가 말하더라고요.

"엄마, 저도 동생에게 화내지 않는 연습을 하고 있어요."

라고요. 가슴이 울컥 했어요. 정말 놀랐어요. 어떻게 제가 했던 말 한마디가 현수의 행동을 그렇게 달라지게 할 수 있는지요. 그렇게 싸우지 마라, 네가 형이니까 동생에게 잘해 줘야 한다. 타일러도 날마다 동생 괴롭히던 아이가요. 태이 엄마, 현수가 심술이 많은 아이가 아니었나 봐요. 전 얘가 심술이 많은, 심성이 잘못된 아이라고 생각했거든요. 태이 엄마, 고마워요. 저도 배워야겠어요."

태이 어머니는 이렇게 마무리했다.

사실 현수 어머니에게 얘기했던 저도 놀랐어요. 그리고 현수가 대단하구나 하는 생각도 들었어요. 어떻게 엄마의 그 말 '엄마가 화내지 않는 연습을 하고 있어.' 하는 말을 듣고 그대로 실천할 수 있는지요. 아이들이 부모 말을 안 듣는다고 하는데 제가 배우면서 늘 깨달았던 말이 있습니다.

'부모가 아이들이 부모의 말을 듣고 싶도록 말해야 합니다.' 하는 말입니다. 제가 배우고 있어서 얼마나 다행인지요. 그리고 그날부터 현수가 정말 괜찮은 아이구나, 존경스러워 보이기까지 하는 거예요. 우리 태이랑 더 자주 더 사이좋게 놀기를 바라게 되더라고요. 대화로 교육이 된다는 생각을 다시 한 번 하게 되었습니다.

그렇다. 현수는 어머니와의 몇 마디 대화로 행동이 달라졌다. 현수 어머니와 현수가 나눈 대화가 현수에게 교육이 되어 동생에게 화내지 않고 도와주는 형이 되게 하였다. 대화로 교육이 되는 것이다. 여기에 더하여 현수는 사람이 꼭 익혀야 할 습관을 훈련하게 되었다. 현수가 엄마처럼 화내지 않으려면 생각해야 된다. 무엇을 생각할까. 나도 엄마처럼 화내지 않는다는 결심을 한다. 화내지 않으면 어떤 결과가 올까를 생각한다. 엄마가 나에게 화내지 않을 때처럼 내 동생도 편안해질 것이다. 그리고 엄마도 나에게 화내지 않을 것이다. 즉 행동의 결과를 생각하며 행동한다. 그리고 자신이 화내지 않으려면 자신의 감정을 절제해야 한다. 아쉬움이 있다면 현수가

"엄마, 저도 동생에게 화내지 않는 연습을 하고 있어요."

했을 때 엄마가

'그랬어. 고마워. 엄마가 그동안 현수에게 많이 화내서 미안해. 엄마도 현수처럼 화내지 않도록 노력할게. 엄마가 오늘 우리 현수에게 배웠어. 고마워. 사랑하는 아들.'

이 말을 덧붙였더라면 현수가 더 큰 힘을 얻게 되지 않았을까.

현수 어머니는 간단한 대화로 현수에게 가르쳐야 할 가장 중요한 삶의 태도를 가르친 것이다.

나는 태이 어머니의 말을 들으며 오늘도 무명의 대학을 노벨상의 바다로 만들었다는 존스홉킨스 대학 총장이었던 로버트 허친스 박사의 말이 생각난다.

"교육은 계속되는 대화다."

"쯧쯧 키만 좀 컸으면."

"응. 엄마가 화내지 않는 연습을 하고 있어."

평범한 두 대화의 차이는 엄청난 결과를 만들어 낼 수 있다.

《아훈》은 대화가 교육이 되도록 훈련하는 프로그램이다.

이 시간도 성장하는
기회로 삼을게요

《아훈》강사인 민호 어머니가 자신의 사례를 소개했다.

　얼마 전 일입니다. 초등학교 2학년 큰아들은 숙제 하면서도 저와 전쟁을 벌이고, 화장실도 겁이 많아 무섭다고 혼자 못 가던 아이입니다. 이제는 혼자 스스로 자기 방에서 숙제를 합니다. 아이가 유치원 때부터 제가 배우기 시작해서 그야말로 열심히, 열심히 배우는 대로 따라 실천했더니 '이제 독립을 이루어서 혼자 할 수 있구나. 이제 다 키웠구나.' 하고 얼마나 마음이 놓이는지요. 그렇게 이제는 제가 숙제 얘기를 하지 않아도 혼자서 하는 아이가 되었습니다. 그런데 그날은 자기 방에서 숙제 하다가 저를 불렀습니다.

　민호 : 엄마~ 근데 저 무서워요. 저 숙제 하는 동안 옆에 있어 주면
　　　　안 돼요?

　아이의 말을 듣자 '또? 또 옛날로 돌아갔냐?' 하려다가 '아니지, 이렇게 말하면 안 돼지. 그렇지. 그러면 '우리 민호가 그동안 혼자서도 잘했

지. 할까?' 하다가 '아니지, 예전에 실천했던 그 말을 해야지.' 하고 실천했던 방법으로 말했습니다.

여기서 잠깐 생각해 본다. 민호 어머니가 예전에 실천했던 방법은 어떤 방법일까? 아이들이 부모에게 도와 달라고 한다. 부모가 도와줘야 할까, 도와주지 않아야 아이를 올바르게 훈육하는 것일까. 미국 대통령 에이브러햄 링컨은 말했다.

"사랑하는 사람에게 할 수 있는 가장 나쁜 일은 바로 그들이 할 수 있고 해야 할 일을 대신해 주는 것이다."

그렇다면 초등학교 2학년 아이가 밝은 낮에, 자기 방에서 혼자 숙제하면서 무섭다고 엄마가 옆에 있어 달라고 하면 옆에 있어 주는 것이 아이에게 도움이 되는 걸까, 아니면 '안 돼. 네가 무서움을 스스로 이겨내야 해.' 하고 도와주지 않는 것이 도움이 될까. 아이가 할 수 있는 일을 도와주면 가장 나쁜 일인데 어떻게 도와주는 것이 가장 현명한 방법일까.

물론 아이들이 어른처럼 할 수는 없다. 아이들이 할 수 없는 일은 도와주어야 한다. 만일 아이의 키가 닿지 않는 곳의 물건을 꺼내 달라고 부탁할 때 부모는 어떻게 도와주어야 할까. 아이가 할 수 없는 일이기 때문에 '알았어. 엄마가 금방 도와줄게.' 하고 도와주어야 할까. 아니면 뭐라고 말하는 것이 아이에게 생각할 수 있도록 도와주는 대화가 될까.

한 수강생이 이런 경우, 배운 내용을 어떻게 실천했는지 자신의 실천

사례를 소개했다. (이민정 저, 『아름다운 부모들의 이야기 1』 참조)

그는 말했다.

선생님. 초등학교 일학년 아들과 제가 거실에서 책을 보고 있는데 아들이 옆에 있는 저에게 말하더라고요.

"엄마, 방에서 백과사전 좀 갖다 주면 안 돼요."

하고요. 이럴 때 뭐라고 말할까? 저는 배운 내용을 생각했습니다. 아이가 엄마의 사랑을 느끼면서도 자신의 행동을 돌아볼 수 있도록 뭐라고 말할까. 아이가 자신이 할 수 있는 일과 할 수 없는 일을 구분하여 본인이 할 수 없는 일은 도움을 청하고, 할 수 있는 일은 본인이 하도록 어떻게 도울 것인가. 이런 뜻을 전달하는 말을 저는 배운 대로 말했습니다.

"그럼. 엄마가 백과사전 갖다 줄 수 있지. 그 일을 지금 네가 할 수 없다면."

아이가 잠깐 생각하더니 말하더라고요.

"알았어요. 제가 가져올게요."

그때 저는 만세를 부르고 싶었습니다. '대화로 교육을 한다는 의미가 이런 것이구나.' 그런데 더 놀라운 것은 며칠 후에 책꽂이 맨 위에 있는 책을 가리키며 말했습니다.

"(당당하게) 엄마, 저 위에 있는 저 책 꺼내 주세요."

"그럼. 엄마가 꺼내 주지. 이건 너무 높아서 네가 할 수 없는 일이니까."

그랬더니 놀랍게도 아이가 말하더라고요.

"잠깐만요. 엄마, 제가 할 수 있어요. 의자 갖다 놓고 의자 위에 올라가면 제가 꺼낼 수 있어요."

그때 제가 소리치듯이 큰 소리로 말했습니다.

"와아, 우리 아들. 자기가 할 수 있는 일을, 자기가 하는 독립을 이루는 훌륭한 어린이가 되었네. 고마워. 사랑하는 아들."

제가 화내지 않고 아이를 가르칠 수 있다는 걸 배웠습니다.

그리고 또 놀라운 일이 있었습니다. 며칠 뒤 제가 장을 보고 양쪽 손에 잔뜩 짐을 들고 오는데 어디서 달려왔는지 제게 와서 큰 소리로 말했습니다.

"엄마, 제가 도와 드릴게요. 이 짐이 너무 무거워서 엄마 혼자 하기 힘드니까 제가 도와드릴게요."

저는 초등학교 일학년 아들이 존경스러웠습니다. 처음에 백과사전 꺼내 달라는 말을 했을 때 "그럼 엄마가 백과사전 갖다 줄 수 있지. 그 일을 네가 할 수 없다면." 이 한 마디가 이렇게 큰 반향을 일으킬 수 있는지 감탄 감탄했습니다.

그렇다. 아이들은 사랑받고 있고, 이해받고 있으며 존중받는다고 느끼면 그들의 능력을 최대한 발휘할 수 있게 되고 창의력까지 키울 수 있다. 그런데 아이가 혼자 할 수 있는 일을 도와 달라고 할 때는 어떻게 말해야 할까. 아이가 혼자 할 수 있을 때까지 도와주어야 한다. 그러나 언제까지 도와주어야 하는지 목표를 정하지 않으면 계속 도와주어야 한다. 그러므로 아이가 목표를 정하도록 엄마가 제안한다. 이런 방법을 배운 민호 어머니는 앞에서의 상황에서 어떻게 적용하고 실천했는지 그 결과를 다음과 같이 알려 주었다.

민호 : 엄마~ 근데 저 무서워요. 저 숙제 하는 동안 옆에 있어 주면 안 돼요?

엄마 : 그래. 민호야 ~ 근데 엄마가 몇 번 더 도와주면 무섭지 않고 혼자 할 수 있을까?

민호 : 두 번이요. 열 번도 아니고 백 번도 아니고 딱 두 번만 더요.

엄마 : 그래. 알았어. 두 번이라고. 그럼 엄마가 네 옆에 있을게.

민호 : (3분도 채 지나지 않았는데) 엄마~ 솔직히 말해서 안방에 가고 싶죠?

엄마 : 아니? 전 ~ 혀 아닌데. 엄마는 기쁜 마음으로 네가 숙제 다 하기를 기다리고 있어.

저는 진심으로 기쁜 마음이었습니다. 그런데 얼마 지나지 않아 민호가 다시 이렇게 말하는 것입니다.

민호 : 헤 ~ 헤 엄마, 이제 가셔도 돼요. 앞으로 제 일은 제가 무서워 하지 않고 스스로 할 수 있는 성장하는 기회로 삼으면 되니까 요. ^^.

엄마 : 와~~ 그런 말은 훌륭하게 사는 사람들이 하는 말인데. 이렇게 하루하루 성장해서 스스로 독립을 이루어 가는 우리 민호 정말 멋있네. 엄마는 우리 민호를 위해서 날마다 기도할게.

민호 : 혜 ~ 혜 엄마 고맙습니다.

아들의 말을 들으며 가슴이 뭉클했습니다. 저는 그동안 어떻게 하든 아이가 숙제를 혼자서 빨리 끝내도록 지시하고 명령하면서 화를 냈고, 또 무섭다고 하면 뭐가 무섭냐 무섭지 않다고 강조만 했지 어떻게 지혜롭게 도와야 하는지 몰랐습니다. 정말로 몰랐습니다. 그리고 어제 있었던 일입니다.

연구소에서 수업 중에 갑자기 비가 오고 천둥과 번개 치는 소리가 들렸습니다. 저는 집에 있는 민호와 유치원생 민재가 걱정이 되었습니다. 특히 민호는 형이지만 동생보다 더 무서움을 잘 타서 걱정이 되었습니다. 그런데 길게 걱정할 틈도 없이 전화벨이 울렸습니다. 동생 민재의 목소리였습니다.

민재 : 엄마, 엄마, 무서워요. 갑자기 하늘에서 빛이 번쩍하더니 큰
　　　소리가 나서 심장이 멎을 만큼 깜짝 놀랐어요.

엄마 : 어이쿠 저런! 우리 민재가 정말 깜짝 놀랐겠네.

민재 : 네. 엄마, 언제 와요? 빨리 와요. 무서워요.

엄마 : 그래. 많이 무섭겠네. 근데 민재야, 어떡하지? 엄마가 공부 끝
　　　나려면 앞으로 한 시간 정도 더 있어야 하는데.

민재 : 앙 ~ 엄마 ~.

바로 그때 옆에서 통화를 듣고 있던 형 민호가 수화기를 건네받고는 말했습니다.

민호 : 엄마, 걱정하지 마시고 공부하고 오세요. 제가 동생 잘 보고 있

을게요. 이 시간도 어른이 되는 성장하는 시간으로 삼을게요.

엄마 : 와~ ~ 민호야 고마워. 민호 덕분에 엄마 편안히 공부하고 갈 수 있겠네. 우리 민호가 동생을 도와주고, 다른 사람을 따뜻이 돌보아 주는 어른이 될 생각을 하니 엄마 감동이네. 엄마 행복하게 해 줘서 고마워.

또 목이 메었습니다. 제가 배우기 시작해서 이제 4년째입니다. 이렇게 하루가 다르게 의젓하게 성장하는 아이들을 보면서 감동으로 목이 메는 시간이 점점 더 많아지고 있습니다. 유치원 때 친구들을 괴롭힌다고 힘들었던 아들이 제가 바뀌자 아이는 더 빨리 변하고 있습니다. 작은아이도 형을 따라가고 있습니다.

제가 《아훈》을 만나서 세상을 어떻게 살아야 하는지 배울 수 있는 것은 저만이 아니라 제 두 아이와 남편, 그리고 가족들에게도 행운입니다. 고맙습니다.

《아훈》 강사인 민호 어머니 얘기를 들으며 나 또한 많은 생각을 하게 되었다. 배움의 힘이 얼마나 큰 것인가, 처음 민호 어머니의 남편과 두 아들에 대한 사례를 들으면서 많은 걱정을 했다. 삶에 대해 확실한 가치관이 있을까. 가치관이 있다면 올바른 가치관인가. 자녀에 대해 어떤 교육관을 갖고 있는 것일까. 그는 혼돈 속에 있는 것 같았다. 그런데 그는 계속 배웠다. 《아훈》 기본과정부터 심화1과정, 심화2과정, 심화3과정 강사과정 그리고 강사과정을 마치고 계속 훈련하는 강사시연과정까지 빠짐없이 훈련에 참가했다. 그리고 많은 시행착오가 있었지만 솔직하게 자신의 잘못을 발표하고 수정하고 다시 아이에게 사과하고 실천하고 모든 과정에 빠짐없이 참여했다. 두 아이가 나에게 편지를 보냈다. 우리 엄마 착한 엄마 되도록 가르쳐 주서서 고맙다고. 민호 어머니가 자주 했던 말을 나는 좋아한다.

"선생님, 저 몰랐어요."

"선생님, 저 정말 몰랐어요. 저 대학 나왔는데 그런 건 정말 몰랐어요."

새로운 일에 호기심이 가득한 어린아이처럼 그는 배우고 또 배웠다. 배움의 기쁨을 누리기 시작했다. 그러자 엄마보다도 두 아이가 날마다 더 크게 성장한다는 느낌을 받았다. 어느 날 그는 민호가 했던 말을 울먹이며 나에게 자랑했다.

"선생님. 제 아이가 그러는 거예요.

'엄마, 오늘은 정말 신기한 날이에요. 왜냐하면 오늘 처음으로 제가 스스로 숙제 해야겠다는 생각을 하고 숙제를 했거든요. 엄마가 숙제 하라고 야단치지 않았는데요.'

저는 정말 놀랐습니다. 놀랐다기보다 아들에게 감동받았습니다. 왜냐하면 특히 숙제는 제가 닦달해야 하는 아이였거든요."

그날 나도 민호 어머니를 힘껏 안았다. 민호의 두 번째 생일이었다. 자신의 삶을 자신이 컨트롤하기 시작한 것이다. 축하, 축하했다. 그리고 민호가 사건을 만날 때마다 하는 말,

"이 시간도 성장하는 기회로 삼을게요."

이 말의 의미가 얼마나 대단한 힘인지. 민호는 이 힘으로 거의 날마

다 동생과 치르던 전쟁을 평화로, 따뜻함으로, 돈독한 형제애로 키워 가고 있다.

나는 민호 어머니의 배움에 대한 열정을 보며, 아픈 감동으로 밤새우며 읽었던 수 클리볼드가 쓴 책, 『나는 가해자의 엄마입니다』가 생각났다.

1999년 4월 20일 미국 콜럼바인 고등학교에서 일어난 총기 난사 사건으로 14명이 사망하고 24명이 부상을 입었다. 가해자 두 명은 그 자리에서 자살로 삶을 마감했다.

『나는 가해자의 엄마입니다』는 그 가해자 중 한 명인 딜런의 어머니, 수 클리볼드가 쓴 책이다. 그는 아들이 그런 행동을 하리라고는 상상도 할 수 없었다고 했다. 그 이유를 알아내려고, 이해하려고 16년을 쏟은 다음 그는 당신 아들에 대해서 어떤 사람도 짐승도 다치게 한 일이 없기 때문에 사람을 죽일 수 없는 사람이라고 잘못 생각했다고 했다. 그리고 그는 그 아들이 살아 있다면 뭐라고 묻고 싶으냐는 질문에 그는 말했다고 한다. "엄마이면서도 네가 무슨 고민을 하고 있는지 몰라서 도와주지 못했던 것에 대해서, 네 고민을 털어놓고 말할 수 있도록 도와주지 못했던 것에 대해서 용서해 줄 수 있겠냐."고 묻고 싶다고 했다.

그리고 그는 아들과 가장 심하게 싸웠던 한 사건에 대해서 후회했다. 그날 그는 아들을 냉장고로 밀어붙이고 아들의 어깨를 꽉 누르며 심하게 싸웠다. 그는 아들을 냉장고로 밀어붙이는 대신 가슴으로 끌어안았어야 했다고 후회한다. 그가 죽는 날까지 후회하는 그 사건을 지혜롭게 잘 풀었으면 그런 끔찍한 일을 겪지 않을 수 있었는지도 모른다.

《아훈》에서 사건 하나하나를 중요하게 여기는 이유다. 부모는 부모 역할을 하면서 수많은 사건들을 만난다.

다음은 나의 수강자가 도저히 혼자 실력으로는 해결할 수 없다며 전화로 상담을 요청한 내용이다.

초등학교 6학년 아들이 엄마에게 말한다.

"엄마, 형이 나를 때리고 얼마 전에 산 내 축구화를 가위로 잘랐어요."

얼마 전에 새로 산 78,000원짜리 동생의 축구화를 가위로 잘라서 신을 수 없게 만든 중3 큰아들을 엄마는 어떻게 하고 싶을까? 그 엄마는 큰아들을 냉장고로 밀어붙이고 아들의 어깨를 꽉 누를 정도가 아니라 새로 산 큰아들의 축구 골키퍼 장갑을 싹둑싹둑 잘라 버리고 싶었다고 했다. 장갑을 잘라 버리는 대신 그는 아들을 그의 가슴으로 끌어당겨 안아 줄 수 있었을까. 이 사건을 어떻게 풀었는지 '형제의 난'에서 볼 수 있다.

그리고 책의 끝부분에서 수 클리볼드는 아이에게 가르치지 못한 것에 대해 후회한다.

아이들에게 치아 관리, 영양 균형, 용돈 관리의 중요성을 가르치면서 두뇌 건강에 대해서 가르치지 못한 것을 후회했다. 그의 삶에서 가장 큰 후회는 자신이 몰라서, 그 아이의 엄마인 자신은 알아서 가르쳐야 했는데 그걸 몰라서 가르치지 못했던 것에 대해서 후회했다. 그렇다면 그가 그토록 가르치지 못해서 후회하는 두뇌 건강이란 무엇인가.

　세계 보건기구는 두뇌 건강, 즉 정신 건강을
"모든 개인이 자신의 잠재력을 인식하고,
삶의 일상적 스트레스를 이겨 내고,
생산적이고 의미 있게 일할 수 있고,
공동체에 기여할 수 있는 상태."
라고 정의하고 있다.
　우리는 두뇌 건강을 주의 깊게 살피고 있을까. 아이들에게 두뇌 건강
의 중요성을 가르치고 있을까.

　퇴근한 아빠가 말한다. "야, 나 피곤하니까 말 시키지 마." 저녁을 준
비하는 엄마가 말한다. "엄마가 밥하랴, 빨래하랴, 청소하랴, 얼마나 힘
든지 알아. 제발 좀 밥 빨리 먹어." 부모들은 자신들이 하는 일상의 일들
을 스트레스로 표현하곤 한다. 아이들에게는 잘못된 행동을 찾아 지시
하고, 명령하고, 훈계하며, 비난하고 설득하려 한다. 이러한 부모를 보
며 자신의 잠재력을 인식할 수 있을까, 일상적인 삶의 스트레스를 이
겨 낼 수 있을까. 자신이 하는 일들이 생산적이고 의미 있다고 느낄 수
있을까. 공동체에 기여할 생각을 할 수 있을까. 아이들은 배운다. 자신
들이 하는·숙제도, 청소도, 학교 가는 것도, 힘든 일이며 이 모든 게 가
치도 의미도 없고 오직 스트레스라고 인식한다. 그렇다면 인간은 어디
서 행복을 찾을 수 있을까. 아이들이 세상에서 살 만한 의미를 느낄 수

있을까. 부모는 아이들에게 잘못된 정신 건강을 가르치고 있는 것이다. 이러한 행동들은 습관이 된다. 올바른 삶의 습관을 가르치고 있는지 아닌지 부모의 영향력에 달려 있다.

며칠 전 신문에서 본 글이다.

아이들에게 부모에 관한 소원을 하나 들어주겠다고 하면 어떤 대답을 할까에 대해 조사한 연구가 있다. 부모들은 자녀들이 더 많은 시간을 함께 보내 주기를 원했을 거라 예상했는데 실제 결과는 '부모님이 덜 피곤하고 덜 스트레스 받았으면 좋겠어요.'라는 말이 가장 많았다고 한다.

부모가 삶의 일상에서 스트레스 받는 모습을 보면 아이들이 삶에 대한 희망을 가지게 될까. 다시 한 번 강조하지만 수 클리볼드의 말처럼 "아이들에게 자신의 두뇌 건강을 주의 깊게 살피라고 가르치는 부모는 얼마나 될까? 또한 부모 스스로 그럴 줄 아는 사람은 얼마나 될까?"

민호 어머니는 아이의 두뇌 건강의 중요성을 알고 그걸 가르치려 애쓰고 있다. 자신에게 무서움을 이겨 낼 수 있는 잠재력이 있음을 체험하게 하고, 일상적인 일, 즉 무서움을 이겨 낼 뿐만 아니라 무서워하는 동생을 기쁘게 지켜 주고, 숙제를 기쁘게 하고, 숙제 하는 일이 의미가 있으며 가치 있는 일이라는 걸 이해하도록 돕고 있다. 또한 한 가족 공동체로서 동생을 돕고 엄마를 돕는 일이 큰 기쁨이라는 걸 가르치고 있다. 수 클리볼드가 끔찍한 사건을 일으킨 아들에게 가르치지 못했다고, 16년을 바쳐 찾아 낸 삶의 철학이 작은 사건 하나하나에 묻어 있음을 배우고 있다. 엄마의 목표가 확실하면 두 아이가 고스란히 그 영향을 받게 된다. 부모역할의 중요성이다. 민호와 민재도 작은 사건에서 정신 건강의 의미를 조금씩 익혀가고 있다. 숙제 해라. 양치질 해라. 불량식품 먹지 마라. 용돈 아껴 써라만 가르치던 민호 어머니가 아들의 정신 건강을 챙기고 있는 것이다. 아는 만큼 가르칠 수 있기 때문이다.

《아훈》 프로그램의 핵심 목표는 작은 사건 하나하나를 지혜롭게 풀면서 그 사건 안에 담긴 건강한 정신을 키우는 것이다.

나는 가끔 여든이 넘은 남편에게 말한다.

"여보, 지금쯤 쉴 때가 되지 않았나요?"

남편은 환하게 웃으며 말한다.

"내 일이 나에게 얼마나 큰 기쁨인데. 환자들이 내 손을 잡으면 놓질 않아."

어느 날 며느리가 환하게 웃으며 말했다.

"어머님, 제가 얼마나 감동받았는지요. 제가 아이에게 화낼 때가 있거든요. 그래서 그날 제가 잠자기 전에 사과했어요.

'엄마가 오늘 화내서 미안해.'

했더니 다섯 살 아이가 말하더라고요.

'엄마, 그래도 엄마를 사랑하는 마음은 변하지 않아요.'

하고요. 눈물이 주루룩 흐르더라고요. 어떻게 다섯 살 아이가 그렇게 말하죠. 아이 키우는 기쁨이 이렇게 크다니요."

그리고 이어서 말했다.

"어머님, 아범은요. 전문의가 된 지금도 시간만 있으면 공부해요."

그러자 옆에 있던 아들이 환하게 웃으며 말했다.

"글쎄요. 지금도 새로운 의학 지식을 익히고 환자에게 적용해서 그
결과가 좋은 쪽으로 나오면 그렇게 기쁠 수가 없어요. 배우는 건 그
기쁨 때문인가 봐요."

작은아들이 고2였을 때 어느 날 불쑥 말했다.

"엄마, 저는 마음만 먹으면 뭐든지 다 할 수 있어요."

'와아!!!' 내가 그 말을 들으며 얼마나 기뻤는지, 얼마나 든든했는지
아이는 알았을까. 내가 아이들에게 바라던 꿈이었다. 뭐든지 할 수 있
다는 자신감을 키울 수 있도록 돕는 일이 아이들에 대한 나의 목표였
다. 내가 말했다.

"그렇지. 우리 아들, 마음만 먹으면 뭐든지 다 할 수 있지. 그래서 엄
마는 네가 맘먹는 날, 그날을 기다리고 있어."

아들은 대학원을 마치면서 말했다.

"어머니 박사 과정 공부하러 미국에 가는데요 학위 마칠 때까지 집에
서 백 원도 가져가지 않을 거예요."

아들은 자신의 말대로 학위 받고 돌아올 때까지 백 원도 가져가지 않
고 마쳤다. 자신의 잠재력을, 자신 안에 잠자는 거인을 깨울 수 있었던
것이다. 고2 때 했던 말은 자신의 잠재력을 인식하고 있었다는 의미였

다. 지금도 가끔 집에 올 때면 정리할 물건을 정리하고 설거지를 도맡아 한다. 내가 말한다.

"엄마가 할게."

아들이 환하게 웃으며 말한다.

"어머니, 저의 기쁨입니다."

내가 살아가면서 가장 감사한 일은 우리 식구들이 각자 자신이 하는 일을 기쁘게 하는 것이다. 지신이 하는 일을 기쁘게 할 때 세상은 살만한 곳이고 행복한 곳이 된다.

이러한 내 삶의 철학이 정신 건강을 살피는 것이었다는 것을 수 클리볼드의 절절한 고백에서 찾을 수 있었다. 내 삶의 방향이 정신 건강을 챙기는 길이었다는 것도 확인할 수 있었다. 그리고 세상을 기쁘게 살며, 더하여 세상을 조금 더 아름답고 평화로운 곳으로 만들기 위해 애쓰고 있는 가족들에게도 고맙다. 여기에 나와 함께 마음 쏟아 준 남편과 나 자신에 대한 고마움으로 이 글을 쓸 수 있음을 고백한다.

그리고 "내 이야기를 최대한 충실하게 들려주면, 나는 발가벗겨진 기분일지라도, 다른 부모들이 아이들 얼굴 너머에 있는 것을 보고 만약 도움이 필요하다면 줄 수 있도록 도와줄 빛을 비출 수 있지 않을까 한다."고 책을 쓴 이유를 밝힌 수 클리볼드와 그의 가족, 그리고 그의 아들 딜런을 위해 기도드린다.

제가 연구하는 사람 맞아요?

신정(新正)도 한 해를 새로 시작하는 날이지만 나는 왠지 구정(舊正)이 지나서야 또 다른 새해를 시작하는 느낌이 든다. 이렇게 한 해를 시작하며 나는

"가장 큰 행복은 한 해의 마지막에서 지난해의 처음보다 훨씬 나아진 자신을 발견하는 것."

이라는 톨스토이의 말을 떠올리게 된다. 그리고 올해도 마지막 날에 지난해보다 훨씬 나아진 나를 발견할 수 있도록 살기를 희망한다.

그리고 내 강의의 목표는《아훈》에 참가한 분들이《아훈》과정이 끝나는 마지막에, 처음 시작할 때보다 훨씬 나아진 자신을 발견하여 가장 큰 행복을 누리게 되는 것이다.

초등학교 2학년 지원이 어머니가 내게 물었다.

선생님, 지원이가 학교를 마치고 집에 돌아와서 가방에서 그림을 꺼내며 힘없이 말했습니다.

"엄마, 오늘 봄 생활에 대해 그림을 그렸는데요. … 담임 선생님이 제 그림을 보고 '봄이 느껴지지 않아.' 했어요. 그래서 다시 그려 오래요."

힘없는 아이를 보며 저도 힘이 빠지는 것 같았지만 아이가 그린 그림을 보았습니다.

저도 아이가 그린 그림을 보면서 담임 선생님의 말씀처럼 봄 생활인데 파릇파릇하거나 꽃이 있는 봄을 느끼기는 어려웠습니다. 그런데 아이가 그림을 보여 주면서, 봄에 농사를 짓는 농부가 밭을 농기구로 일구고 땅에 비닐을 씌우고 있는 중이라고 설명해 주었습니다. 그렇게 아이의 설명을 듣고 그림을 자세히 보니, 열심히 일하는 농부의 모습에서 봄을 준비하는 봄 생활이 느껴졌습니다. 그리고 '봄 생활'을 그리라고 하고 '봄이 느껴지지 않아.' 하셨다는 선생님에 대해서도 이의를 제기하고 싶었습니다. 오히려 '생활'이라는 단어에서 아이가 더 깊이 연구한 결과를 그린 그림이었습니다. 특히 농부의 얼굴에 가득한 웃음까지도 그제야 더 또렷이 제대로 보였습니다.

그러면 이럴 때 제가 어떻게 말해야 아이의 마음을 헤아리는 대화가 될 수 있을까요? 제가 어떻게 얘기하면 아이가 이해받는 느낌이 들고, 또 담임 선생님을 비난하지 않으면서 아이의 억울한 마음을 풀어 주는 대화가 될까요?

아마도 제가 아이의 마음을 헤아리는 방법을 몰랐다면 저도 말했을 것입니다.

"그래. 엄마도 이 그림에서 봄을 느낄 수가 없어. 봄이면 가장 먼저 떠오르는 게 뭐야? 파릇파릇 싹트는 풀들과 꽃들이잖아. 그런데 이 그림엔 꽃도 풀도 아무것도 없잖아. 그냥 바람이 불면 먼지가 일어날 것 같은 메마른 땅에 하얀 비닐만 씌어 놓은 밭인데 봄이라고 할 수 없잖아. 그러니 어떻게 봄을 느끼겠어. 그러니까 다시 그려야지."

이렇게 아이의 그림을 판단하면서 다시 그릴 것을 설득했을 것입니다. 그러면서도 선생님에 대한 원망은 숨길 수가 없었을 것입니다. 늘 그림을 잘 그린다고 교실 뒷벽에 지원이의 그림을 붙여 놓는데 이번엔 냉정하게 봄 느낌이 안 난다고 다시 그려 오라고 하시다니, 서운해하면서 선생님에 대한 원망의 말도 했을 것입니다.

'선생님이 왜 그러셨지. 봄이니까 농부들이 농사 준비하면 봄 느낌이 나는데. 할 수 없지 뭐. 다시 그려야지.'

하고요. 그런데 이번에는 선생님에 대한 원망스러움을 드러내지 않으려고 애쓰면서 말했습니다.

"(아이를 꼬옥 안고) 그래. 우리 지원이 선생님이 그렇게 말씀하셔서 서운했구나."

"네. 나는 열심히 그렸는데 … (울먹이며) 선생님은 안 된대요."

"엄마가 보기엔 특별하고 사랑스러운 그림인데. 그러면 어떻게 하고 싶어?"

"그냥 … 꽃 있는 그림 다시 그릴게요. 엄마, 꽃 나오는 사진 같이 찾아봐요."

아이와 저는 집에 있는 그림과 사진 중에서 꽃이 많은 **랜드 튤립 축제 사진을 골랐습니다. 아이가 그림을 그리기 시작했습니다. 저는 힘없이 그림을 그리는 아이의 모습을 보면서 《아훈》 심화과정까지 마쳤는데 아이의 마음을 충분히 위로하고 격려하지 못한 것 같아 마음이 무거웠습니다. 그래서 저는 연구소에서 선생님에게 도움을 청했습니다.

지원이 어머니의 질문에 대해서 지원이 어머니와 나는 함께 연구하기 시작했다.

이런 상황에서 지원이가 자신의 잠재력을 인식하고 자신감을 갖고 계속 그림을 그리고 싶도록 하려면 어떻게 대화해야 할까. 지원이는 어려서부터 그림 그리는 걸 좋아하고, 그림도 잘 그려서 화가가 되는 것이 꿈인 아이다.

그렇다면 위와 같은 상황에서 지원이가 그린 그림을 잘못 그렸다고 평가하지도 않고, 선생님을 원망하지도 않으면서 지원이가 그림을 더 열심히 그리고 싶도록 하기 위해서 부모는 뭐라고 말해야 할까? 초등학교 2학년 지원이는 이 그림 한 점으로 자신의 꿈이 달라질 수도 있다.

다음은 지원이 어머니가 연구하고 준비한 뒤에 아이와 나눈 대화다.

"지원아, 엄마가 네 봄 그림을 보면서 엄마 마음을 잘 표현하지 못해서 이민정 선생님에게 배우고 왔어. 선생님이 '이렇게 말하면 어떨까요?' 하셨는데 그 말이 딱 엄마 마음이었어."

"어떤 마음인데요?"

"응. 지원이가 생각하는 봄과 선생님이 생각하는 봄이 달라서 지원이가 실망하고 억울했을 마음이야. 봄은 눈으로 보는 봄이 있고, 마음으로 보는 봄이 있는데 지원이는 마음으로 보는 봄을 그렸고, 선생님께서는 눈으로 보는 봄을 그리기를 원하셨나 봐. 그래서 선생님은 눈으로 보는 봄을 다시 그려 오라고 하셨다고 생각해. 그런데 엄마는 마음으로 보는 봄을 그린 네가 정말 멋있다는 생각이 들어. 왜냐하면 마음으로 보는 봄은 생각을 많이 하고 연구를 많이 한 사람이 그릴 수 있는 그림이니까 말이야."

제 말을 가만히 듣던 아이의 눈시울이 붉어지면서 저를 꼬옥 안더니 말하더라고요.

"그런데 … 엄마, 제가 연구하는 사람 맞아요?"

"그러엄!! 이민정 선생님도 그렇다고 하셨고 엄마도 그렇다고 생각해."

"그런데 우리 선생님은 몰라주세요."

"그래. 알아주시는 선생님도 계시고, 그렇지 않은 선생님도 계시지."

그날 밤 잠자리에서 아이는 울먹이며 제게 말했습니다.

"엄마, 제가 화가는 제 꿈이 될 수 없겠다고 생각했는데요. 다시 화가 할래요."

"그래. 우리 지원이가 화가가 되면 마음으로 그림을 그리는 훌륭한 화가가 될 거라고 생각해. 엄마 우리 지원이를 위해서 기도할게."

아이가 제 품에 파고들며 고맙다고 울먹였습니다. 저도 마음으로 감사의 눈물을 흘렸습니다. 이민정 선생님, 이렇게 사건 하나하나를 연구하며 아이와 나누다 보면 아이도 저도 지난해보다 조금은 더 나아지는 삶을 살게 되겠죠.

그렇다. 하마터면 놓아버릴 뻔한 하나뿐인 아들의 꿈을 되찾아 주었으니까 훨씬, 아니, 더 훨씬 나아진 삶을 살게 된 것이다. 지원이 어머니가 준비하지 않았다면 지원이의 화가의 꿈은 사라졌을지 모른다. 봄 그림에 대한 선생님의 말씀을 듣고, 화가의 꿈을 잃어버렸던 경험이 있는 지원이가 앞으로 다른 꿈은 잘 꿀 수 있을까,

지원이 담임 선생님이 지원이가 그린 봄 그림을 보고 다음과 같이 말했다면 지원이는 어떤 영향을 받게 되었을까?
"지원이 그림이 특별하네. 지원이가 이 그림에 대해서 우리에게 설명해 줄래?"
지원이가 그림에 대한 설명을 한다. 즉 봄에 농사를 짓는 농부가 밭을 농기구로 일구고 땅에 비닐을 씌우고 있는 중이며, 농부가 결실을 생각하며 웃고 있다는 아이의 설명을 듣고 담임 선생님이 말한다.
"그렇구나. 그래서 농부가 추수할 생각을 하면서 환하게 웃고 있구나. 봄을 그릴 때는 눈으로 보는 봄을 그릴 수도 있고, 마음으로 보는 봄을 그릴 수도 있는데 지원이는 마음으로 보는 봄을 그렸구나. 마음으로 보는 봄을 그리려면 생각을 많이 하고 연구를 많이 해야 그릴 수 있는데 지원이는 연구를 많이 하고 그렸네. 지원이는 화가가 되면

마음으로 보는 그림을 그리는 훌륭한 화가가 되겠네. 선생님이 지원이를 위해서 기도할게."

선생님의 이 말을 지원이가 들었다면 지원이는 어떤 생각을 하게 될까.

선생님이

"김지원, 이 그림에선 봄이 느껴지지 않아요. 다시 그려 오세요."

하는 말과, 아이의 설명을 다 듣고 나서 한 말,

"그렇구나. 그래서 농부가 추수할 생각을 하면서 환하게 웃고 있구나. … 지원이는 연구를 많이 하고 그렸네. 선생님이 지원이를 위해서 기도할게."

두 대화의 차이는 어디에 있으며 두 대화는 각각 아이에게 어떤 영향을 끼치게 될까.

사람은 말 한 마디로 자신의 잠재력을 인식하게 된다. 특히 어린이들은 부모님과 선생님의 말씀 한 마디 한 마디로 장래의 꿈을 펼칠 수도 있고, 접어 버릴 수도 있다. 또한 위로도 받고 힘을 얻게도 된다. 한 수강생이 불쑥 말했다.

"선생님, 정말 그래요. 말 한 마디가 얼마나 큰 영향을 주는지요. 제가 잊을 수 없는 일이 생각났는데요. 제가 중학교 때였습니다. 점심시간을 한 시간 앞두고 너무나 배가 고파서 마침 학교에 가져간 빵이 있어서 책상 밑으로 고개를 숙이고 한 입 베어 물었는데 선생님이 보시고 일어나래요. 교실 복도에 빵을 입에 물고 무릎 꿇고 앉아 있으라고 했습니다. 혹시 지나가는 누군가가 날 보면 어쩌나 창피해서 고개를 푹 숙이고 앉아 있는데 마침 제 앞을 지나가시던 교장 선생님이 교장실로 따라 오라고 하셨습니다. 교장실에 들어가자 그렇게 배가 고팠느냐고 하시면서 빵을 먹으라고 하셨습니다. 그리고 잠깐 나갔다 오신다고 나가셨습니다. 혼자 교장실에 있던 저는 심심해서 교장 선생님의 회전의자에 앉아서 의자를 빙글빙글 돌리고 있는데 교장 선생님이 들어오신 겁니다. 깜짝 놀란 제가 얼른 일어서는데 교장 선생님이 말씀하셨습니다.

"괜찮아. 그냥 앉아 있어도 돼. 네가 그렇게 앉아 있으니까 너랑 그 의자랑 아주 잘 어울려. 네가 이다음에 이런 자리에 앉게 될 것 같아."

황홀한 기분이란 그런 걸까요. 그 말은 지금까지도 늘 제 마음 안에 남아 있습니다.

물론 두 분 선생님은 저를 가르치려 하셨습니다. 빵을 입에 물고 교실 복도에 무릎 꿇고 앉아 있어야 다시는 그런 행동을 하지 않게 될 거라고 가르치려 하셨을 겁니다. 그런데 교장 선생님은 저를 이해해 주시고, 용서해 주시고 또 더 좋은 사람이 될 것 같다고 하셨습니다. 제게 두 분이 저를 가르치려 했던 방법은 엄청난 차이가 있었습니다. 저는 지금도 교장 선생님의 방법을 따르려고 합니다. 이렇게 늘 배움을 찾는 것도 모두 그때 교장 선생님 말씀의 영향인 것 같습니다. 선생님의 한 마디의 영향이 얼마나 큰지요. 제가 지금 작은 회사를 운영하는데요. 가장 먼저 제 자리에 회전의자를 준비했습니다. 언젠가 그 교장 선생님을 뵙게 되면 교장 선생님 말씀대로 제가 지금 회전의자에 앉아 있다고 말

쓸드리고 싶어서요. 교장 선생님, 그때 고마웠습니다."

나는 수강생에게서 교장 선생님과 행복했던 추억을 들으며 또 다른 선생님이 생각났다. 교사 연수 프로그램에 참가했던 선생님은 교감 선생님 임명을 앞둔 50대 초반의 선생님이셨다. 다음은 그 선생님이 지니고 있다는 선생님의 슬픈 자화상이다(이민정 저 『우리 아이 지금 습관으로 행복할 수 있을까』 참조).

오래 전, 내가 초등학교 4학년 미술시간이었다. 나는 공부를 잘하는 우등생이었고, 친구들은 공부 잘하는 나를 부러워했다. 물론 나는 무엇이든지 잘하는 아이였다. 어느 미술시간 선생님은 야외풍경을 그리라고 하셨고, 나는 열심히 그림을 그리고 색칠을 했다. 선생님은 우리가 낸 그림 중에서 내 그림을 친구들에게 보여 주시며 말씀하셨다.
'이게 하늘색이야? 넌 하늘이 까맣게 보이니? 왜 하늘색을 까맣게 칠해? 파란색으로 칠해야지. 다시 그리고 다시 색칠해!!'
나는 아무 대답도 할 수가 없었고 그리고 나는 바보가 되었다. 그날 나는 친구들 앞에서 엉망이 되어 버린 느낌이었다. 나는 집으로 돌아가는 길에 냇가에 앉아 엉엉 소리 내어 울었다. 형제가 많은 가난한 우리 집에서는 크레용 하나로 온 형제가 같이 썼기 때문에 언제나 남는 색은 검정색 크레용뿐이었다. 그날 이후, 선생님이 된 오늘까지 나는 그림을 그리지 못한다.
그때 그 담임 선생님은 기억하실까. 본인이 미술시간에 했던 말이 초등학교 4학년 어린이의 마음에 어떤 씨앗으로 심어졌는지 짐작이나 할까. 그 말의 씨앗이 어떤 열매를 맺었는지 기억할까.

자신에게 있었던 일을 소개한 그 선생님은 3박 4일 교육을 마치는 날 마지막에 말씀하셨다.

"그 사건이 있고 저는 결심했습니다. 언젠가 제가 선생님이 되면 절대로 담임 선생님을 닮은 교사는 되지 않을 거라고요. 그리고 제가 선생님이 되었습니다. 그날의 기억으로 저는 아이들에게 상처가 되지 않도록 말하려고 조심했습니다. 그런데 이번 교육에서 하루 6시간씩 4일간 24시간 교육을 받으면서 또 다른 제 모습을 보았습니다. 저에게도 그 옛날 그 선생님 모습을 닮은 점이 많았구나 하는 것을요. 저 자신의 잘못된 언어 습관을 되돌아보면서 그때 선생님에 대한 억울함이 많이 풀릴 것 같습니다. 어둡게 느껴졌던 그날을 잊게 해 주셔서 감사합니다."

그래서 우리는 배우고 또 배워야 하나 보다. 교육에 참가한 선생님의 훨씬 나아진 모습을 보며 나 또한 어제보다 나은 오늘, 그리하여 올해의 마지막 날에 지난해보다 훨씬 더 나아진 나로 발전하여, 복을 받을 수 있도록 복을 지으며 살 결심을 한다.

동훈이네 삼 남매 이야기

《아훈》 강사 훈련 중인 동훈이 어머니는 아이들과 있었던 일을 소개했다.

저는 삼남매의 엄마입니다. 12살 10살 아들, 8살 딸을 두고 있습니다. 제가 배워야겠다고 생각한 것은 남편과의 문제도 있지만 세 아이가 다 툴 때 어떻게 풀어야 하는지에 대한 고민이 더 컸습니다. 마침 막내딸의 유치원에서 이 프로그램을 만나 배우게 되었습니다. 제가 배우면서 남편과 아이들에게 조심스럽게 말하자 아이들의 대화도 달라졌습니다. 아이들이 나누는 대화의 품격이 달라졌다고 해야 할 것 같습니다. 저의 집에서 있었던 사건을 소개합니다.

12살 큰아이 동훈이와 셋째 예나가 레고 놀이를 하다가 동훈이가 저를 불렀습니다. 예전의 저의 집 모습입니다.

동훈 : 엄마, (레고를 예나에게서 빼앗으면서) 제가 쓰려던 레고 판을 예나가 가져갔어요.

예나 : 으앙!!! 오빠 미워. 내가 먼저 쓰려고 했던 거야, 내 거야.

엄마 : 왜 그래. 도대체 왜 맨날 싸워! 동훈아, 그거 좀 그냥 예나 줘. 그게 네 거야?

동훈 : 엄마는, 진짜 왜 예나 편만 들어요. (문을 쾅 닫고 자기 방으로 들어가 버린다.)

그런데 며칠 전 비슷한 상황에서 제가 지켜보며 놀랐던 일입니다. 비슷한 상황에서 동훈이가 제게 와서 말했습니다.

동훈 : 엄마, 제가 쓰려고 놔둔 레고 판을 예나가 들고 갔어요. 그런데 제가 뺏고 싶진 않아요. 제가 어떻게 해야 하죠. 저도 꼭 필요하거든요.

엄마 : 와! 동훈아! 네가 동생이 가져간 레고 판 뺏고 싶지 않다고. 동훈아, 네 말을 들으니까 엄마가 너무나 기뻐.

동훈 : 네, 엄마. 뺏고 싶지 않은데 저도 저 판이 꼭 필요한데 어쩌죠?

엄마 : 그러게. 엄마도 난처하네. 판은 하나고 동훈이도 예나도 그 판이 필요한데 어떡하나.

동훈 : 예나야. 오빠가 레고 로봇 만들어 줄게. 그 판 오빠 줄 수 있니?

예나 : 오빠, 난 로봇이 필요 없어.

동훈 : … 그럼 예나야, 내가 레고 카페 만들어 줄게. 그 판 오빠 줄 수 있니?

예나 : 응. 좋아. (판을 오빠에게 준다.)

동훈 : (레고 카페를 만들며) 예나야, 고마워. 고마워.

엄마 : 와아!! 너희들이 배우고 있는 엄마보다 더 훌륭하네. 이렇게
　　　 너희들이 사이좋게 노니까 엄마 너무 기뻐. 예나야 레고 판 오
　　　 빠에게 양보해 줘서 고마워.

예나 : 아니에요. 오빠가 고마워요. 오빠가 만들어 주는 카페 진짜 마
　　　 음에 들어요.

동훈 : 예나야, 그렇게 맘에 들어?

예나 : 응. 오빠가 너무 좋아서 날고 싶어.

　제 옆에서 아이들이 상황을 이렇게 풀었습니다. 이렇게 달라질 수 있
다니요. 저는 아이들이 셋이어서 키우기 힘들다고만 했습니다. 너무나
힘들다고 하면서 뭐가 문제인지, 왜 아이들은 맨날 다투기만 하는지 답
답하기만 했습니다. 모르니까 답답할 수밖에요. 이렇게 갈등 안에서도
사랑을 발견할 수 있다니요. 배우길 잘했다는 생각을 합니다. 제가 아
이들을 자랑하지 않을 수 없겠죠.

　그렇다. 동훈이의 대화는 상당히 성숙한 수준의 대화다. 동훈이는 이
상황에서 몇 가지 해결 방법으로 사건을 해결할 수 있었다. 첫 번째 예
전처럼 동훈이가 동생의 레고 판을 뺏는다. 그 결과 동생은 울고, 자신
은 엄마에게 문제의 아들이 되고 만다. 두 번째 방법은 레고 판을 동생
에게 순순히 준다. 사건은 조용히 마무리된다. 그러나 동훈이의 마음

안에는 응어리가 남는다. 이기적인 동생이라는 생각을 하면서 동생을 사랑할 수 없다. 이러한 상황이 한 번, 두 번 이어지면 어느 날인가 불만이 터질 수 있다.

그러나 동훈이는 가장 성숙한 세 번째 방법을 선택했다. 동훈이는 동생과 다투지 않고 사건을 해결하여 엄마의 마음을 편하게 하려는 의지를 갖고 있다. 그러기 위해서 자신의 감정을 다스린다. 그리고 사건을 어떻게 풀지 연구한다. 요즘 자신을 많이 이해해 주고 존중해 주는 엄마에게 도움을 요청한다. 엄마에게 동생이 가지고 있는 레고 판을 빼앗고 싶지 않은 마음을 말하고, 어머니에게 그 방법을 묻는다. 어머니에게서 답을 듣지는 못했지만 자신을 비난하지 않고 이해해 주고, 또 기뻐하는 어머니를 보자 자신감이 생긴다. 그리고 방법을 연구한다. 그러자 방법을 찾게 되고 동생에게 제안한다. 동생이 아니라고 하지만 화내지 않고 또 다른 방법을 제안한다. 그 제안이 받아들여지자 그대로 실천한다. 그 결과를 묻자 동생이 대답한다. 오빠가 좋아서 하늘을 날고 싶다고.

프랑스의 사상가 루소는 그의 책 『에밀』에서
"부모가 아이들의 모든 것을 다 생각해 주는데 아이들이 생각할 틈이 있겠는가, 아이들이 자신에 대한 보호와, 장래와, 안락을 부모가 다 맡아서 확실하게 해 주겠다고 하는데 아이들이 걱정할 필요가 있겠느냐."고 한다.

부모는 자녀를 사랑하기 때문에 "이렇게 해라, 저렇게 해라, 이건 하지 마라, 이것만 해라." 등의 지시와 명령을 한다. 아이들은 부모의 명령에 확실히 따르기만 하면 안전하다는 것을 배운다. 명령에 따르느라 생각할 틈이 없다. 그리고 부모는 명령에 따른 결과에 대한 책임은 아이에게 떠넘긴다. 아이는 억울하고 또 불안하다. 아이들은 혼란 속에서 자란다.

예전의 동훈이 어머니는 아이들이 다투면 정의가 없는 강력한 재판관이 되었다. 레고 판을 동생에게 주느냐 아니냐는 엄마의 기분에 따라 결정된다. 부모의 명령에 따르느라 생각할 틈이 없이 자란 아이들이 장차 자신의 일을 어떻게 관리하고 선택하고 책임질 수 있겠는가.

예전에 한 수강자가 나에게 질문했다.
"선생님. 제 아들은 경찰대학에 합격했습니다. 그런데 아들은 경찰대학이 자신의 적성에는 전혀 맞지 않는다고 합니다. 그 높은 경쟁률을 뚫고 합격한 학교가 자신에게는 맞지 않는다는 것입니다. 제가 배우고 있기 때문에 제가 말했습니다. 네가 정말로 하고 싶지 않다면 지금이어도 네가 하고 싶은 쪽으로 진로를 바꾸면 어떠냐고요. 아들이 대답했습니다. 어렸을 때부터 그 분야에 계신 아버지의 이끌림에 따라 거절할 수 없어 여기까지 왔는데 만일 지금 방향을 바꾼다고 해도 잘해 낼 자신이 없다는 것입니다. 제 아들 어떡하죠?"

그렇다. 그동안은 자신의 장래에 대해 부모가 확실히 결정해 주었기 때문에 걱정할 필요가 없었다. 그러나 성장한 아이가 자신의 미래를 진정으로 선택할 때가 되자 자신의 일을 자신이 선택해서 책임져 본 경험이 없기 때문에 자신이 선택할 일에 대한 확신이 없는 것이다. 이 학생의 미래를 부모가 책임져 줄 수 있을까. 이 학생은 지금부터 자신의 삶은 자신이 결정하고 책임도 져야 한다는 것을 배워야 한다.

열두 살인 동훈이는 어머니의 끊임없는 노력으로 사건이 있을 때 자신이 선택하고 책임지는 훈련을 하고 있다. 삶의 기본 태도를 익히기 시작한 것이다. 사람이 배워야 할 가장 기본을 배우기 시작한 것이다. 얼마나 행운인가.

동훈이 어머니는 이렇게 발전하는 동훈이의 동생 재훈이의 사례도 소개했다.

선생님, 동훈이 동생 재훈이가 자신이 모은 돈으로 총을 사고 싶다고 했습니다. 저는 부모 입장에서 공격적인 장난감인 총을 아이가 산다는 것은 처음부터 찬성할 수가 없었습니다. 그런데 재훈이가 제게 말했습니다.

재훈 : 엄마, 엄마가 안 된다고 할 것 같은데요. 제가 모은 돈으로 장
　　　　난감 총을 사고 싶어요.

엄마 : 재훈이가 총을 사고 싶구나.

재훈 : 네. 엄마 총을 꼭 사고 싶어요. 엄마는 여자라서 잘 모르시겠
　　　　지만 남자들은 총을 좋아해요.

아마도 제가 배우지 않았다면

'총은 절대로 살 수 없어. 아무리 네가 모은 돈으로 산다고 하지만 그런 위험한 장난감은 절대로 살 수 없어.'

로 끝났을 것입니다. 그러나 저는 그동안 《아훈》을 기본과정부터 전문 강사과정까지 거의 끝나갈 무렵이어서 인내심을 갖고 제 모든 실력을 총동원해서 화내지 않고 말했습니다.

엄마 : 그런데 엄마는 재훈이에게 도움이 되는 장난감이 있고 도움이 되지 않거나 오히려 해로운 장난감이 있다고 생각해서 찬성할 수가 없네.

재훈 : 엄마, 그런데 총을 사도 사람에게는 쏘지 않을게요. 사격하는 것처럼 요거트 병을 멀리 두고 사격 놀이로 쏠 거고요. 또 개구리알 총이라고 있는데 그건 젤리 총알을 써서 전혀 위험하지 않아요.

엄마 : 엄마는 그게 위험하기 때문이기보다는 사람이 어떤 물건을 손에 쥘 때 그 에너지가 있다고 생각해. 네가 성경이나 묵주를 쥐고 있으면 거룩한 마음이 들지만, 총을 드는 것만으로도 공격적인 마음을 가지게 될까 봐 걱정돼.

재훈 : 엄마, 그건 아닌 것 같은데요. 저는 그런 생각 안 할 거예요.

엄마 : 재훈이가 지금 총이 사고 싶어서 많이 연구하고 말하는데 안 된다고 할 수도 없고 엄마가 이민정 선생님에게 여쭤 보고 얘기해도 될까?

재훈 : 네. 엄마, 고마워요.

제가 더 걱정되는 것은 재훈이가 총을 사면 12살 형도 사고 싶을 것이고 여동생도 사고 싶어 할 것 같아 더 찬성하기가 어려웠습니다. 세 아이가 총을 들고 집 안을 돌아다닐 생각을 하면 마음이 복잡해집니다. 재훈이와 얘기할 때 옆에서 듣던 형도 동생도 관심이 많았습니다. 제가 선생님에게 다음의 내용으로 메일을 드렸습니다.

"선생님, 오늘 재훈이가 총을 사고 싶다고 해서 저와 대화를 했는데 재훈이가 저에게서 납득할 만한 답을 찾지 못한 것 같습니다. 선생님에게 일주일 뒤 여쭤 본다고 했더니 너무 많이 기다린다고 해서 선생님 바쁘실 텐데 문의드립니다. 선생님의 귀한 가르침으로 깨달아가는 기쁨에 저는 《아훈》을 만나지 않았을 상황을 생각만 해도 아찔하기만 합니다. 선생님 사랑으로 저희를 깨우쳐 주셔서 늘 감사드립니다."

제 메일을 받은 이민정 선생님은 아이들이 기다릴 것이라며 바로 그날 오후에 메일로 답을 주셨습니다. 제가 재훈이를 부르자 아이들이 모두 모였습니다. 우리는 마주 앉았습니다. 형인 동훈이는 동생이 총을 사고 싶다는 요청에 엄마가 안 된다고 하자 자기도 같은 마음이지만 참는 것 같았습니다 제가 말했습니다.

엄마 : 재훈아, 이민정 선생님이 답장 메일을 보내 주셨어.

재훈 : 와아!! 엄마, 너무 떨려요. 이민정 선생님 말씀이 너무 궁금해요.

제 말에 아이들이 제 옆으로 더 가까이 다가왔습니다. 저도 궁금했습니다.

엄마 : 엄마가 선생님 메일 읽어 줄게.

아이들이 귀 기울여 눈을 반짝이며 들었습니다.

강선희 선생님.

아이들의 얘기를 진심으로 귀 기울여 들어 주시고 지혜로운 방법을 찾는 아름다운 선생님. 존경하고 사랑합니다. 재훈이가 지혜롭고 사랑스럽네요. 정답은 아니지만 저라면 이렇게 하겠습니다. PPT 자료로 만들어서 보내 드립니다. 참고가 되길 바랍니다. 궁금한 내용 언제든지 연락 주셔도 됩니다.

2020년 7월 7일 이민정 드림.

자기 이름이 나오자 재훈이가 움찔하며 감격스러운 표정을 지었습니다. 그리고 질문했습니다.

재훈 : 엄마, 그 PPT 자료가 뭐예요?

엄마 : 어 그건 컴퓨터 프로그램 이름인데. 그래, 그 자료에 있는 내용 읽어 줄게.

재훈 : 네.

아이들이 집중하고 또 집중하면서 들었습니다. 다 듣자 아이들이 벌떡 일어나서 만세를 불렀습니다. 그래서 제가 말했습니다.

엄마 : 엄마도 너무 기쁘네. 엄마는 아빠랑 의논했는데 아빠는 너희들의 마음이랑 같았어. 그런데 엄마는 너희들이랑 다른 마음이어서 걱정이 되었는데 선생님이 보내 주신 PPT 자료를 보

면서 이해가 되었어. 그래서 선생님 말씀대로 엄마가 너희들
에게 총을 사 주고 싶어. 어때?

재훈이가 큰 소리로 말했습니다.

재훈 : 엄마, 너 ~ 무 너 ~ 무 기뻐요. 저는 총을 살 수 있는 것도 기
　　　뻔데 엄마가 사 주신다고 하니 더 기뻐요!!!

동생의 말을 듣고 형인 동훈이가 말했습니다.

동훈 : 엄마, 그럼 제가 모은 돈, 18,000원으로 가족들에게 치킨을 쏠
　　　거예요.

엄마 : 우와 동훈이가 열심히 모은 돈을 가족들을 위해 쏜다고~~!!

동훈 : 네. 엄마.

　저는 정말 놀랐습니다. 재훈이의 형인 동훈이는 유난히 돈을 아끼는
아이입니다. 100원을 쓰는 것도 아까워하는 절약형 아이입니다. 그런
데 18,000원을 가족에게 쏜다고 하다니요. 아이들도 저처럼 눈을 동그
랗게 뜨고 놀라워했습니다. 기뻐하는 동생들에게 형이 아끼는 돈으로
기쁨을 함께 나누려는 것 같았습니다.

엄마 : 동훈아, 엄마는 따뜻한 마음을 가진 동훈이의 엄마라서 너무
　　　행복하고 고마워.

행복한 마음을 온 가족에게 나누려는 아이를 보며 제가 더 많은 걸
배우는 기회였습니다. 며칠 뒤 가족 여행을 갔는데 동훈이가 치킨을 샀
습니다. 아이들은 평소에 닭다리를 서로 먹겠다고 다투는데 이번에는
동훈이가 동생들에게 양보를 했고, 동생들은 치킨을 사 준 형이 먹어
야 한다고, 오빠가 먹어야 한다고 하며 세상에서 가장 아름다운 양보

하는 다툼으로 온 가족이 즐거웠습니다. 세상에서 가장 맛있는 치킨을 먹게 되었습니다.

아이들이 부모에게 넉넉한 사랑을 받자 아이들도 서로 나누고 베풀고 싶었나 봅니다. 그런 기회를 만들어 주셔서 너무나 감사합니다.

다음은 재훈이 어머니에게 보냈던 자료에서 정리한 내용이다.

우선 부모의 가치관을 정리해야 한다. '위험한 장난감은 사 주지 않는다. 위험한 행동을 하면 안 된다.' 부모의 이러한 가치관은 그대로 아이들의 행동을 통제하게 된다. 그렇다면 위험한 장난감은 언제부터 갖고 놀 수 있으며 위험한 행동은 언제부터 해도 될까. 총도 칼도 망치도 송곳도 부엌의 가스레인지도 자전거도 심지어 비행기도 위험하니까 탈 수 없을까. 세상엔 위험한 일들이 많고 많다. 그리고 재훈이는 총을 위험하다고 생각해서 많은 연구를 했다. 그럼에도 위험하니까 안 된다고 거절하면 재훈이가 다시 어려운 일이 있을 때 연구할까. '연구해 봐야 부모님은 어차피 안 된다고 할 텐데. 연구해 봐야 소용이 없다.'고. 이렇게 되면 아이가 어려움에 도전하려고 할까. 점점 안일함과 무력감에 빠져들 수 있다. 그렇다면 부모가 자녀에게 어떻게 교육할 것인가. 지금 재훈이가 위험한 총을 사고 싶다고 할 때가 가장 중요한 교육의 기회가 될 수 있다.

캐나다 토론토 대학 심리학 교수인 조던 B. 피터슨은 환경이 받쳐 주면 인간은 위험을 즐기려는 본성이 있다고 했다. 위험을 극복하는 경험이 쌓이면 자신감이 생기고 혼돈에 맞설 힘이 길러진다. 그러나 과잉보호에 익숙해지면 갑자기 위험한 상황이 나타났을 때 맥없이 무너진다고 한다.

그렇다면 엄마는 재훈이와의 대화를 어떻게 이어가야 할까. 다음에서 이어진다.

재훈 : 엄마, 엄마가 안 된다고 할 것 같은데요. 제가 모은 돈으로 장난감 총 사고 싶어요.

엄마 : 그래. 재훈이가 모은 돈으로 총을 사고 싶은데 엄마가 안 된다고 할 거라고.

재훈 : 네. 엄마.

엄마 : 그래. 재훈이가 총 사는 걸 엄마가 왜 반대할 거라고 생각하는지 궁금하네.

재훈 : 그건 총은 위험하니까요. 그래서 저는 총을 사도 사람에게는 쏘지 않을게요. 사격하는 것처럼 요거트 병을 멀리 두고 맞추는 사격 놀이로 쓸 거고요. 또 개구리알 총이라고 있는데 그건 위험하지 않고 젤리 총알이라 전혀 위험하지 않아요.

엄마 : 그렇구나. 그러니까 재훈이는 위험한 총을 위험하지 않게 잘 쓸 방법에 대한 연구를 많이 했구나. 그럼 엄마가 반대할 이유가 없네. 엄마는 아빠랑 미리 의논했는데 아빠는 너희들의 마음이랑 같았어. 엄마는 다른 마음이었지만 선생님의 제안을 듣고 이해가 되어서 선생님 말씀대로 너희들이 총을 사는

데 찬성이야. 그리고 재훈이가 이 일에 대해서 연구를 많이 했기 때문에 축하하는 마음으로 아빠 엄마가 기쁘게 총을 사 줄 수 있어. 어때?

재훈 : 엄마, 총을 사 주신다고요. 고맙습니다.

엄마 : 그럼. 엄마는 재훈이가 연구를 많이 해서 고마워. 사람은 위험한 물건을 유익하게 쓸 수도 있고 아닐 수도 있거든. 어떤 아주머니가 운영하는 식당에 강도가 들어왔는데 그 강도가 아주머니를 식당에서 쓰는 날카로운 칼로 찔렀대. 그 날카로운 칼에 찔렸는데도 그 아주머니는 살 수 있었대. 왜냐하면 그 아주머니는 식당에서 가장 많이 쓰는 칼이 위험해서 혹시나 안 좋은 일이 있을 때를 생각해서 뾰족한 칼끝을 뭉툭하게 만들었기 때문이라는 거야. 엄마는 우리 재훈이도 그렇게 연구하는 사람이 될 거라는 생각이 들었어. 우리 아들 엄마가 존경해. 총 언제 살까?

위와 같은 선생님의 메일을 읽고 아이들과 대화를 나누었습니다. 총을 사기로 결정하자 재훈이가 저에게 말했습니다.

"엄마, 부탁인데요. 지금 빨리 이민정 선생님께 고맙다는 전화해 주실래요."

저는 재훈이의 부탁대로 얼른 선생님에게 고마움을 전했습니다.

나는 반가운 전화를 받으며 고마움을 표현하려는 사랑스러운 재훈이와, 재훈이네 가족에게 더 큰 감사의 마음을 전했다.

재훈이 어머니는 총의 에너지로 공격적인 마음을 가지게 될까 봐 걱정해서 사 줄 수 없다고 했다. 아이들을 보살피는 것이다. 그러나 재훈이는 그게 아닌 것 같고 자신은 그런 생각을 하지 않을 것이라고 한다. 그럼에도 재훈이 어머니는 아이를 사랑하기 때문에 찬성할 수 없다고 한다면 재훈이 어머니는 재훈이를 사랑하는 것일까. 보살피는 것일까.

영국의 아동심리학자 스티브 비덜프는 그의 책 『3살까지는 엄마가 키워라』에서

"보살핌과 사랑의 간극은 엄청나다."

고 한다. 재훈이의 부모가 재훈이에게 위험한 총을 살 수 없게 하는 것은 보살핌이다. 물론 재훈이가 위험할 수 있는 총을 위험하지 않게 사용할 계획을 하지만 그럼에도 문제가 될 수도 있다. 문제가 될 수 있기 때문에 아예 기회를 주지 않는 것은 부모의 사랑일까, 보살핌일까.

아이가 운전면허를 딸 때가 되었는데 운전은 위험하니까 면허를 따지 못하게 하는 것은 보살핌인가, 사랑인가.

아이를 사랑하는 부모는 아이와 충분히 의논하고 연구하여 준비된 상태에서 총을 사는 일을 결정하도록 한다. 부모가 아이들을 보살피는 차원에서 사랑하는 차원으로 성숙하려면 사랑하는 방법을 배우고 연구해야 한다. 그래야 동훈이와 재훈이 어머니처럼 보살핌과 사랑의 간극을 줄여 갈 수 있다.

나는 이 아름다운 가족들을 위해 외치고 싶었다.

"재훈이 엄마, 동훈이, 재훈이, 예나, 파이팅!!!"

'사랑'의 반대말은?

스캇 펙이 자신의 책 『아직도 가야 할 길』에서 다음과 같이 말했다.
"게으름은 사랑의 반대말이다."

33년째 인간관계 훈련 분야의 강의를 하고 있는 나는 깜짝 놀랐다. 왜냐하면 내가 강의하고 훈련하면서 사랑을 방해하는 상당 부분이 '게으름'이라는 걸 느끼고 있었기 때문이다.

한밤중에 아기가 물을 찾으면 엄마는 기쁘게 벌떡 일어나 물을 갖다 준다. 그러나 한밤중에 아기 아빠가 물을 달라고 하면 아내가 신나게 벌떡 일어나 물을 갖다 줄 수 있을까. 다섯 살 내 아이가 이불에 소변을 누면 화내지 않을 수 있다. 고등학생 시동생의 진흙 묻은 점퍼를 빨면서 화내지 않을 수 있을까. 하지만 초등학생인 아이는 담임 선생님의 심부름을 땀을 뻘뻘 흘리며 신나게 한다. 사랑의 크기에 따라 게으름이 영향을 끼치는 게 아닐까.

유치원생과 네 살 아들 형제를 둔 수강자 영재 어머니는 말했다.

두 아들이 언제, 어떻게 할 때 제가 화를 많이 내게 되는지 적어 보

있습니다.

- 두 아이가 우유를 바닥에 쏟고 우유 묻은 손으로 신나게 마룻바닥을 칠할 때.
- 장 보고 와서 거실에 내려놓은 쌀자루를 엎질러서 쌀알을 거실 구석구석, 가구 밑 구석까지 들어가게 흩어 놓았을 때.
- 두루마리 휴지 몇 개가 거실 가득 풀려 있고 곳곳이 젖어 있을 때.
- 금방 갈아입힌 옷에 초콜릿 아이스크림이 잔뜩 묻어 있을 때.
- 코딱지를 주물럭거리다가 입으로 가져갈 때.
- 온 방 안을 뛰다가 형제가 넘어져서 울면서 싸울 때.
- 밥 먹다 '배 아파'할 때.
- 잠잘 시간이 다 되었는데 미적대며 양치질 안 할 때.
- 중요한 내용을 보다가 둔 내 컴퓨터를 만지려고 할 때.

  등 결국 제 게으름을 방해받을 때 화나는 경우가 가장 많더라고요.

그렇다면 어린 형제가 아무것도 하지 않고 한 장소에 가만히 앉아서 움직이지 않으면 화나지 않을까.

영재 어머니는 말했다.

그런데 이렇게 써서 부엌 냉장고 앞에 붙여 놓고 이런 경우 절대로, 절대로 화내지 않는다고 다짐, 또 다짐했습니다. 하다 보면 어려울 때도 있지만 그때마다 게으름을 극복해야지 하고 결심을 하면 조금씩 변화가 오더라고요. 제가 자주 터트리는 불평의 원인이 '게으름'에 있다고 인식하자 제 짜증을 극복하기가 훨씬 쉬웠습니다. 제가 화를 덜 내고 짜증을 줄이자 두 아이의 다툼도 차츰 줄어들었습니다. 그렇게 한 달 정도 지나자 서서히 그 결과가 눈에 보였습니다. 특히 큰아이가 초등학교에 들어가자 더 많은 변화가 있었습니다. 저는 그 결과를 냉장고 앞에 써 붙였습니다.

아이들이 나를 행복하게 해 줬던 일들.

- 아이가 '내 탓이야. 엄마.' 하며 엄마를 돕겠다고 말했을 때.
- 동생에게 '네가 그랬다고.' 하며 동생을 이해하려고 할 때.
- 엄마가 화내지 않아서 잘했다고 본인이 받은 상패를 엄마에게 상으로 줬을 때.
- '엄마, 나 자신과의 싸움에서 이겼어요.' 하고 말할 때.

아이들은 제가 노력한 것보다 훨씬 더 많이 달라졌습니다. 특히 저를 감동하게 했던 것은 아이가 유치원 때는 화를 잘 내고 이기적인 경향이 있으며 친구들과도 잘 다투어서 어렵다고 했는데 초등학교 일학년 학기말 학교에서 보내온 생활통지표를 보며 많이 놀랐습니다.

다음은 선생님의 〈학기말 종합의견〉 란에 쓰여 있는 내용입니다.

- … 상황과 상대에 말맞은 인사말을 알고, 공손하고 바른 태도로 인사를 잘함.

- 글자와 소리가 다른 낱말을 잘 찾음.
- 인상 깊었던 일을 일기로 잘 씀.
- 듣는 사람의 기분을 생각하며 자기의 기분을 말하는 방법을 잘 알고 있음.

저는 마지막의 '듣는 사람의 기분을 … 잘 알고 있음.' 이 말이 가장 고마운 말이었습니다. 제가 게으름을 극복하며 화내는 것을 줄이고 멈췄더니 아이도 상대방의 기분을 생각하고 자기의 기분도 잘 표현한다니요. 예전에 제가 바라던 아이의 평가는 '100까지의 수를 이해하고 수를 세고, 읽고, 쓸 수 있으며 … 받아 내림이 없는 계산의 형식을 알고 계산을 잘함.'을 많이 기대했고, 이런 평가를 받았을 때 가장 기뻐했을 것입니다. 동식물의 겨울나기 돕기의 필요성과 … 등등, 예전에는 수학, 과학을 잘하는 것을 최고의 목표로 삼았습니다. 그런데 지금은 '친구와 함께 어울려, … 친구와 협동하여' 등의 단어가 더 반갑게 제 눈에 들어왔습니다.

이어서 영재 어머니는 다음과 같이 얘기를 마무리했다.

"게으름은 사랑의 반대말이다." 이 말은 저에게 남편과 아이들을 사랑하는 길잡이가 되었습니다. 제가 진정으로 남편과 아이들을 사랑했지만 왜 화를 많이 냈는지, 그 이유는 게으름을 극복하지 못했기 때문이었음을 알게 되었습니다. 지금은 남편과 아이들의 옷을 빨면서도, 아이들이 좋아하는 음식을 복잡하게 만들면서도, 집 안이 가득

어질러져 있어도 기쁘게 정리할 수 있습니다. 왜냐하면 그들을 사랑하니까요. 게으름을 극복했으니까요.

스캇 펙은 이어서 "사람이 게으름을 극복할 수 있다면 영적 성장 과정에서 모든 장애물을 뛰어넘을 수 있지만 그러지 못하면 다른 어떤 장애물도 뛰어넘을 수 없다."고 했다.

나는 가끔 수강자들에게 질문을 받는다.

선생님, 저녁을 막 먹으려고 하는데 아이가 나가서 놀다 오겠다고 하면 부모는 어떻게 해야 하죠? 물론 배우고 있는 저는 아이의 마음을 읽어 주라는 방법으로 아이의 마음을 읽어 줍니다.

"그래. 네가 지금 밖에 나가서 놀고 싶구나."

"네. 엄마, 지금 나가서 놀다 와서 밥 먹을게요."

"그래. 그런데 엄마는 네가 나갔다 오면 다시 저녁을 차려야 하는데 엄마는 두 번 밥을 차릴 수가 없어."

"… …."

그러면 아이가 힘없이 앉아서 밥을 먹을 때도 있지만 때로는 굳이 나가서 놀겠다고 떼를 쓰는 아이는 어떻게 하죠. 교육 전문가들은 얘기하잖아요. 부모도 감정이 있고 욕구가 있어서 부모이기 전에 한 인간으로서 자신의 삶을 누릴 권리가 있다고요. 무조건 아이들이 원하는 걸 다 해 주는 게 아니라고요.

그렇다. 아이들이 해 달라고 다 해 주는 것은 아니다. 이런 경우 부모들의 대화를 생각해 본다.

엄마1 : 그래. 알았어. 놀다 와도 돼. 그러면 엄마가 다시 밥 차려 줄게.

엄마2 : 안 돼. 엄마가 네 종이냐, 하루에도 몇 번씩 밥을 차리게. 빨리 앉아서 밥 먹어.

엄마3 : 오늘만 놀다 오는 거야, 다음엔 절대로 안 돼. 다음에 또 그러면 아예 밥을 안 줄 거야.

엄마4 : 알았어. 엄마는 식구가 모두 함께 모여서 밥을 먹고 싶고, 저녁도 한 번만 차리고 싶어. 그런데 네가 꼭 지금 밖에서 놀고 싶다면 엄마는 다시 밥을 차려 줄게.

위의 대화 중 아이는 엄마한테 어떤 말을 들을 때 자신이 사랑받는다고 느낄까. 엎지른 우유를 닦고, 초콜릿 묻은 옷을 빨고, 다 차린 밥상 앞에서 라면을 먹고 싶다는 남편에게 라면을 또 끓여 주려면 귀찮고 불편하고 힘들다. 한 번 할 일을 다시 하는 것은 편안하고자 하는 나의 욕구를 방해한다. 그러나 우리는 다 차린 밥상 앞에서 라면을 먹고 싶다면 얼른 일어나 라면을 끓여 주는 아내에게, 남편에게 사랑받는다고 느끼지 않을까. 아이들은 본인의 실수로 우유를 엎지르게 되었을 때 화내지 않고 닦아 주기를 원하지 않을까.

지금 밖에 나가서 놀고 싶은 아이는 "네가 지금 나가면 엄마는 다시 밥상을 차려야 하지만 네가 놀고 싶다면 엄마는 다시 차려 줄게." 하는 엄마에게서 사랑받는다고 느끼지 않을까. 그리고 그 아이도 그렇게 하는 엄마를 보며 어느 날인가 엄마가 라면 먹고 싶다면 "제가 금방 끓여 드릴게요." 하지 않을까. 밖에서 실컷 놀다 들어오면서 "엄마가 또 밥을 차려야겠구나. 미안하네. 다음엔 어떻게 할까." 한 번 두 번 미안해하다가 저녁을 함께 먹게 되지 않을까. 그건 억지로 강요받는 게 아니라 자신이 스스로 결정하는 것이기 때문이다. 밥상을 두 번 차리고 치우려면 화가 나는 것은 게으름이 얼쩡거리기 때문이 아닐까. 어쩌면 우리는 많은 걸 배웠기 때문에 교만해져서 게으름을 극복하기가 더 어려운 건 아닌지, 생각해 본다.

또 어느 수강자가 질문했다.
"선생님, 그런데요. 제 남편은 원래 깔끔하고 부지런해서 집안일을 잘 도와줘요. 그것도 게으름을 극복한 사랑인가요?"
"사랑일 수도 있고 아닐 수도 있겠죠."
"어떻게 달라요?"
"집안일을 기쁘게 하느냐, 짜증스럽게 잔소리하면서 화를 참고 하느냐가 다르겠죠."

"게으름은 사랑의 반대말이다."를 읽은 날 나는 남편에게 말했다.
"여보, 제가 스캇 펙의 글 '게으름의 반대말은 사랑이다.'를 읽으면서 그 말뜻을 바로 이해하게 된 건 당신 덕택이에요. 제가

'여보, 우리 차 한 잔 마실까요.'

하면 당신이 얼른 일어나며 저에게 말하죠.

'알았어. 당신 앉아 있어. 내가 금방 끓여 올게.'

하고요. 그래서 사랑의 반대말은 게으름이라는 말의 뜻을 금방 이해할 수 있었어요."

남편이 대답했다.

"그래. 그 말뜻 어렵네. 그런데 나도 당신을 보면 그 말뜻을 금방 이해할 수 있을 것 같아."

우리는 마주 보며 웃었다. 남편의 눈동자에 선량하고 그윽한 빛이 가득했다. 혹시 내 눈에도 선량함과 따뜻함이 묻어 있지 않았을까.

스캇 펙은 이어서 말했다.

"사랑은 노력이기 때문에 사랑하지 않음의 본질은 게으름이다."

《아훈》 강사가 말했다.

선생님, '게으름은 사랑의 반대말이다.'에 대한 선생님의 해석을 듣고 저도 그날부터 시작했습니다. 저는 지금도 남편을 정말로 좋아해요. 그런데 밤 11시 가까이에 간식 먹는 것까지 좋아하지는 않습니다. 그러니까 가령 남편이 말하죠.

"여보, 우리 간단하게 라면 하나 끓여서 같이 먹을까."

저는 말하죠.

"아니요. 같이 안 먹어요. 혼자 드셔, 혼자 끓여서 혼자 드셔."

때로는 말합니다.

"당신 가스 불 켜요. 냄비에 물, … 라면 넣고, 계란도 넣고요. 자, 몇 분이에요. 거기 봉지에 쓰여 있죠. 그거 보면서 해요."

제 게으름이 사랑을 방해합니다. 저는 앉아서 입으로 라면을 끓입니다. 그런데 저는 결심했습니다. 내 마음 안에 있는 사랑을 그대로 전해야지. '사랑은 노력이니까.' 그래서 실천했습니다.

"여보, 우리 간단하게 라면 하나 끓여서 같이 먹을까."

"네. 좋아요. 당신 앉아 있으면 제가 금방 끓여 올게요."

남편이 놀라워했습니다. 제가 신나게 끓여 와서 말했습니다.

"어때요? 맛있어요? 당신 맛있게 드시니까 저도 좋아요."

남편이 의아해했습니다. 저는 일주일 정도 해 보자고 결심했는데 해 보니까 3일, 4일 되면서 조금씩 후회가 되었습니다. 괜히 선생님에게 그런 말을 들어서 내가 지금 뭐 하는 거야? 그런데 사랑은 다르더라고요. 5일째 되는 날 남편이 말했습니다.

"여보, 간식 먹고 싶지. 내가 오늘 라면 맛있게 끓이는 방법 배웠거든. 그래서 라면에 넣을 숙주나물도 사 왔어. 당신 여기 가만히 앉아 있어. 내가 맛있게 끓여 올게."

사랑이었습니다. 남편이 게으름을 극복하자 제게 사랑이 되었습니다. 요즘 신혼처럼 살고 있습니다.

우리의 집은 어떤 곳인가. 낮에는 밖에서 자신이 지닌 에너지를 각각의 책임을 다 하느라 소모하고 아늑하고 따뜻한 집으로 돌아온다. 늦은 시간, 밤 11시 쯤 간단한 간식으로 왠지 빈 듯한 마음을 채우고 싶다. 간단한 라면을 같이 먹자는데 티격태격 한다. 그곳이 가정일까. 귀찮고 번거로운 작은 일로 서로를 불편하게 하던 곳이 한 사람의 변화로, 편안하고 아늑한 평화의 장소로, 우리가 원하는 꿈의 장소로 바뀐다.

게으름을 극복하고 우리의 집을 아늑한 안식처로, 평화롭고 따뜻한 휴식 공간으로 만들어 주신 《아훈》 강사님에게 마음 모아 존경과 감사를 드린다.

그래서 스캇 펙은 게으름을 극복한 사람들에게 말한다.

"배우자와 아이들과 진정한 사랑의 관계를 이루었다고 말할 수 있다면, 당신은 이미 대개의 사람들이 평생 동안 성취한 것보다 더 많은 것을 성취하는 데 성공한 것이다."

수강자들에게 이러한 도구가 되기를 바라며 33년째 강의하고 글을 쓰는 내게 주님은, 특별한 선물로 "게으름은 사랑의 반대말이다."는 글을 만나게 해 주셨나 보다.

아름다운 봄날이다.

초4 딸과의 대결

영주 어머니는 초등학교 4학년인 자신의 큰딸과 있었던 사건을 소개했다.

저는 누구나 부러워할 직장을 좋은 엄마가 되려는 꿈으로 그만두었습니다. 오로지 두 아이를 위해 저의 모든 희망을 걸었습니다. 열심히 책도 읽고 준비했지만 어떤 일이 벌어지면 구체적으로 어떻게 해야 하는지 몰랐습니다. 날마다 일어나는 작은 사건에서도 추상적인 이론으로는 해결되지 않았습니다. 그러다가 《아훈》을 만나면서 제 방법이 잘못되었다는 걸 깨닫기 시작했습니다. 그럼에도 날마다 만나는 아이들과의 일상의 사건들은 늘 저를 고민하게 합니다. 지난주에 있었던 사건입니다.

유난히 외모에 신경 쓰는 큰딸과 있었던 일은 아무리 생각을 깊이 해도 제가 잘못했다고 동의할 수가 없더라고요. 그날 아침 아이가 등교 준비를 하면서 며칠 전에 사 준 바지를 입으며 아무렇지도 않은 표정으로 말했습니다.

"엄마, 이 바지는 제가 원하는 바지가 아니에요."

"어? 무슨 말이야?"

"응. 여기 허벅지는 너무 끼고. 여기 발목 쪽은 펄럭여서 싫어요."

저는 아이의 말에 감정이 시키는 대로 말했습니다.

"너 어제도 이 바지 입어 보고 입는다고 해서 옷에 붙은 태그까지 뗐 잖아. 지금 그렇게 얘기하면 환불도 못하고 어떡하라고? 너 … 정말 안 입을 거야? 엄마가 매번 동생 옷은 사지 않으면서 너 옷만 사 주 는데 …."

" … …. "

대답 없는 아이를 보는 저는 더 화가 났습니다. 저는 아이 방에서 아 이가 벗어 놓은 바지를 둘둘 말아 방구석으로 던지며 말했습니다.

"이거 줄 데도 없고 바꿀 수도 없고 그냥 갖다 버릴 거야."

다른 바지를 입은 아이는 제 말을 귓등으로 흘려버리는지 말없이 밥 을 먹었습니다. 애가 그 정도 화내는 엄마를 보면 '그냥 입을게요.' 할 만도 한데. 저는 여전히 제 뜻대로, 제가 기대하는 대로 안 되는 아이를 노려보며 분노를 쏟아 냈습니다.

"영주, 너, 할 말 없지. 네가 잘못했다는 거 알지. 내가 바보지. 옷 사 줘도 고마운 줄 모르는 애한테 옷을 사 준 이 엄마가 바보 맞네. 내가 오늘 연구소 가서 이민정 선생님께 여쭤 볼 거야, 엄마가 잘못했는지, 네가 잘못했는지 꼭 물어볼 거야."

밥 먹던 아이가 처음으로 인사도 없이 현관문을 닫고 집을 나갔습니다.

저 정말 많이 참았습니다. 왜냐하면 큰아이는 예쁘다는 말도 많이 듣고, 또 옷 잘 입기로 꽤 알려진 아이라 제 자랑이기도 합니다. 그날도 바지 5개를 가져와서 아이가 입어보고 4개를 돌려주기로 약속하고 그렇게 했거든요. 5개 중에서 아이가 맘에 든다는 옷으로 골라 태그까지 뗐는데 맘에 안 든다니요. 화를 낸 제가 잘못인가요? '좋은 엄마 되려고 얼마나 정성과 열정을 다 쏟아 붓는데 이게 뭐람. 왜 나는 배우고 있는데도 순간적으로 올라오는 화를 절제하지 못할까?'

저는 부글부글 끓는 속을 추스르지 못한 채 선생님에게 질문했죠.

제 얘기를 다 듣고 선생님은 제게 되물으셨죠.

"그 바지 얼마죠?"

"3만 원이요."

"그때 3만 원 생각만 하셨죠?"

"그럼요. 3만 원 생각만 나죠."

"3만 원과 아이, 어느 쪽 값이 더 크죠?"

" … 물론 아이죠."

저는 대답하며 '아차' 정신이 번쩍 들었습니다.

'그렇구나. 돈이 아깝다는 생각만 했구나. 아이가 잘못 선택할 수도 있다는 것을. 아이가 실수할 수도 있다는 것을, 그렇게 실수하며 성숙한다는 것을 생각하지 못했구나. 내가 초등학교 4학년 딸과 네가 잘했냐, 내가 잘했냐 하며 대결하고 있었구나. 자기 잘못을 모르는 아이를 혼쭐나게 화내며 가르쳐야 한다는 생각만 했구나. 그러고 보니 2만 원짜리 장난감으로도 화를 내고, 만 원짜리 신발을 잃어버려도 불같이 화내고, 천 원짜리 우유만 쏟아도 우유가 아까워서 참 많이도 화를 냈구나. 그러니까 그 순간에 아이는 보이지 않고 그 돈이 아깝다고 돈만 보였구나. 아이가 실수하며 큰다는 생각을 못 했구나.'

저는 갑자기 아이에게 미안한 생각이 들어 선생님과 대화를 마치고 문자를 보냈습니다.

《영주야, 300억을 준다 해도 안 바꿀, 세상에서 가장 귀한 내 딸인데, 3만 원짜리 바지 때문에 화내고 짜증내서 정말 미안해. 그 바지는 어떻게 할지 엄마가 연구할게.》

시간이 좀 지나서 아이의 답 문자를 받았습니다.
《응. 사랑해 엄마 ♥》

그날 저는 집에 가서 미안한 마음으로 아이를 보며 말했습니다.

"영주야, 엄마가 아침에는 너보다 3만 원이 더 컸어. 그래서 너에게 화냈다는 걸 알았어. 오늘 네가 얼마나 소중한가를 깨달았어. 미안해."

제가 울먹이자 아이도 눈물을 훔치며 말했습니다.

"엄마, 그런데 저는 이민정 선생님께서 뭐라고 하셨는지 궁금했어요."

"그랬어? 왜?"

"엄마가 아침에 '내가 잘못했는지 네가 잘못했는지 선생님께 여쭤 볼 거야.' 하셨죠. 그때 엄마는 엄마가 잘못했다는 생각 안 하는 것 같았는데 문자로는 미안하다고 해서 궁금했어요."

저는 차분하게 마음을 가라앉히고 정말 미안한 마음으로 침착하게 말하고 있었는데 아이가 따지듯이 "엄마가 잘못했다는 생각 안 하는 것 같았는데" 하는 말에 갑자기 속에서 옛날처럼 뭔가 확 올라오는 느낌이 들었습니다. 왜냐하면 내가 말하는 잘못은 아침에 화내고 옷을 둘둘 말아 방구석으로 던지며 " … 그냥 갖다 버릴 거야." 하며 소리쳤던 일들에 대한 잘못인데 아이는 아침에 있었던 일 전부에 대해서 모두가 엄마 잘못이라고 따지려는 것 같았습니다. 저는 엄마가 다 잘못한 건 아니며 네 잘못도 있었다는 것을 이해시키고 싶었습니다.

'뭐라고? 그러니까 아침에 너는 잘했고 엄마가 잘못했다는 거야? 네가 어제도 분명 바지 다섯 벌 중에 입어 보고 맘에 든다는 그 바지에 태그까지 뗐어. 그런데 오늘 아침에 안 입겠다고 한 너는 잘못이 없는 거야?'

하고 싶었습니다. 너도 분명 잘못한 게 있다는 걸 알려 주고 싶었습니다. 그런데 선생님과 얘기할 때 제가 질문했던 내용이기도 합니다.

그때 선생님은 대답해 주셨죠.

"부모의 힘으로 아이를 이해시키는 것과 아이가 스스로 자신의 잘못을 깨닫도록 하는 것의 차이는 무엇일까요. 부모가 힘으로 아이를 이해시키면 아이는 대답할 것입니다. '알았어요. 알았다니까요. 다음엔 조심할게요.' 하고요. 그러나 아이 스스로 잘못을 깨달았을 때는 답이 달라질 겁니다.

'죄송해요. 제가 미처 그 생각을 못했어요. 다음엔 제가 잘 생각해서 결정할게요.'

라고요. 어느 쪽의 얘기를 듣고 싶죠?"

저는 자연스럽게 올라오던 감정을 추스르고 선생님에게 들었던 말을 생각하며 말했습니다.

"선생님은 그러셨어. 그때 돈보다 영주가 더 귀하다는 마음이 들었다면 '그래, 처음 입었을 때는 맘에 들었는데 지금 다시 입어 보니 네가 원하는 바지가 아니라고. 그럼 어떡하나. 어제 태그를 뜯지 말 걸. 태그를 뜯어서 환불할 수도 없고. 이 바지를 어떻게 할지 엄마가 연구할게.' 하면 되었을 것이라고 말이야."

제 말을 듣자 아이가 바로 이어서 말했습니다.

"그럼, 제가 말했을 거예요. '엄마 죄송해요. 저도 다음엔 더 생각하고 결정할게요.' 하고요."

선생님 말씀대로 아이가, 엄마가 지금처럼 말하면 자신도

'죄송해요. 저도 다음엔 더 생각하고 결정할게요.'

하는 말을 하고 싶을 거라고요. 저는 준비해서 외워 두었던 그 다음의 말을 했습니다.

"그랬구나. 아침에는 네가 선택을 잘하기를 바라는 마음과 3만 원을 낭비하고 싶지 않은 마음만 가득했어. 그러니까 너는 보이지 않더라고. 엄마가 정말 미안했어. 엄마는 우리 영주를 위해서라면 내가 가진 모든 것과 바꿀 수 있어. 사랑해."

"엄마, 배워서 외우신 대로 말하는 거죠. 그래도 엄마의 진심으로 들려요. 엄마 고맙고 사랑해요."

저는 또 아이의 "외우신 대로 말하는 거죠." 하는 말을 붙잡고 따지고 싶었습니다. 그러나 아이는 알더라고요. 제가 온전히 제 잘못이라고 인정하지 않으면서, 인정하려고 애쓰고 있다는 것을요. 아이의 '외우신 대로'라는 말은 맞는 말이었습니다. 저는 외웠다가 말했거든요. 그래도 제 노력을 이해하고 고맙고 사랑한다는 말을 해 준 딸이 고마웠습니다. 아이가 저보다 훨씬 위에 있는 것 같았습니다. 제 마음을 들킨 저는 얼른 아이를 안았습니다. 그러자 아이도 힘껏 저를 껴안아 주었습니다. 그냥 눈물이 흐르더라고요, 아이의 눈에서도 눈물이 흐르더라고요. 우리는 기쁨의 눈물로 달콤하게 화해할 수 있었습니다.

그렇다. 아이들은 안다. 엄마가 처음엔 배워서 외웠다가 말하는 것까지도. 그렇게 노력하는 것도 아이들은 안다. 그리고 그런 엄마를 좋아하고 존경하고 사랑한다.

아이들을 사랑하는 것도 쉽지 않지만 아이들의 존경과 사랑을 받는 것 또한 결코 쉬운 일이 아니다. 결국 배워서 꾸준히 실천하면 어느 날인가 아이들로부터 그 말을 들을 수 있을 것이다.

"엄마, 제가 엄마를 얼마나 존경하는지 아시죠."

아이들은 부모로부터 비난받으면서 비난받는 행동을 배우고, 존중받으면서 존중받는 행동을 배우고, 또 존중하는 태도를 배우게 된다.

친구들이랑 노는 게 힘들어요

수강생 도은이 어머니가 아이와 해결하지 못한 상황에 대해 말했다.

초등학생이 된 제 딸 도은이는 오랜만에 친구 집에 초대받았습니다. 같은 유치원에 다녔던 절친한 친구 세 아이가 모였습니다. 도은이는 친구들과 놀면서 평소 자기가 좋아하는 놀이를 얘기하지 않고 친구들이 하는 놀이만 했습니다. 저는 언젠가 아이들이 자기네가 원하는 놀이만 한다고 하던 도은이의 불평이 생각났습니다. 저는 집에 돌아오는 자동차 안에서 아이에게 물었습니다.

엄마 : 도은아, 친구들하고 재미있게 놀았어?

도은 : 네. 재미있었어요. … 음, 그런데 아쉬웠어요.

엄마 : 아쉬웠어? 힘들진 않고? 아까 보니까 도은이가 하고 싶은 놀이는 안 하는 것 같던데.

도은 : 힘들었어요. 내가 일곱 살 때 그 친구들이 원하는 놀이를 놀아 주느라고 내가 얼마나 힘들었다고요. 친구들은 내가 원하

는 놀이는 한 번인가 두 번밖에 안 해 줬어요. 그래서 내가 얼마나 힘들었다고요.

엄마 : 그랬구나. 친구들이랑 노는 게 힘들었구나. (이번에도 혹시나 도은이가 친구들이랑 노는 게 힘들었나 하고 질문했는데 힘들었다는 아이의 말을 듣고 나니 갑자기 말문이 막혔다.) 그런데 엄마가 도은이에게 도움이 되는 말이 생각나지 않네. 내일 이민정 선생님께 배워서 얘기해도 될까? 지금 엄마가 아는 대로 얘기하면 네게 도움이 안 될 거 같아서 말이야.

도은 : 네. 엄마. 선생님께 배우고 와서 얘기해 줘요.

선생님, 이렇게 초등학교 1학년 딸과 얘기를 나누었는데 아이의 친구 문제는 정말 중요한 문제 아닌가요? 이럴 때 제가 뭐라고 말해야 하죠?

매스컴에서도 부모가 아이들의 친구 문제로 걱정한다는 내용을 많이 보도한다. 부모들은 "새 학기 친구 사귀기 힘들어요." 하는 자녀들의 호소에 부모까지 팔 걷어붙여 연기, 스피치, 미술 과외 시키고 친하게 지낼 친구도 직접 골라 준다고 한다. 그리고 교사들은 말한다.

"오냐오냐 자란 아이들이 학교생활 적응 못 하는 경우가 많다."

고 하면서 방법을 제안한다.

"새 학기 증후군을 극복하기 위해서 부모가 하루 한 시간 정도 학교나 친구와 관련해 아이와 대화하는 시간을 가지면 좋다."

고 조언한다.

그러나 학교생활에 적응 못 하는 아이와 하루 한 시간 정도 대화할 수 있는 부모가 얼마나 될까. 부모가 친하게 지낼 친구도 직접 골라 주면 아이는 부모가 골라 준 친구하고만 놀아야 할까. 언제까지 부모가 아이의 친구를 골라 줘야 할까.

그렇다면 도은이의 위와 같은 친구와의 갈등을 어떻게 도와줘야 할까? 도은이 어머니는 연구소에서 도은이와의 대화를 준비했고, 집에 가서, 연구소에서 연구하고 준비한 대로 아이와 대화한 내용을 다음과 같이 알려 주었다.

선생님과 상의한 그 날, 저는 제가 배운 내용이 초등학교 1학년인 도은이가 이해할 수 있을까 하고 걱정하기도 했지만 아이와 마주 앉아 연습한 그대로 말했습니다.

엄마 : 도은아, 엄마가 선생님께 배우고 왔는데 친구랑 노는 얘기 지금 해도 될까?

도은 : 네. 엄마.

엄마 : 선생님은 도은이가 친구들 하고 놀 때 어떤 마음으로 노는지 궁금하다고 하셨어. 도은이가 친구들이랑 놀 때 도은이가 친구들이 좋아하는 놀이를 하면서, 친구들도 도은이가 놀아 준 만큼 놀아 줄 거라고 기대하면서 노는지, 그런 마음 없이 그냥 신나고 재미있게 노는지 궁금하다고 하셨어.

도은 : 음 … 그냥 놀 때도 있고, 내가 놀아 준 만큼 놀아 주겠지 하면서 놀 때도 있어요.

엄마 : 그랬어. 도은아 선생님은 네가 친구들과 놀 때 '내가 이만큼 놀아 줬으니까 친구들도 그만큼 놀아 주겠지.' 하고 계산하면서 노는 건 진짜 노는 게 아니라고 하셨어.

가만히 듣던 아이가 눈을 반짝이며 말했습니다.

도은 : … 어? 그럼 난 친구들하고 논 게 아니네.

저는 아이의 말을 들으며 놀랐습니다. 초등학교 1학년 아이가 제가 하는 말의 뜻을 그대로 이해하다니요. 저는 선생님의 조언을 들으면서도 어린아이가 이 말을 이해할 수 있을까 하는 의구심이 들었는데 정말 놀랐습니다. 아이가 정확히 이해하다니요. 저는 너무나 기뻤습니다. 그리고 저는 거의 외울 정도로 연습한 말을 했습니다.

엄마 : 그래. 엄마도 선생님 얘기 듣고 알았어. 친구들하고 놀 때는 그냥 기쁜 마음으로 노는 거래. 그러면 친구들이 도은이랑 노는 게 재미있으니까 친구들도 도은이가 좋아하는 놀이를 하면서 놀고 싶어진다고 하셨어.

도은 : 그럼 내가 친구들과 기쁜 마음으로 놀도록 노력할게요.

엄마 : 그래. 우리는 하느님을 믿잖아. 하느님께서는 도은이가 기쁜 마음으로 노는 것을 보면 도은이가 원하는 걸 할 수 있게 도와주실 거야. (아니지, 이건 또 내가 조건을 걸려고 하는구나. 하면서 갑자기 배웠던 말이 떠올라) 잠깐!! 엄마가 다시 말할게. 오늘 우리 도은이가 중요한 걸 배웠네. 그리고 하느님께서 우리 도은이 결심을 보시면서 기뻐하시겠네. 엄마의 이 기쁜 마음처럼.

정말로 신기하게도 아이는 이렇게 대화를 나눈 다음 날부터 참으로 많이 달라졌습니다. 어떻게 그렇게 달라질 수 있는지요. 학교에서 돌아올 때 활기찬 모습과 어두운 모습을 반복하던 아이가 이젠 거의 밝은 모습으로 돌아옵니다. 그리고 오늘은 어떤 놀이를 재미있게 했고, 어떤 놀이로 신났다는 얘기를 합니다. 친구들과 노는 방법을 깨달았나 봅니다. 자랑해도 될까요. 4학년인 지금은 반장이 되었습니다.

그렇다. 다시 강조하지만 미국의 목사, 작가인 로버트 풀검도 말한다. "우리가 세상을 살아가면서 배워야 할 모든 것을 유치원에서 배운다."

아이가 친구들과 노는 일이 힘들고 어렵다면 학교에 가고 싶을까. 친구들과 놀고 싶을까. 우리는 하나의 사건을 통해서 삶의 태도를 배운다. 그것도 어린 시절에 배우면 몸에 밴다. 초등학교 1학년인 도은이는 친구들과 불편하게 놀았던 마음을 어머니와 대화하면서 그 기본 태도를 알게 되었다. 그리고 늘 마음에 간직하고 실천하게 되었다. 친구들과 어떤 놀이를 할 때도 그 놀이에 집중하면서 재미있게 놀았다. 그러자 친구들이 도은이와 노는 게 재미있으니까 도은이가 어떤 놀이를 제안해도 기쁘게 받아들일 수 있었다. 혹시 친구들이 놀이에 대한 불평을 말해도 도은이는 집중해서 열심히 듣고 친구의 불평을 해결하려고 노력했다. 이런 친구를 좋아하지 않을 수 있을까. 도은이는 친구들의 신뢰를 받는 반장이 되었는데 이것은 지극히 자연스러운 일이다.

이러한 가치관은 성인이 되어도 이어진다. 친구에게 도움이 되는 일을 할 때마다 '언젠가 되돌려 주겠지. 그리고 당연히 되돌려 받아야 해.'

결혼해서 시부모님께 잘하면서 '남편이 반드시 친정에도 잘해야 돼.' 남편 또한 처가 쪽에 잘하면서 '내가 잘한 만큼 반드시 아내도 친가에 잘해야 해.' 아이들에게 '너희가 어렸을 때 부모가 잘해 줬으니까 너희들도 이제는 부모에게 갚아야 해.' 내가 선생님 심부름을 열심히 했으니까 '선생님도 뭔가 나에게 도움을 줘야 해.' 이렇게 기대하면서부터 인간관계의 어려움은 시작된다. 기대가 무너지면 무너진 기대를 쌓아 놓았다가 어느 날인가 터진다. 그러나 도움 되는 일을 하면서 상대방과 함께 나 자신도 기뻐할 수 있고, 기쁨이 보답이라고 생각하면 좋은 감정이 쌓인다. 이웃과의 관계도 같은 의미로 '승-승'을 이룰 수 있는 방법이다.

여덟 살 도은이가 친구와 노는 것을 "힘들어요. 정말 힘들어요." 하면 앞으로 만날 수많은 낯선 사람들과의 복잡한 만남에서 행복할 수 있을까. 좋아하는 친구들과 노는 것이 힘들다면 어디에서 진정한 즐거움과 행복을 찾을 수 있을까. 도은이는 배울 것이다. 세상을 행복하게 살려면 친구들과 즐겁게 노는 연습부터 해야 한다는 것을. 그 몫은 부모가 도은이에게 어떤 가치관을 갖도록 도와주느냐에 따라 달라진다. 따라서 부모가 현명한 부모역할을 준비해야 하는 이유다.

친구가 맛있는 저녁을 사면서

"오늘 저녁은 내가 샀는데 넌 언제 나에게 저녁 사 줄 거야?"

한다면 그 저녁을 맛있게 먹을 수 있을까. 다음에 그 친구가 저녁을 사겠다고 부르면 기쁘게 가고 싶을까. 우리가 배워야 할 너무나 간단한 삶의 이치다.

나는 오늘도 《아훈》 수강생들이 행복을 만드는 날이 되길 기도 드린다.

생각은 좀 해 볼게요

세월이 가면서 또다시 우리의 현실은 여러 가지로 복잡해서 풀어야 할 숙제가 많다. 이럴 때 우리는 무엇을 해야 하는가. 무엇을 할 수 있을까. 일상에서 우리가 해야 할 일은 무엇인가. 나는 《아훈》 프로그램에 참가하는 영수 어머니의 얘기로 우리가 해야 할 일을 얘기하려고 한다.

영수 어머니가 자신이 실천한 사례를 소개했다.

저희 집 초등학교 5학년인 큰아이 영수는 새 학기를 시작하고 3개월이 지날 때쯤 어느 날 집에 오더니 제게 말했습니다.

"엄마, 오늘 윤재 엄마가 닭꼬치 사 주셨어요."

"그래? 그럼 윤재 엄마께서 학교에 오셨다고."

"네. 윤재 엄마는 학교가 끝날 때 종종 학교 앞에서 윤재를 기다리세요."

영수가 윤재에 대해 제게 말하기 시작한 건 2개월 전이었습니다. 학기 초, 새로 만난 친구들에 대한 얘기를 신나게 들려주었을 때였습니다. 영수는 윤재에 대해서는 늘 부정적이었습니다.

"엄마, 윤재는 … 아 ~ 싫은 건 아닌데. 좀 … 음, 하지 않아도 되는 말을 꼭 해요. 수업 시작종을 쳤을 때도 '너희들 계속 떠들고 있으면 어떡해?' 하며 뭐라고 하고, 또 교과서 페이지를 잘못 펼 수도 있는데, '거기 펴 놓으면 어떡해?' 하며 짜증내고. 좀 그래요. 애들이 뭐라고 말은 하지 않지만 … 윤재는 늘 혼자예요."

"그래 … ? 윤재가 친구들 일에 참견해서 아이들이 윤재를 싫어한다고."

"네. 윤재 말이 맞는 말이기는 한데. 말하지 않아도 아이들이 아는데. 혼자만 아는 것처럼 말하니까요."

"그렇구나. 그래서 친구들이 윤재를 좋아하지 않는다고. 그런데 엄마는 윤재가 늘 혼자라는 말을 들으니까 윤재 엄마가 그걸 아시면 마음이 많이 아프겠다는 생각이 드네."

"음 … 그래서 내가 같이 좀 놀까 생각도 하지만 그런 말을 할 때마다 저도 말하기가 싫어져요. 그리고 나랑 제일 친한 유빈이도 싫다고 하니까 저도 좀 그래요."

"그래. 윤재가 자기가 하는 말을 친구가 어떻게 생각하는지 모르나 보다. 그런데 엄마는 만약 네가 윤재 같은 처지라면 네가 혼자 있을 때 '영수야, 우리 운동장 나가서 같이 놀까?' 하고 먼저 말해 주는 친구가 있었으면 해. 그리고 엄마는 윤재에게 먼저 손 내밀어 주는 용기 있는 사람이 우리 영수였으면 해."

"음. 모르겠어요. 생각은 좀 해 볼게요."

저는 영수의 얘기를 들으면서 많은 생각을 하게 되었습니다. 어려움이 있는 친구에 대해서 관심을 갖는 일이 기특하기도 하고, 또 괜히 친구 일에 끼어드는 건 아닌지 걱정이 되기도 했습니다.

사실 저는 우리 영수가 윤재처럼 될까 봐 많이 걱정했던 날이 있었습니다. 특별히 괜찮다는 말을 많이 듣는 아이가 잘난 척한다는 말도 많이 들었고 이기적이라는 말도 많이 들었습니다. 아이들이 자기랑 놀아주지 않는다고 괴로워한 날도 많았습니다. 제가 《아훈》을 시작한 것도 영수의 친구 문제를 풀기 위해서였습니다. 물론 저는 방법도 몰랐지만 꼭 친구들과 좋은 관계를 가져야 할까 하는 생각도 있었습니다. 다른 사람들에게 신경 쓰지 말고 실력 있고 예쁘면 된다고 생각했습니다. 그런데 친구들과의 관계는 삶의 기본 태도였습니다. 제가 배운 지 4년, 아이도 저와 함께 4년을 훈련했습니다. 저는 영수에게 있었던 어려운 일을 생각하면서 조심스럽게 윤재에 대해 더 많은 관심을 갖고 얘기를 하게 된 것입니다. 저는 영수가 자신에 대한 문제만이 아니라 친구에게까지 관심을 갖는 게 고마웠고 그만큼 성숙했구나 하는 마음이 들었습니다. 늘 혼자인 친구에게 어떻게 해야 할지 제게 털어놓는 영수가 기특했습니다. 그런 마음이었기에 영수가 윤재에게 먼저 손 내밀어 보았으면 하는 제안도 할 수 있었습니다.

물론 제가 영수와 대화를 마치면서

'알았어요. 엄마, 그럼 내일 제가 먼저 말을 걸어 볼게요.'

하는 말을 기대하기도 했습니다. 그러나 영수는 제 기대와 다른 말을 했습니다.

"음. 모르겠어요. 생각은 좀 해 볼게요."

저는 또 말하고 싶었습니다.

'모르긴 뭘 몰라, 엄마가 지금 말했잖아. 엄마가 지금 말한 것처럼 네가 먼저 말해 봐.'

하고 싶은 말을 멈췄습니다. 그러나 저 자신도 정확하게 뭐라고 말해야 할지 자신이 없었습니다. 그렇지만 아이가 방법을 찾아갈지도 모른다는 생각을 했습니다. 그리고 기다렸습니다.

그렇게 2주일쯤 지나서 영수가 말했습니다.

"엄마, 오늘 컵볶이 사 먹는데 제가 윤재도 사 줬어요. 그래서 같이 먹었어요."

"그래? 어떻게 같이 먹게 되었어?"

"애들이랑 컵볶이 사 먹으러 가는데 윤재가 저쪽에 혼자 있더라고요. 좀 고민했어요. 어떻게 하지. 그래도 같은 반인데. 윤재가 바로 보이는 곳에서 우리끼리만 사 먹기도 그렇고. 어떡하지 하다가 제가 윤재에게 말했어요. '윤재야, 너도 컵볶이 먹을래?' 했더니 '응. 좋아!' 하더라고요. 그래서 나눠 줬어요. 그리고 같이 먹었어요. 같이요. 말하고 나니까 쉽더라고요."

"어머! 그랬어? 엄마는 정말 기쁘다. 엄마가 윤재 엄마라면 영수, 너를 꼭 안아 주고 싶을 거야, 정말 고마워. 우리 딸. 용기 있게 친구에게 먼저 손 내밀었네. 역시!!"

그날로부터 다시 일주일 뒤 학교에서 돌아온 영수가 말했습니다.

"엄마, 오늘 윤재 엄마가 닭꼬치 사 주셨어요."

"그래? 윤재 엄마께서? 학교 앞에 나오셨나 봐."

"네. 윤재 엄마가 지난번에 윤재 컵볶이 사 줘서 정말 고맙다고 하셨어요. 정말 고마우신가 봐요. 계속 더 사 주신다고 했어요. 제가 윤재 컵볶이 사 주길 잘했어요."

"그래. 엄마는 윤재 엄마 마음이 이해돼. 네 모습 보시면서 예수님이 기뻐하셨겠네. 엄마의 이 기쁜 마음처럼. 우리 영수가 윤재랑 윤재 엄마에게 고마운 사람이 되어서 엄마도 우리 딸에게 정말 고마워."

"엄마, 엄마가 배웠다면서 얘기해 주셨죠. 사람의 마음에는 두 가지 본성이 싸운다고요. 좋은 마음과 나쁜 마음이 싸우는데 먹이를 주는 쪽이 이긴다고요. 저도 좋은 쪽에 먹이를 주고 싶었어요."

"영수야, 고마워."

　제가 강의 중에 들어서 제 아이들에게도 해 주었던, 미국의 리더십 전문가이자 작가인 존 맥스웰이 그의 책『어떻게 배울 것인가』에 나오는 말을 영수는 가슴속에 새기고 있었습니다. 그 말을 영수는 자기 말처럼 하더라고요.

　내 가슴속에는 두 가지 본성이 싸우고 있네.

　하나는 사악하고, 하나는 신성하네.

　하나는 사랑하고, 하나는 증오하니,

　내가 먹이를 주는 쪽이 이길 것이네.

그렇다. 영수도 그 순간 두 가지 마음이었나 보다. 평소에 별로 말하지 않고 지내던 윤재에게 말을 거는 것이 어색했을 것이다. 자존심이 상한다는 생각도 들었을 것이다. '왜 내가 먼저 말을 걸지? 나는 친구가 많아서 아쉬울 것도 없는데. 그러나 내가 먼저 말을 하는 것은 내 안에 있는 좋은 마음일까, 나쁜 마음일까. 그래. 좋은 마음에 먹이를 주자.' 이렇게 결심하기까지 많이 망설였을 것이다. 영수는 엄마에게 두 가지 본성에 대한 말을 들으며 가슴속에 새겨 두었던 것이다. 그래서 엄마에게 두 가지 본성 중에 좋은 쪽에 먹이를 주고 싶은 마음을 말한다.

'제가 윤재 컵볶이 사 주길 잘했어요.'

하는 이 말은

'내가 먼저 먹이를 주었더니 결국 제가 이길 수 있었어요. 제가 많이 기뻤으니까요.'

하는 말이기도 하다. 영수는 이제 다른 사람을 따뜻하게 배려하는 기쁨을 가슴에 담기 시작한 것이다.

영수 어머니는 다음의 말로 상황을 정리해 주었다.

제 아이 말에 감동으로 울컥하더라고요. 그날 이후 윤재는 영수의 절친이 되었습니다. 저는 막연히 우리 아이가 다른 친구에게 좋은 사람이 되었으면 하는 바람만 가지고 있었지 아이들이 싫어하는 행동을 해서 늘 혼자인 외로운 친구에게 먼저 다가간다는 생각은 하지 못했습니다. 오히려 친한 친구를 잃을지도 모르는 그런 어려운 일은 하지 않았으면 하는 마음이었습니다. 제가 우리 아이들이 친구에게 도움이 되는 아이가 되기를 바라는 마음이 확실해지자 영수의 말을 그냥 흘려버릴 수가 없었고 영수에게 조심스럽게 제안하듯 말했는데, 영수가 제 말을 이해하고 용기 있게 실천한 것입니다. 영수의 말을 들으면서 마치 제가 윤재 어머니가 된 것처럼 기뻤습니다. 물론 영수 자신도 뿌듯해했습니다.

영수 어머니는 다음의 얘기도 덧붙였다.

선생님. 제가 좀 길게 자랑해도 돼요? 제 아이는 어렸을 때부터 영특하다는 주변의 칭찬을 많이 들어서 좋기도 했지만 걱정도 되었습니다. 지금은 정말로 많이 달라졌습니다. 그 달라진 결과를 학교생활에서 볼 수 있었습니다.

5학년을 마치면서 담임 선생님은 아이들에게

【친구야, 내 마음을 받아 줘】라는 제목으로

"함께 생활한 친구에게 하고 싶은 말, 칭찬할 점, 조언할 점을 써 주세요."

라는 프로그램을 진행했습니다. 다음은 제 아이가 친구들에게 받은 내용입니다.

"정말 배려도 많이 하고, 밝은 친구인 것 같아."

"준비물도 잘 빌려 주고 착해 짱~."

"넌 착하고 친절한 아이야."

"너는 배려심이 있어서 친구들에게 잘 대해 줘."

"너의 웃음이 나에겐 행복이야!"

"넌 활발하고 정말 착해."

"항상 나한테 도움을 줘서 고마워."

"너는 참 착해. 너랑 친구여서 좋아."

"너는 참 적극적이고 긍정적이야."

"활발하고 양보도 잘하고 밝아."

"너는 매일 밝은 것 같아."

등 배려한다는 말은 반 친구들 대부분이 썼습니다. 그리고 5학년 2학기 생활통지표의 〈행동 특성란〉에 쓰여 있는 담임 선생님의 종합평가였습니다. 선생님은 어떻게 제 마음을 그렇게 깊이 이해하셨는지, 제가 아이에게 가르치려는 목표를 그대로 적어 주셨습니다. 예전이었다면 제가 기뻐했을 "언어에 뛰어나며 수학에 재능이 있고 …." 등의 평가도 있었지만 지금은 정말로 제가 좋아하는 평가를 받았습니다.

- 배려심이 깊은 아이.
- 실수를 배움의 기회로 여기고 일을 성취했을 때도 우쭐대지 않는 겸손한 태도가 보기 좋음.
- 서두르지 않고 침착하여 주어진 과제를 끝까지 잘 수행하는 학습 태도를 지님.
- 새로운 호기심이 많고 모든 일을 발전시키기 위해 노력하며, 거짓이 없고 진실하며 꾸밈없이 행동함.
- 말씨와 행동이 다정다감하고 친절하여 급우 간에 인기가 많으며,

이해심이 있어서 친구의 입장에서 행동하는, 인정이 많고 배려심이 깊은 아이임.

저는 아이에게 고마웠습니다. 특히 친구가 없었고, 또 있어도 한 명 정도 있었는데요. 이제는 많은 친구들에게 환영받고 친구들을 위하는 아이로 자라고 있다는 것이요. 처음에 저는 아이가 행복하게 잘 사는 것이 목표였고, 그것은 성적순이라고 굳게 믿고 있었습니다. 그러나 제가 배우면서 확실한 것은 아이들이 어디서든 누구에게든 환영받는 아이, 도움이 되는 아이가 되기를 바라는 구체적인 목표를 갖게 되었다는 것입니다. 아이들과의 작은 사건에서도 지혜롭게 해결하려고 연구하는 저를 보며 아이들도 저와 함께 성장하고 있다는 생각이 듭니다.

그리고 선생님과 친구들의 평가에 예뻐서 좋아한다는 말은 한 마디도 없었습니다. 사람이 누군가를 좋아하는 것은 외모가 아니라 행동이며 마음이라는 걸 다시 깨닫게 되었습니다. 제가 배우는 엄마가 된 일이 얼마나 다행인지요. 새해에도 끊임없이 훈련하고 실천할 것입니다.

초등학교 5학년 영수가 실천한 이 사례가 얼마나 중요할까.

캐나다 토론토 대학 조던 B. 피터슨 교수는 말한다.

"부모는 사회와 자녀를 연결해 주는 역할을 하는 사람이다. 자녀가 다른 사람들과 의미 있고 생산적으로 교류할 수 있도록 가르쳐야 한다."

부모가 자녀를 사회와 연결해 주려면, 의미 있고 생산적으로 교류할 수 있도록 가르치려면 언제, 어떻게 가르쳐야 할까. 사람이 태어나서 맨 처음 시작하는 사회생활인 학교생활은 어떤가. 좋아하는 선생님이 있고, 좋아하는 친구가 있을 때 학교는 행복한 곳이 된다. 영수는 윤재와의 사건에서 사회와 의미 있고 생산적으로 교류하는 방법을 실천하는 것이다. 부모는 영수가 실천할 수 있도록 연결해 주고 있는 것이다. 영수가 윤재에게 먼저 다가가는 것은 자존심을 훼손하는 것이 아니라 자존감을 높여 주는 것이다.

영수도 미국의 교육학자 마렌 모리첸이 한 말. "우리는 대부분 위대한 일을 하지 못하지만 작은 일을 위대하게 해 낼 수는 있다."를 실천한 것이다. 영수 어머니도 아이들을 위해 위대한 일을 한 것이다. 영수 또한 윤재와 윤재 가족을 행복하게 해 주는 작은 일을 위대하게 해 낸 것이다.

《아훈》은 작은 일을 위대하게 할 수 있도록 훈련하는 프로그램이다. 나는 영수 어머니와 영수에게 말하고 싶다.

"영수 어머니, 그리고 따뜻하고 아름다운 영수야, 고맙고 존경하고 사랑해요."

엄마, 제가 죄를 지었거든요

해체 위기에 있었던 가정에서 어떻게 어려움을 극복했는지 재용이 어머니가 아이들과 있었던 일을 발표했다.

저는 엄마로서, 아내로서, 며느리로서, 그리고 한 인간으로서 행복하지 않았습니다. 그러다가 《아훈》을 공부하면서 제 삶에 변화가 왔습니다. 배운 지 5년이 지난 지금은 학교에서 문제아였던 두 아들은 모범생이 되었고 남편과의 관계도 달라졌습니다. 이제는 제가 남편을 언짢게 하는 말을 하면, 아홉 살 작은아들이 말합니다.

"엄마, 그렇게 말하면 아빠 기분이 쬐끔 나쁠 것 같은데요."

아이가 제 잘못을 얼른 일깨워 줍니다. 그런데 어제 저녁 산책길에서 작은아들이 조심스럽게 저를 보며 말하는 것입니다. 아빠 엄마의 대화를 바르게 수정해 주어서 분별력이 있다고 생각하는 작은아들이요.

"엄마 저 아무래도 안 되겠어요. 아침에 어떤 책을 읽었는데요. 제가 책을 읽으면서 정직해야겠다는 생각을 했어요. 그래서 제가 말하고 싶은데요. 엄마, 제가 죄를 지었거든요. 실은 지난번 제 주머니에서 떨어졌던 그 만 원이요 그거 아빠 지갑에서 가져간 거예요."

전 가슴이 철렁했습니다. 그동안 제가 두 아들에게 강조했던 건, 첫째도 정직, 두 번째도 정직, 세 번째도 정직이었습니다. 제 삶이 저 아래 바닥으로 떨어지는 것 같았습니다. 며칠 전 작은아이 주머니에서 똘똘 말린 만 원짜리 돈이 툭 떨어졌습니다. 제가 웬 돈이냐고 물었더니 아이는 자기가 모은 용돈이라고 해서 저는 아무렇지 않게 넘어갔습니다. 그런데 그 돈이 아빠 지갑에서 훔쳐 간 돈이라니요. 도둑질을 하다니요. 저는 아이를 믿은 만큼 배신감이 컸습니다. 저는 제 마음을 다음과 같이 쏟아 내고 싶었습니다.

'야!! 뭐? 박재용, 너 어떻게 그럴 수가 있어? 이제 겨우 아홉 살이야! 아홉 살, 아홉 살이 아빠 지갑에 손을 대? 네가 한 짓이 무슨 짓인지 알아? 그거 도둑질이야. 도둑질!!! 도둑질하면 너 어떻게 되는지 알아? 감옥 간다고 감옥!!!'

하며 산책을 그만두고 아이를 집으로 끌고 가서 회초리로 닦달하고 싶었습니다.

그러나 제가 배운 교육의 힘이었나 봅니다. 저는 마음을 추스르고 천천히 생각해 보았습니다. 아이가 훌륭한 사람에 대한 내용의 책을 읽고 자신의 잘못을 깨닫고 자신의 잘못을 인정하며 고민했을 마음을 헤아리게 되었습니다. 그리고 용기를 내서 솔직하게 말하는 아이가 기특하다는 생각도 들어서 아이를 보며 제가 늘 하고 있는, 멈추고 생각하면서 소리 지르고 혼내려는 유혹을 이겨 내고 말했습니다.

"아, 그랬구나. 그 만 원이 그 돈이었구나."

"네. 엄마 … 실은 5만 원 꺼낸 적도 있어요. 잘못했어요. … 다시는 절대로 안 그럴게요."

' … 하 ~ !! 뭐?!! 5만 원도? 세상에!! 아이고, 내가 미쳐, 미쳐. 이게 커서 뭐가 되려고. 여보, 얘 이거 어떡해요. 이거 얘를 이대로 그냥 놔둘 거예요? 너 당장 엉덩이 대!!!' 하고 싶었습니다. 저는 그야말로 멈췄습니다. 아무리 배운다고 해도 저 자신을 이해시킬 수가 없었습니다. 그럼에도 불구하고 저는 멈추고 또 멈추었습니다. 저는 자신을 이해시키려고 '어떡하지? 뭐라고 말하지? 어쩜 좋아? 이럴 때가 기회라는데' 하며 멈추고 이 생각, 저 생각 하고 있을 때, 신기하게도 선생님이 강의 중에 자랑하던 한 아버지(이민정 저 『이 시대를 사는 따뜻한 사람들의 이야기 2권』 참조)가 생각났습니다.

큰아이가 초등학교 4학년 때 미국에 이민 간 한 수강생이 이제 고등학생과 중학생이 된 아이들과 갈등이 너무도 심해서 교육에 참가했습니다. 교육 중에 마침 한국에서 아버지가 오셨는데 옷걸이에 걸린 아버지의 양복을 보자 옛날 생각이 났답니다. 중고등학교 때 아버지 몰래 아버지 지갑에서 돈을 가져갔는데 한 번도 아버지에게 들키지 않았답니다. 늘 만 원짜리 파란 돈으로 가득했던 그 지갑에 지금은 돈이 얼마나 있는지 궁금해서 열어 봤는데 그 지갑엔 만 원짜리 딱 두 장이 전부

였답니다. 그는 한국 돈 30만 원을 준비해서 아버지 몰래 아버지 지갑에 넣었는데 다음 날 아버지가 말씀하셨답니다.

"아범아, 네가 또 내 지갑에 손댔냐?"

"⋯⋯? 그 ~ 럼 그때(제가 돈 가져갔을 때) 아버지 아셨어요?"

"그 ~ 럼."

"모르시는 줄 알았어요. 그때 왜 혼내지 않으셨어요?"

"그때 내가 생각을 해 보았지. 네가 남의 집이 아닌, 또 우리 집 여기 저기에 놓인 돈을 가져가는 것도 아니고, 아비 지갑에서 몇 만 원씩을 가져가는데 이런 경우 때리는 것이 네 버릇을 고치는 데 소용이 있는지 없는지 생각을 했지. 때리는 것이 네 버릇을 고치는 데 소용이 없을 거라는 생각이 들더라고. 기다려야 할 것 같더라고. 관심을 기울이고 기다렸더니 없어지더라고. 그때 때리지 않고 기다리길 잘했지."

그래서 그는 말했답니다. 아버지가 모르셔서 자신이 계속 돈을 훔쳤기 때문에 아버지가 된 본인은 아이들을 잘 가르치기 위해서 주머니의 동전까지도 확실하게 확인해 두었다가 돈이 없어지면 아이들을 체벌로 엄하게 다스렸다고요. 아버지의 교육 방법과 정반대로요. 자신은 아이들의 잘못된 행동은 그 즉시 체벌로 교육해야 한다고 생각하면서요. 그 결과 아이들과의 반항적이고 적대적인 관계가 계속되어 지금처럼 어려운 게 아닌가, 아이들과 어려운 관계의 원인이 아버지와 반대의 방법으로 교육하려 했던 게 아닌가. 그는 아버지의 말을 듣고 자신을 돌아보며 부모는 아이들을 이해하며 먼 미래까지 생각하는 교육이어야 한다는 것을 깨달았다고요. 물론 선생님의 특강을 듣고 긴가민가했는데 아버지의 그 말씀을 듣고 그날 이후, 아이들에게 할아버지와 있었던 일을 얘기하면서 그동안 작은 일도 아이들을 이해하며 기다려 주려 하지 않고 즉시 체벌로만 가르쳤던 자신의 태도에 대해서도 사과했다는 얘기도 했습니다.

저는 그분의 모습을 떠올리자 저 자신을 이해시킬 수 있었습니다. 아이가 스스로 자신의 잘못을 이해하고 행동이 바뀔 때까지 관심을 갖고 지켜보면서 기다렸던, 그 아버지의 마음을 이해하면서 제 태도를 정리하고 아이에게도 말할 수 있었습니다.

"재용아, 네가 했던 일을 정직하고 용기 있게 그대로 다 얘기해 줘서 정말 고마워. 엄마는 재용이가 정말로 어려운 일을 해 냈다고 생각해. 야단맞을지도 모르는 자신의 잘못을 얘기하는 건 어려운 일이거든. 그러니까 다음엔 돈을 가져가지 않고, 죄를 짓지 않겠다고."

"네. 엄마, 가져간 돈(6만 원)은 갚을게요. 제 용돈에서 빼서 주세요."

전 아이를 꼭 안았습니다. 그리고 30년, 40년 뒤 오늘의 이 엄마를 어떻게 기억할까를 생각하자 마음이 따뜻해졌습니다. 아들도 잘했지만 저 자신도 잘했다는 생각이 들어 마음이 뿌듯했습니다.

우리는 재용이 어머니와 재용이가 나눴던 대화를 다시 생각해 본다.

'아, 그랬구나. 그 만 원이 그 돈이었구나.'

하지 않고 엄마가 하고 싶은 대로

'뭐!! 박재용, 너 어떻게 그럴 수가 있어? 이제 겨우 아홉 살이야! 아홉 살!! 아홉 살이 아빠 지갑에 손을 대? 네가 한 짓이 무슨 짓인지 알아? 그거 도둑질이야. 도둑질!!! 도둑질하면 너 어떻게 되는지 알아? 감옥 간다고 감옥!!!' 하며 산책을 그만두고 아이를 집으로 끌고 가서 회초리로 닦달했다면

'실은 5만 원도 꺼낸 적이 있어요. 잘못했어요. 다시는 절대로 안 그럴게요.'

하는 말을 들을 수 있었을까. 그리고 '5만 원도 … 안 그럴게요.' 했을 때 '뭐? 5만 원도? … 너 당장 엉덩이 대.' 하고 때렸다면 아이 스스로 '가져간 돈(6만 원)은 갚을게요. 제 용돈에서 빼서 주세요.' 하는 말을 했을까.

'무서워서 못 하는 것'과 '마음으로 안 하는 것'은 크게 다르다. 마음으로 안 하는 것은 마음의 유혹을 이겨 낼 수 있는 힘이 생긴다는 말이다. 또다시 돈을 훔치고 싶은 자신의 잘못된 욕구가 있을지라도 그 욕구의 유혹을 이겨 낼 수 있다는 것이다. 이러한 행동이 계속되면 습관이 된다. 올바른 습관이 되는 것이다.

부모는 자신이 경험한 그대로 자녀에게 적용하려 한다. 자신이 체벌을 통해 오늘의 결과를 이룬 것처럼 자녀도 자신과 같은 결과가 오리라 기대하면서 체벌을 한다. 물론 부모님으로부터 체벌을 받을 때 느꼈던 모든 불평과 불만은 눈감아 버린다. 어쩌면 체벌이 아닌 다른 방법을

모르기 때문에 자신이 아는 잘못된 방법을 가장 좋은 방법이라고 합리화하는지도 모른다. 너도 내가 경험한 대로 내가 가르치면, 나처럼 될 것이라는 확신으로 대를 이어 체벌을 계속한다. 이러한 교육관에 대해서 영국의 철학자 버트런드 러셀은 말한다.

"매를 맞은 덕에 자신이 더 나은 사람이 됐다고 믿는 것이 체벌의 가장 나쁜 결과다."

사람들은 버트런드 러셀의 말처럼 자신의 오늘을 만든 것은 부모와 교사의 체벌 교육의 덕택이라는 신념으로 부모의 교육 방법을 대를 이어 그대로 따른다. 체벌로 교육을 한다면 자신의 잘못을 스스로 깨달을 기회를 잃게 된다. 외부의 힘에 의한 행동의 통제는 외부의 힘이 없어지거나 힘이 약해졌을 때는 행동의 통제가 어렵다. 재용이의 행동을 힘으로 통제한다면 재용이는 앞으로 부모에게 들키지 않는 방법을 연구할 수도 있다. 또한 스스로 자신의 행동을 통제할 수 있는 힘을 잃게 된다.

《아훈》에서는 자녀의 잘못된 행동에 대해 재용이 어머니처럼 체벌이 아닌 올바른 훈육의 방법으로 가르치는 방법을 선택한다.

그리고 나는 마음속으로 재용이에게 말했다.
"재용아, 네 덕택에 오랜만에 미국의 수강생을 생각하는 추억의 심리여행을 할 수 있는 행복한 시간이 되었어. 아름다운 시간 만들어 줘서 정말 고마워."

그리고 그때 그 미국의 수강생 아버지가 발표하면서 눈가를 훔쳤던 그 모습 그대로 그 아버지와 재용이네 가족을 사랑하는 마음을 담은 나의 눈도 기쁨으로 촉촉해졌다.

엄마, 학교 가기 싫어요

외동아들을 둔 태이 어머니는 태이에 대해서 말했다.

저는 조금은 소극적이고 내성적인 아들이 유치원에 들어가면서 꽤 어려움이 많았습니다. 자기가 하겠다고 해서 가입한 축구팀에서 시합이 있던 날입니다. 운동장 축구팀의 자기 자리에 서 있다가 울면서 못 하겠다고 뛰쳐나오는 바람에 다른 부모님들의 걱정을 한 몸에 받았습니다. 엄마인 제가 우스운 사람이 된 것 같았습니다. 마침 유치원에서 시작한 《아훈》 프로그램에 참가하면서 정말로 제가 많이 달라졌고, 아이도 바뀌어서 초등학교 1학년 때는 주변의 칭찬을 받을 정도로 달라졌습니다. 이제 2학년이 되었고, 등교한 첫날 아이가 얼마나 신나서 돌아올까 설레는 마음으로 조심스럽게 기다리고 있었습니다. 아들은 현관문을 들어서면서 힘없이 말했습니다.

태이 : 엄마, 학교 가기 싫어요.

가슴이 철렁했습니다. 이제는 학교생활에 익숙할 때가 된 것 같은데.

1학년 때는 선생님께 칭찬도 많이 받았는데 무슨 일일까.

'왜 무슨 일 있었어? 무슨 일이야??'

하고 나오는 대로 말했을 것을 비슷한 상황에서 강의 중에 배웠던 내용을 생각하며 침착하게 말했습니다.

> 엄마 : 그래. 우리 태이, 학교 가기 싫다고. 무슨 일이 있었는지 궁금하네.
>
> 태이 : 제가 선생님께 '휴대폰 어디다 놓을까요?' 하고 여쭤 봤는데 선생님은 큰 소리로 '그걸 왜 나한테 물어보니? 네가 알아서 해.'라고 하셨어요.

아이의 말을 듣자마자 저는,

'그래? 선생님은 왜 그러셔? 그 말이 왜 어때서 선생님은 큰 소리로 왜 애한데 그러셔? 왜 첫날부터 애한테 화를 내고 애 기를 죽이시지, 왜 그래?'

하며 선생님을 원망하는 말을 하고 싶었고, 또 다른 말도 하고 싶었습니다.

'뭐? 그만한 일로 학교 안 간다고? 그러니까 왜 물어봤냐고. 선생님 얘기할 때까지 기다리지. 그리고 그만한 일로 학교 안 가면 어떡하겠다는 거야. 핑계 대지 말고 숙제는? 숙제부터 해.'

하고 싶었지만 저는 제 마음을 다독이며 강의 중에 배웠던 내용을 생각하며 천천히 아이의 마음을 읽어 주는 말을 했습니다.

> 엄마 : 저런!!, 태이가 궁금한 걸 여쭤 봤는데 선생님이 큰 소리로 말

씀하서서 당황스럽고 창피했구나.

태이 : (약간 울먹거리며) 네. 엄마.

엄마 : 그래서 선생님이 다음에도 그럴까 봐 학교 가기 싫다고. 그럼 태이랑 엄마가 연구해야겠네.

태이 : 왜요? 뭘 연구해요?

엄마 : 우리 태이가 학교 가기 싫은데 태이가 학교를 가야 할지, 가지 말아야 할지 말이야.

태이 : …….

엄마 : 태이야, 엄마가 공부하면서 연구한 걸 얘기해도 될까?

태이 : 뭔데요? 엄마.

엄마 : 으응. 선생님은 선생님 되는 자격을 받은 분이시거든. 그러니까 태이 선생님도 선생님 되는 자격을 받은 분이셔. 그런데 어떤 선생님께는 배울 점이 많고, 또 어떤 선생님께는 저렇게 하시는 건 배우지 말아야지 하는 선생님도 계시거든. 그래서 훌륭한 학생은 선생님에게 좋은 점은 배우고 안 좋은 점은 안 배우는 학생이야. 그래서 선생님의 좋은 점을 배우려면 선생님의 좋은 점을 찾아야 하거든. 그러니까 우리 태이가 내일부터 선생님에게 배우고 싶은 좋은 점을 찾아보면 어떨까?

태이 : …….

상황은 아이의 알 듯 모를 듯 묘한 표정으로 마무리되었습니다.

그런데 다음 날 학교에서 돌아온 아이가 저를 보자마자 환하게 웃으며 말했습니다.

태이 : 엄마, 엄마. 저 선생님 좋은 점 찾아냈어요!

엄마 : (깜짝 놀라며) 우와~ 우리 태이가 훌륭한 학생이 되었네. 그
게 뭘까?

태이 : 선생님께서 수업 시간에 뭘 설명하실 때 엄청 재미있게 하세
요.

엄마 : 우리 태이가 선생님 말씀을 집중해서 들었네. 엄청 재미있는
게 뭘까?

태이 : 네. (너무 재밌다는 듯이) 선생님은 손가락으로 달을 가리키셨는
데 어떤 애는 달을 보지 않고(웃음을 참아가며) 손가락을 보는 아
이들이 있대요. 그리고 ⋯ 이렇게 말씀하셨어요.

엄마 : 태이가 오늘 중요한 걸 배웠구나. 태이가 엄마랑 했던 얘기를
실천한 걸 보니까 우리 태이가 훌륭한 학생이네. 태이가 엄마
아들이지만 엄마는 우리 아들을 존경해. 태이야, 엄마 아들로
태어나 줘서 고마워.

아이의 표정이 그야말로 밝고 환하게 피어났습니다. 그날 이후 아들
은 학교에서 돌아오면 선생님의 좋은 점과 친구들의 좋은 점을 신나고
재미있게 말해 줍니다. 너무나 행복하게요. 그리고 어느 날 심각한 표
정으로 말하더라고요.

태이 : 엄마, 제가 많이 생각해 봤는데요. 아무래도 제가 훌륭한 사람
이 되어야겠어요.

아들의 말을 듣는 순간 아들이 세상에 태어났을 때처럼 기뻤습니다.

태이가 이미 훌륭한 사람이 된 것 같았습니다. 어떻게 그런 생각을 할 수 있었는지요. 늘 잘못만 지적받던 아이가 엄마의 구체적인 칭찬에 자신감을 얻은 것 같습니다.

사실 저는 아이가 유치원 때부터 《아훈》을 배우기 시작하면서 아이를 위해 제가 할 일을 구체적으로 적어 놓고 실천하려고 노력하고 있습니다.

- 아이의 모습 그대로 인정하고 격려한다.
- 아이가 축구를 하자고 하면 1분이라도 함께한다.
- 아이에게 행동을 권할 때는 아이의 의향을 물어본다.
- 아이가 하지 않겠다고 할 때도 아이를 존중하며 의견을 나눈다.
- 아이가 하겠다고 할 때 아이와 함께 즐겁게 한다.
- 어떤 일이 잘 안 될 때 즐겁게 극복하는 모습을 보여 준다.
- 발전하는 모습을 보일 때 축하한다.

제 작은 노력의 결과는 아이의 담임 선생님께서 보내 주신 〈행동 특성 및 종합 의견〉란에 쓰여 있는 내용에도 들어 있었습니다.

1학년 1학기 : 친구들을 배려하며 사이좋게 놀이 활동을 함.
1학년 2학기 : 친구들의 이야기를 잘 들어 주고, 웬만한 일에는 화를 내지 않는 부드러운 성품을 지니고 있어 친구들과 좋은 관계를 맺고 있음.

2학년 1학기 : 친구들의 마음을 잘 이해해 주고 배려하며 친구들 사이
　　　　　　의 갈등을 잘 중재하여 친구들 사이의 믿음이 두터움.

　소극적인 성격이라 걱정을 많이 하던 아이가 달라지는 모습을 보며
감사했습니다. 특히 2학년 첫날 "엄마, 학교 가기 싫어요." 하는 말을
듣고 가슴이 철렁했는데 이렇게 달라지다니요. 그리고 2학년 1학기의
【친구들 사이의 갈등을 잘 중재하여 친구들 사이의 믿음이 두터움】이
라는 내용은 제게 큰 기쁨이 되었습니다. 어머니 역할이 얼마나 중요한
지 깨닫게 된 사건이었습니다."

　이어서 그는 말했다.

　같은 상황에서 제가 배우지 않았을 때처럼,

　'… 선생님이 큰 소리로 … 네가 알아서 해.' 하셨어요. 했을 때,

　'어머, 선생님이 그러셨다고? 선생님이 너무하셨네. 그냥 친절하게
알려 주시면 될 걸. 근데 선생님은 휴대폰을 각자 관리하라고 그렇게
말씀하신 거야. 너 싫어서 일부러 그렇게 말씀하신 거 아닐 거야, 그러
니 너무 걱정하지 마. 그런 일로 학교 안 가면, 전학 가게? 그럼 전학 가
면 거긴 그런 선생님 안 계실까, 그러니까 열심히 공부하면 선생님은
너에게 친절하게 대해 주실 거야, 그러니까 숙제부터 빨리 하고 문제
집 풀어야지 ….'

이렇게 말했다면 아이가 앞으로 많은 사람들을 만나면서 상대방의 좋은 점과 나쁜 점을 구분해서 좋은 건 배우고 좋지 않은 건 배우지 않는 삶의 깊은 진리를 배울 수 있었을까요. 사실은 제가 다른 사람의 행동을 보며 평가하고 비난했었는데 선생님 강의 중에 들었던 비슷한 사례에서 깊이 깨달았거든요. 그래서 아이에게도 제가 깨달은 만큼 절절하게 진심을 담아 얘기할 수 있었습니다. 이렇게 큰 삶의 진리를 저와 아이가 함께 배울 수 있다니요. 기회를 만들어 주신 원장 수녀님 덕택입니다. 항상 감사하고 있습니다.

그렇다.
"지혜로운 사람은 상대방의 좋은 점을 찾아 따르지만 어리석은 사람은 남의 단점을 찾아 즐긴다."는 격언을 실천하는 기회가 시작되었다. '훌륭한 학생은 선생님의 좋은 점을 배우는 학생이고, 좋은 점을 배우려면 좋은 점을 찾아야 하고 이제부터 찾는다.' 엄마의 이 말은 아이의 목표가 되었다. 그리고 찾으니까 찾을 수 있었다. 찾으려니까 선생님 말씀을 집중해서 들을 수 있었고, 중요한 걸 배울 수 있었고, 훌륭한 학생이 되었고, 엄마에게 존경받는 아들이 되었고, 엄마의 아들로 태어나 줘서 고마운 아들이 되었다.
태이가 했던 이 말 한 마디.
"엄마, 학교 가기 싫어요."
로 시작한 엄마와의 대화에서 태이는 어디까지 발전할 수 있었는가. 태이는 말한다.

"엄마, 제가 많이 생각해 봤는데요. 아무래도 제가 훌륭한 사람이 되어야겠어요."

자신의 목표를 스스로 만들 수 있게 되었다.

미국의 강연자, 작가인 앤서니 라빈스는 그의 책 『네 안에 잠든 거인을 깨워라』에서 말한다.

"사람들이 게으른 것은 아니다. 단지 별 볼 일 없는 목표, 즉 분발할 수 없는 목표를 가졌을 뿐이다."

태이는 분발할 수 있는 목표를 스스로 결정한 것이다. 그러므로 태이는 게으를 수 없다. 훌륭한 사람이 목표인 태이는 훌륭한 사람들의 삶을 연구할 것이다. 그리고 그 뒤를 이어갈 것이다. 태이가 많이 생각해서 어머니에게 했던 말 한 마디 안에 얼마나 깊은 뜻이 들어 있는가. 태이는 자신의 목표를 이룰 것이다. 얼마나 당당하고 아름다운 어린이가 되었는가.

작은 사건 하나에서 세상을 살아갈 모든 지혜를 배운다.

"교육은 계속되는 대화"로 대화가 교육이 되는 것이다.

아이가 유치원 때 특강을 듣고 배우기 시작했다는 태이 어머니는 이 프로그램을 처음 만나게 해 주신 원장 수녀님에 대한 고마운 마음을 간직하고 있었다. 나 또한 이렇게 아름다운 태이 식구를 만나게 해 주신 원장 수녀님에게 태이 엄마와 같은 마음으로 감사드린다.

다음은 태이의 가정통신문 내용이다.

1학년 1학기

▶ **행동특성 및 종합의견**

행동특성 및 종합의견
차분하게 자신이 해야 할 일을 잘 마무리하고 책임감이 강함. 친구들을 배려하며 사이좋게 놀이 활동을 함. 책을 읽는 자세가 바르고 느낀 점을 친구들 앞에서 잘 발표함. 학급규칙을 잘 지키고 기본 생활 습관이 잘 형성되어 있음. 신체활동에 적극적으로 참여하고 신체능력이 우수함. 수업 태도가 바르고 수업 준비를 잘하며 선생님 말에 귀를 잘 기울임.

… 친구들을 배려하며 사이좋게 놀이 활동을 함. … 선생님 말에 귀를 잘 기울임.

1학년 2학기

▶ **행동특성 및 종합의견**

행동특성 및 종합의견
차분하게 자신이 해야 할 일을 잘 마무리하고 책임감이 강함. 친구들을 배려하며 사이좋게 놀이 활동을 함. 책을 읽는 자세가 바르고 느낀 점을 친구들 앞에서 잘 발표함. 학급규칙을 잘 지키고 기본 생활 습관이 잘 형성되어 있음. 신체활동에 적극적으로 참여하고 신체능력이 우수함. 수업 태도가 바르고 수업 준비를 잘하며 선생님 말에 귀를 잘 기울임. 등하교시 바른 자세로 인사를 잘하며 매사에 최선을 다하여 주어진을 잘 해결하고 마무리함. 친구들의 이야기를 잘 들어주고, 웬만한 일에는 화를 내지 않는 부드러운 성품을 지니고 있어 친구들과 좋은 관계를 맺고 있음.

… 친구들을 배려하며 사이좋게 놀이 활동을 함. … 친구들의 이야기를 잘 들어주고, 웬만한 일에는 화를 내지 않는 부드러운 성품을 지니고 있어 친구들과 좋은 관계를 맺고 있음.

2학년 1학기

▶학교에서 가정으로

수업시간에 집중력이 높고 성실한 학습태도를 지녔으며 전 교과의 성취가 우수함. 수학과 학습에 흥미를 가지고 문제를 풀며 응용력과 수리력, 학습 사고력이 뛰어남. 친구들의 마음을 잘 이해해 주고 배려하며 친구들 사이의 갈등을 잘 중재하여 친구들 사이의 믿음이 두터움.

… 친구들의 마음을 잘 이해해 주고 배려하며 친구들 사이의 갈등을 잘 중재하여 친구들 사이의 믿음이 두터움.

콩자반 사건

'내 탓이오.' 하는 것이 아직도 어렵다는 주희 어머니가 자신의 사례를 소개했다.

저녁 식사를 마칠 때쯤 일입니다. 언니보다 먼저 식사를 끝낸 유치원생 주연이가 디저트로 아이스크림까지 다 먹었을 때였습니다. 초등학교 3학년인 언니 주희가 밥을 다 먹고 어제 엄마에게 사 달라고 부탁했던 요거트를 찾아 먹는데, 그걸 본 동생 주연이가 자기도 요거트를 먹겠다고 했습니다. 저는 낮에 배 아프다고 했던 주연이가 밥도 많이 먹고 아이스크림까지 먹었는데 또 요거트까지 먹겠다고 하자 못마땅했지만 다정하게 말했습니다.

엄마 : 주연아, 밥도 많이 먹었고, 아이스크림도 먹었는데, 요거트까지 먹으면 네가 배가 아플 것 같아. 오늘은 참고 내일 먹자.

주연 : 엄마, 저 이제 배 안 아파요. 그냥 오늘 먹을래요.

엄마 : 그럼 언니가 먹는 요거트는 양이 많으니까 양이 적은 다른 요

거트를 먹는 건 어때?

주연 : 알았어요. 그런데 먹어 보고 내가 싫어하는 맛이면 그냥 언니
　　　가 먹는 걸로 먹을래요.

　평소에 '안 돼.' 하고 한마디로 거절하던 제가 다정하게 말했지만 주
연이는 양이 적은 걸 먹어 보더니 싫어하는 맛이라 못 먹겠다고 했습니
다. 저는 아이와 약속한 대로 냉장고에서 언니 먹는 걸 찾아 꺼내려고
찾는데 아무리 봐도 보이지 않았습니다. 분명히 두 개를 냉장고에 넣어
두었는데 다시 찾아도 없었습니다. 좀 더 안쪽에서 찾으려고 반찬통을
꺼내들자, 갑자기 꺼내 들던 반찬통이 바닥으로 떨어지면서 반찬통 뚜
껑이 열리고 반찬통에 들어 있던 콩자반이 냉장고와 바닥 사방으로 튀
며 흩어졌습니다. 요새 몸이 좀 아팠던 저를 위해 친정어머니가 만들어
주신 콩자반이었습니다.

　'야!! 너 때문에 ….'

　저는 튀어나오려는 말을 가까스로 억누르고 말했습니다.

　엄마 : 주연아 …, 엄마 말 듣고 내일 먹었으면 좋았을 텐데.

　그러자 주연이가 말했습니다.

　주연 : 엄마, 미안해요.

　주희 : 괜찮아요?

　옆에 있던 큰아이도 말했습니다.

　사방에 널린 콩자반을 보며 저도 놀라고 아이들도 놀랐습니다. 아이
들의 긴장된 얼굴을 보자 안쓰러운 마음이 들면서 늘 배우던 대로 사

건 내용을 분석하게 되었습니다. 콩자반이 떨어진 원인 제공자는 누구인가. 작은아이인가, 나 자신인가. 그렇지, 내가 조심하면 떨어지지 않을 수 있었는데. 내 잘못을 아이에게 '네가 엄마 말 안 듣고 지금 먹겠다고 했기 때문에 네가 잘못해서 콩자반이 떨어졌다.'고 아이에게 덮어씌우고 있구나. 그럼에도 아이는 미안하다고 하는구나. 나 자신이 내 잘못을 분명하게 정리하고 인정하자 아이에게 미안한 마음으로 말할 수 있었습니다.

> 엄마 : 주연아, 미안해. 엄마가 부끄럽네. 엄마가 찬찬히 살피지 않고 급하게 찾다가 엄마가 실수해서 이렇게 된 건데 엄마가 괜히 네 탓을 했구나.

주연 : 아니에요, 엄마. 미안해요.

엄마 : 아니야, 엄마가 상황을 네 잘못으로 만들었어. 미안해. 외할머니께서 편찮으신데도 만들어 주신 거라 너무 아깝고 죄송한 마음이 들었어. 엄마가 얼른 이거 치우고 주연이가 찾는 요거트 사다 줄게.

주연 : 아니에요. 외할머니에게 죄송해서 그러신 거죠? 엄마, 저 내일 먹을게요. 제가 치우는 거 도와드릴게요.

주희 : 저도요. 같이 치울게요.

옆에서 큰아이도 말했습니다.

긴장했던 두 아이의 얼굴이 밝게 바뀌면서 냉장고랑 바닥 구석구석까지 튕겨나간 콩자반을 치웠습니다. 흩어진 콩자반을 치우는 귀찮은 일을 하면서도 아이들과 행복감을 느끼다니요. 저는 신기한 경험을 하며 아이들에게 말했습니다.

　　엄마 : 너희들이 도와주니까 막막했던 일이 금세 해결되었었네. 고마
　　　　　워.

요즘 유치원에서 인간관계의 승패에 대해 배운 주연이가 말했습니다.

　　주연 : 엄마, '패-패'가 될 뻔했는데 '승-승'이 되었네요.

　　엄마 : 그러게. 엄마가 아직 많이 부족하네. 더 열심히 공부할게.

엄마는 아이가 아프거나 실수하면 화가 난다. 실수나 고통 없이 아이들이 성장할 수 있을까. 엄마도 실수한다. 엄마가 콩자반을 바닥에 쏟고 자신의 잘못이라고 인정하지 않았다면 주연이가 미안하다고 생각했을까.

이런 경우 수강자들은 질문한다.

"선생님, 엄마가 '네가 배 아플 것 같아.' 했는데 아이가 '엄마 저 이제 배 안 아파요. 그냥 오늘 먹을래요.' 하면 엄마는 한 번 더 말하죠. '그러니까 지금 이 요거트를 먹어도 배 안 아플 거라고?' '네 엄마.' 그렇게 얘기하고 요거트를 먹어서 아이가 배 아프다고 하면 어떡하죠?"

나는 말한다.

"어떻게 할까요? 실수를 통해서 더 많은 것을 배울 수 있다고 생각하는 어머니는 화내지 않고 간단하게 말할 수 있습니다.

'우리 딸, 오늘 중요한 걸 배웠네.' 하고요."

아이가 실수하면서, 또 어려움을 겪으면서 더 많은 것을 배울 수 있다는 믿음만 있다면 부모의 태도는 좀 더 여유로울 수 있다. 어쩌면 엄마는 아이에게 "중요한 걸 배웠네." 하면서 엄마 자신에게 하는 말일 수도 있다.

주연이 어머니는 말했다.

"선생님, 제가 배우지 않았다면 콩자반이 쏟아진 원인을 아이에게 덮어씌우면서 엄마 노릇 하기 힘들다고 했을 것입니다. 지금까지 다른 사람 탓만 하며 살았습니다. 이제는 제가 먼저 제 잘못을 찾는 단순한 내 행동의 지침을 실천하며 살 것입니다. 지금까지는 아이에게 중요한 것을 어떻게 교육하는지 모르면서 살았습니다. 단순한 진리를 모르고 살았습니다. 제 삶이 원천적으로 바뀌고 있습니다."

『삶은 문제 해결의 연속이다』

영국의 철학자 칼 포퍼가 쓴 책의 제목이다. 우리는 역사, 정치, 경제, 사회, 과학 등 모든 분야에서 문제 해결에 대해 배운다. 그리고 일상생활에서도 날마다 문제를 만난다. 그 문제를 어떻게 해결하느냐가 그 사람의 삶이다. 날마다 중요한 걸 배우며 사는 사람과 남의 탓을 하며 사는 사람이 있다. 오늘도 나는 문제를 지혜롭게 해결하며 행복하게 살고 있는가, 아니면 내가 알고 있는 미성숙한 방법만 옳다고 고집하며 살고 있는가, 생각해 본다.

그렇다면 《아훈》에서 원하는 부모역할은 어떻게 하는 것인가. 그것은 부모가 자녀였을 때 부모에게 바라던 모습이 아닐까. 그러나 돌아보면 내가 아이였을 때 부모에게 불만을 가졌던 그 방법 그대로 내가 부모역할을 하고 있음을 보게 될 때가 많다.

《아훈》에서는 자애로우면서도 엄격한 부모역할을 목표로 훈련한다. 자애롭다는 것은 자녀가 부모의 사랑을 느끼도록 하는 것이며 엄격함이란 자녀가 자신의 잘못을 자녀 스스로 깨닫도록 돕는 방법이다. 그 모든 것은 대화로 이루어진다. 《아훈》은 화내지 않고 부드럽고 따뜻하게 아이가 깨닫도록 하는 교육이다.

그러나 화내지 않고 따뜻하게 얘기하기란 얼마나 어려운 일인가.

중학교 2학년 아들을 둔 민호 어머니는 아들과 있었던 일을 얘기했다.

제 아이와 학원 문제로 다투는 일은 일상적인 일이었습니다. 그런데 제가 얼마나 달라졌는지, 제가 배우기 전과 배운 다음의 달라진 모습을 소개합니다. 아이가 학원에 등록한 지 일주일이 안 된 어느 날 아이와 있었던, 배우기 전의 제 모습입니다.

아들 : 오늘부터 학원 안 가려고요.

엄마 : 왜? 등록한 지 일주일도 안 됐는데 학원 안 간다고?

아들 : 분위기도 산만하고 가르치는 것도 내 스타일이 아니라서요.

엄마 : 무슨 학원을 스타일 보고 가나? 그 학원 잘 가르친다고 소문 났더라.

아들 : 학원도 자기 스타일이 있는 거예요. 쳇! 알지도 못하면서 ….

엄마 : 엄마가 모르긴 뭘 몰라? 그래도 한 달 끊은 건 가야지. 아빠

아시면 뭐라 하실 텐데. 또 오늘 가면 학원 분위기 달라질지도 모르잖아.

아들 : 알아서 할게요. (문을 쾅 닫고 방으로 들어간다.)

결국 아들은 그날 학원에 가지 않았고 저녁도 먹지 않았습니다. 그리고 꾸역꾸역 한 달을 다니고 그만두었습니다.

그런데 이번에는 제가 교육을 받은 다음, 비슷한 상황에서 달라진 대화입니다. 이번에는 아들이 다니고 싶다고 요청한 학원에 등록하고 온 다음 날 일입니다. 아들은 학원 갈 시간이 다 되는데 거실을 왔다 갔다 하고 있었습니다. 저는 궁금했지만 기다렸습니다. 드디어 아이가 말했습니다.

아들 : 오늘부터 학원 안 가려고요.

'뭐라고? 네가 간다고 했잖아.' 소리 지르고 싶지만 배웠으니까 배운 대로 해야지. 마음 다지고.

엄마 : 그래. 학원 안 간다고. 그럴 만한 이유가 있나 보네.

아들 : 학원 분위기도 산만하고 가르치는 것도 내 스타일이 아니라서요.

'스타일은 무슨 …' 하려다가 침착하게, 배운 대로.

엄마 : 학원도 자기한테 맞는 곳이 있나 보다. 학기 초라 분위기가 산만해서 수업도 집중하기가 어려운가 보네.

아들 : 그럼요. 나한테 더 맞는 데가 있더라고요. 그래도 한 번밖에 안 갔으니 한 번 더 가볼게요.

'우와!!' 소리치고 싶은 마음으로.

엄마 : 그래. 애쓰겠다. 네가 좋아하는 떡볶이 만들어 둘게.

아들 : 네. 다녀오겠습니다. (아들이 뛰어나갔다.)

밝은 얼굴로 학원에서 돌아온 아들은 떡볶이를 먹고 바로 책상 앞으로 가서 앉았습니다. 아들이 사랑스러웠습니다. 저 또한 행복했습니다.

비슷한 내용의 사건이지만 해결하는 방법에 따라 결과가 달라졌다. 그런데 우리는 잠깐 생각해 본다. 아이가 처음 하는 말, "오늘부터 학원 안 가려고요." 하면 왜 화가 날까. 우선 아이의 요청에 따라 등록했는데 안 간다는 말을 들으면 아들에 대한 신뢰가 떨어지고, 어제 등록했는데 취소하려면 불편하고, 아이의 실력에도 문제가 될 것 같은 복잡한 이유 때문일 것이다. 그러나 생각을 바꿔 본다. 아이가 별로 다니고 싶지 않은 학원에 가면 공부가 될까. 시간 낭비, 돈 낭비하고 싶지 않은 아이의 연구 결과라고 생각하면 화가 날까. 그렇다면 대화는 어떻게 할까.

아들 : 오늘부터 학원 안 가려고요.

엄마 : 그래. 오늘부터 학원 안 간다고.

아들 : 네. 학원 분위기도 산만하고 가르치는 것도 내 스타일이 아니라서요.

엄마 : 그래. 그러니까 어제 등록한 학원이 너에게 도움이 안 된다고.

아들 : 네. 저한테 더 맞는 데가 있더라고요. 그래도 한 번밖에 안 갔으니 한 번 더 가볼게요.

엄마 : 한 번 더 연구하겠다고. 그럼, 그때 다시 얘기할까. 우리 아들

파이팅!!

이렇게 대화가 이어진다면 어떤가. 아들도 행복하고 엄마는 더 행복하지 않을까. 결국 부모의 대화 실력에 따라 아이들은 효자가 될 수도 있고 부모 괴롭히는 아들이 될 수도 있지 않은가.

《아훈》은 사건을 지혜롭게 해결하는 대화 방법을 훈련한다.

행복은 배울 수 있고
훈련해야 한다

"행복은 자질이 아니라 테니스처럼 연습해서 키워갈 수 있는 능력
이다."

미국의 신경과학자 리처드 데이비드슨이 발표한 위의 연구 결과는
약 2,500년 전에 그리스 철학자 아리스토텔레스도 말했다.

"행복은 배울 수 있다."

우리는 행복하기 위해서 무엇을 배우고 연습하며 훈련하고 있을까.
어쩌면 행복은 운명처럼 우리에게 다가오는 것이라 여기고, 원하고 바
라기만 하는 것은 아닐까. 결혼하면 행복은 자연스럽게 따라올 것이
고, 아이를 낳으면 더 큰 행복이 찾아올 것이라고 막연히 꿈꾸어 오지
는 않았는가.

때때로 나는 수강자들에게 과분한 칭찬을 듣는다.

"선생님, 아이들과 남편과의 관계가 너무나 어려워서 도와주시라고
열심히 기도했더니 선생님 책과 선생님을 만나게 해 주셨네요."

그들은 나를 만난 게 기도의 응답이라고 하지만 나는 그들이 끊임없이 행복을 찾으려고, 행복을 배우려고 노력했기 때문에 얻게 되는 결과라고 생각한다. 그리하여 그들은 행복할 수 있는 능력을 키우고, 그 능력으로 더 많은 행복을 찾고, 나는 그들이 찾은 행복을 이야기하는 강의를 한다. 내가 하는 강의는 수강자들을 자랑하는 일이며, 내 책은 수강자들을 자랑하는 이야기이다.

한 수강자가 말했다.

전 정말 결혼하여 아이를 낳으면 행복할 줄 알았습니다. 그런데 두 아이 엄마가 된 저는 행복이 무엇인지, 엄마가 되기 전보다 행복은 저에게서 더 멀어져 갔고, 또 더 모르게 되었습니다. 때로는 엄마라는 이름을 하루쯤 불리지 않고 편안히 쉬고 싶을 때도 있습니다. 그리고 두 아이는 시도 때도 없이 싸웁니다. 열한 살 오빠 승진이와 일곱 살 여동생 채영이는 나란히 앉아서 각자 책을 보다가도 툭하면 다툽니다. 동생 옆에 있는 책을 오빠가 보면 동생은 자기가 볼 책이라며 다툽니다. 오빠가 책을 집어 들면 동생이 제게 이릅니다.

채영 : 엄마! 엄마 이리 와 보세요!!! 오빠가 내가 볼 책인데 강제로 뺏었어요.

순간 짜증이 나는 저는, 얼른 오빠에게서 책을 빼앗아 동생에게 주며 말합니다.

엄마 : 왜 또 동생 책 빼앗아. 제발 좀 동생 울리지 말고 사이좋게 놀

아!!

승진 : 그게 아니고 ….

하며 할 말이 있다는 오빠 말은 제게 들리지 않습니다. 동생을 울리는 오빠를 야단치는 것은 당연한 교육이었습니다. 때로는 "너희들끼리 해결해." 하고 내버려 두다가도 다툼이 계속되면 제가 끼어듭니다.

엄마 : STOP!!!!(멈춰) 엄마가 너희들 싸우라고 책 사 줬어?? 책 읽고 훌륭한 사람 되라고 사 줬지!! 이렇게 싸우려면 둘 다 책 읽지 마!! 이 책은 압수야!

저는 책을 빼앗아 아이들 손이 닿지 않는 높은 곳에 올려놓습니다. 책을 빼앗긴 아이들은 서로 "너 때문이야." "오빠 때문이야." 하며 서로를 원망하고 째려보며 분노를 쌓아 놓습니다. 그럴 때면 제 어린 날의 기억도 떠오릅니다. 남매였던 저도 비슷한 상황에서 어머니가 제 편을 들어주시면 엄마 등 뒤에서 '메롱메롱' 하며 오빠를 놀렸습니다. 그러나 그렇게 야단맞는 오빠를 놀리고 나면 오빠는 엄마가 안 계실 때 저를 괴롭혔고 심지어 제게 상처가 남지 않도록 이불을 뒤집어씌워서 발로 차고 때리기도 했습니다. 그런 오빠를 좋아할 수 없었고 어린 제가 내린 해결책은 엄마에게 이르지 않고 오빠를 무시하는 것이었습니다. 성인이 된 지금도 오빠에 대한 감정은 여전합니다. 그래서 제가 냉정하고 차가운 사람일 것 같다는 말을 많이 듣게 되었는지도 모르겠습니다. 그런데도 돌아보면 저 또한 제 어머니와 똑같은 방법으로 두 아이를 가르치고 있었습니다. 저는 공부도 열심히 했고, 직장에서도 유능한 실력자로 인정받았는데 아이들에게 문제가 생기면 해결 방법은 몰랐습니다. 다행히 선생님을 만나서 행복도 배워야 행복해질 수 있다는 것을 처음 알았습니다. 아직은 서툴지만 저는 같은 상황에서 아이의 마음을 이해하려고 차분히 말했습니다.

> 채영 : 엄마! 엄마 이리 와 보세요!!! 오빠가 내가 보던 책인데 강제로 뺏었어요.
> 엄마 : 그랬어. 네가 보던 책을 오빠가 가져가서 엄마에게 도와 달라고~.

제가 말하자 옆에 있던 오빠가 끼어들어 그 책은 어제 자기가 보다가 뒤집어 놨던 책이라고 하고, 동생도 아까 자기가 보던 책이고, 아직 다 읽지 않아서 다시 읽을 책이라며 서로 자기 책이라고 했습니다. 이럴 때 뭐라고 말할까. 제가 지금까지 해결하지 못했던 부분입니다. 아이의 마음을 이해해 주기는 했는데 그 다음에 두 아이가 생각할 수 있도록 깨우쳐 주는 엄마의 말을 어떻게 해야 하는지 저는 알지 못했습니다. 그러나 그때는 제가 배웠기 때문에 배운 방법대로 그 상황을 표현하는 말을 찾고 또 솔직한 제 마음도 있는 그대로 표현하는 말을 찾아서 조용히 말했습니다.

> 엄마 : 얘들아, 잠깐만. 오빠는 어제 읽다 둔 책이라고 하고 채영이는 아까 읽다가 놓아두어서 다시 읽을 책이라고 하고(상황 표현), 엄마가 누구 편을 들어야 할지 참 난처하네(엄마의 마음).

두 아이가 눈을 깜빡이며 거의 동시에

채영 · 승진 : 왜요?

하고 물었습니다.

엄마 : (왜긴 왜냐? 보면 몰라? 하지 않고) 왜냐하면 책은 한 권인데 채영이
　　　에게 주라고 하면 승진이가 서운하고, 승진이에게 주라고 하
　　　면 채영이가 서운하고 둘 다 못 보게 하면 둘 다 서운하고. 어
　　　떻게 하면 사이좋게 책을 볼 수 있을까?

두 아이는 태어나서 처음으로 자기들 스스로 문제 해결 방법을 생
각하기 시작했습니다. 하지만 처음 들어 보는 질문이어서 그런지 한
참 지나서

채영 · 승진 : 잘 모르겠어요.

대답하는 아이들에게 제가 제안했습니다.

엄마 : 그럼 이렇게 하면 어떨까? 채영이가 읽고 있던 책을 다 보는
　　　동안 오빠가 다른 책을 먼저 읽고, 채영이가 보던 책을 다 보
　　　고 나면 승진이가 읽고, 승진이가 다 읽고 채영이에게 돌려주
　　　는 방법 말이야.

두 아이가 찬성했고, 저는 마지막으로 배운 방법을 동원하여 칭찬했
습니다.

엄마 : 애들아, 엄마 제안 받아 줘서 고마워. 엄마 숙제가 풀렸네. 엄
　　　마는 너희들이 사이좋게 지낼 때 가장 행복하거든. 엄마 행복
　　　하게 해 줘서 승진이도 고맙고 채영이도 고마워.

아이들은 약속대로 사이좋게 책을 나눠서 읽었습니다. 엄마가 명령

하지 않고, 화내지 않으면서 상황을 얘기하고, 엄마가 어떻게 해야 할지 난감한 상태라는 걸 알려 주었습니다. 그리고 또 사건을 해결할 방법을 제안하자 아이들도 그 상황을 이해하고 엄마를 난처하지 않게 도와주더라고요. 물론 그 후에 다툴 때도 있지만 정말 많이 달라졌습니다. 배우기 전보다 몇 배 더 행복해졌습니다. 제가 바뀌자 아이들은 저보다 더 빨리 바뀌더라고요. 일 년 동안 열심히 배우고 실천했더니 아이들이 제게 생일 카드를 보냈는데 제가 얼마나 감동을 했는지요. 자랑해도 될까요. 일곱 살인 딸과 열한 살인 오빠의 카드입니다.

그는 두 아이의 카드를 소개해 주었다.

채영이 카드

엄마 생신 축하합니다. 사랑해요.
우선 고마운 것부터 말할게요. 저를 낳아 주셔서 감사하고

요. 오빠를 낳아 주셔서 감사하고 행복한 가정이 되게 이끌어 주셔서 감사 감사 감사 감사 탱큐 배리 맛치. 앞으로 오빠랑 싸우는 일이 없도록 노력할게요. Love

2018년 8월 4일

승진이 카드

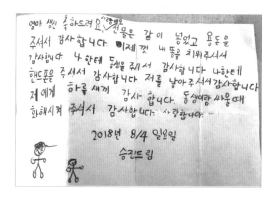

엄마, 생신 축하드려요. 사랑해요. 선물은 같이 넣었고 용돈을 주셔서 감사합니다. 이제껏 내 똥을 치워 주셔서 감사합니다. 나한테 동생을 줘서 감사합니다. 나한테 휴대폰을 주셔서 감사합니다. 저를 낳아 주셔서 감사합니다. 저에게 하루 세끼 감사합니다. 동생이랑 싸울 때 화해시켜 주셔서 감사합니다. 사랑합니다.

2018년 8월 4일 승진 드림

그는 카드를 소개하며 다음의 말을 덧붙였다

"아이들의 편지를 보면서 왜 오빠를 낳았느냐, 동생을 낳았느냐 하던 아이들이 '오빠를 낳아 주셔서' '동생을 줘서' 고맙다는 글에서 아이들도 서로 사랑할 수 있구나, 내가 엄마로서 두 아이가 서로 사랑하도록 도와주지 못하고 있었구나를 알게 되었습니다. 제가 하나뿐인 오빠를 사랑할 수 없으니까 형제간의 우애에 대해서 늘 부정적이었습니다. 특히 큰아이의 '동생이랑 싸울 때 화해시켜 주셔서' 하는 문장을 읽을 땐 너무나 부끄러웠습니다. 저는 화해시킨다고 했지만 제가 화해시키는 방법은 결국 두 아이가 서로 더 멀어지도록, 더 많이 싸우도록, 더 큰 응어리를 안고 살도록 했더라고요. 제 어머니가 저와 제 오빠에게 하셨던 것처럼요. 그리고 아이들의 우애는 제 마음을 따뜻한 마음으로 가득 채워 주었습니다. 아이들이 저에게 주는 힘으로 저와 제 오빠와의 관계를 치유하는 계기가 되었습니다."

그는 울먹이며 말했다.

"저와 다투면 늘 엄마에게 야단맞고 울면서 방으로 들어가던 오빠는 어떤 마음이었을까, 또 나를 이불 뒤집어씌우고 발로 차고 때릴 때는 어떤 마음이었을까. 얼마나 답답하고 외롭고 막막했을까. 제가 가끔 어머니에게 지나간 날의 아픔을 얘기하면 어머니는 대답하십니다. '다들 그렇게 산다.'고요. 천천히 어머니에게 말하려고 합니다. 요즘 자주 오빠에게 전화합니다. 가장 다정한 목소리로요."

부모는 아이들이 갈등을 겪을 때 부모가 다 해결해 주는 것이 당연하다는 데 조금의 망설임도 없다. 이렇게 해라, 저렇게 해라, 아이들은 부모의 명령에 따를 뿐 생각하지 않게 된다. 생각할 틈이 없다. 갈등이 있을 때 아이들은 자기에게 유리한 판단을 내려 명령하는 사람을 찾는다. 그러기에 작은아이가 엄마를 찾는 경우가 많다. 엄마는 큰아이를 나무라고 동생 편을 들어주기 때문이다. 이렇게 익숙해지면 아이들은 스스로 연구하고 판단하고 결정하는 일을 부모에게 맡긴다. 또한 엄마가 편들어 주던 아이는 자기가 항상 옳다는 가치관을 갖게 된다. 엄마에게 꾸지람을 듣던 아이는 자신감이 없다. 어머니의 교육관이 아이들에게 어떤 영향을 끼치게 되는 것일까.

위 상황에서 승진이와 채영이는 엄마의 설명을 들으며 현실을 바르게 볼 수 있었다. 책은 한 권이고 두 사람 모두 같은 책을 보고 싶어 한다면 엄마는 어느 편을 들 것인가. 엄마가 어느 편을 들 수 없음을 말했다. 오빠 편을 들면 동생이 서운하고, 동생 편을 들면 오빠가 서운하고 책을 없애면 두 사람 모두 서운하고 엄마가 어떻게 선택해야 할지 난감하다고 말한다. 아이들은 엄마의 상황을 이해하고 엄마의 난감함을 덜어드리고 싶다. 그리고 엄마가 제안한 방법을 들으면서 결정하게 된다. 그리고 엄마가 제안하는 방법을 배우게 된다. 엄마가 결정해 주는 것이 아니라 아이들이 주인이 되어서 스스로 결정하여 선택하도록 한다. 그래야 선택한 사람이 책임도 지게 된다. 계속 강조하지만 스스로 결정하고 스스로 책임지는 태도는 세상을 살아가는 가장 기본적인 태도다. 승진이 남매는 중요한 삶의 지침을 배운다. 승진이 어머니는 이러한 태도의 기본을 이해하자 자신의 오빠가 이해되었다.

새로운 사실을 배워가며 자신의 삶을 돌아보는 승진이 어머니를 보며 나는 생각한다.

오빠와 체형이 비슷한 사람만 보아도, 눈빛만 비슷해도, 목소리만 비슷해도 심지어 오빠가 입던 옷을 입은 사람을 보아도 두 번 다시 보고 싶지 않았다는 그의 고백 속에 얼마나 큰 아픔이 들어 있을까. 40년 넘게 그와 그의 오빠 마음속에 얼마나 큰 응어리들이 쌓였을까. 그의 어머니는 그 깊이를 이해할까. 그리고 알고 있을까.

많은 발달심리학자들은 이렇게 말한다.

"나를 괴롭히는 자의 가면을 벗겨 내는 순간 우리는 그 뒤에서 친숙한 얼굴들, 즉 나를 키운 사람들의 얼굴을 보게 된다."

승진이 어머니도 그동안 '다른 이' 즉 남편과 아이들과의 어려움까지도 지난날, 하나뿐인 오빠와 부모님과의 관계에서 형성된 가치관으로 영향을 받게 됨을 이해하게 된다. 그리고 자신의 아이들에게도 영향을 끼치게 됨을 이해하고 대물림하지 않으려고 꾸준히 노력한다. 부모님과 오빠를 마음으로 사랑하려고 배우고 또 배운다. 이렇게 배우는 아름다운 사람들을 어찌 사랑하지 않을 수 있을까. 어찌 그들을 자랑하지 않을 수 있을까.

나는 그들에게 고맙고 또 고마운 마음으로 이 글을 쓴다.

형제의 난

《아훈》프로그램 강사 훈련 중에 있는 태훈이 어머니는 참으로 황당하고 난감한 상황을 어떻게 해결했는지 소개해 주었다.

아들 둘을 키운 엄마는 하느님도 천국에 보내 준다면서요. 저도 두 아들의 엄마입니다. 중학교 3학년인 큰아이와 초등학교 6학년인 동생은 관계가 좋기도 했다가 갈등으로 서로 안 볼 사람처럼 다툴 때도 있습니다. 얼마 전 동생이 용돈을 모아 7만 8천 원짜리 축구화를 사려는데 2만 원이 모자랐습니다. 형은 동생이 돈이 모자란다고 안타까워하자 선뜻 부족한 2만 원을 줘서 축구화를 샀습니다. 그리고 형도 자기 반에서 축구팀 골키퍼인데 이번에 골키퍼 장갑을 새로 사서 친구들에게 자랑했고, 빨리 그 골키퍼 새 장갑으로 축구시합 할 계획입니다. 형은 하는 것마다 잘하는 편이었고, 동생은 그러한 형을 좋아하면서도 부러워하는 사이입니다. 그런데 며칠 전 제가 집에서 '독서 코칭'을 하고 있을 때였습니다.

거실에서 큰아들 태훈이와 작은아들 태경이의 목소리가 제법 크게 들렸습니다. '무슨 소리지? 싸우는 건 아니겠지.' 하며 저 자신을 다독였습니다. 그런데 이어서 작은아들의 울음소리 비슷한 소리가 들리는 것 같았습니다. 수업을 마치고 거실로 나왔는데 큰아들이 평소와 다름없이 말했습니다.

태훈 : 엄마, 나 무슨 책 읽을까? 이 책 재미있어요?

큰아들의 말에 '별일 아니었나 보다.' 하고 저녁 준비를 하려는데 작은아들이 제 옆으로 다가와서 할 말이 있다고 했습니다.

엄마 : 어? 엄마한테 할 말이 있다고?

태경 : 네. 형이 나를 때리고, 얼마 전에 새로 산 내 축구화를 자기 지분이 있으니까 자기 맘대로 한다면서 가위로 잘랐어요.

엄마 : 어? 뭐? 뭐라고? 뭐를 어떻게 했다고? (너무 놀라서 말문이 막힌다.) 누가? 형이? (믿어지지 않아서) 진짜로? 잘랐어? 가위로? 7만 8천 원짜리를? 사서 얼마 안 됐는데?

태경 : 네.

엄마 : (침착 하려고 애쓰고 애쓰면서) 혹시 형이 왜 그랬는지 알아?

태경 : 네. 알아요. 형이 '백범일지' 읽고 글쓰기 한 거 처음으로 '참 잘했어요.' 받은 거 얘기했는데 내가 '물어본 사람? 안물안궁'(안 물어봤고 안 궁금해) 했더니 베개로 퍽 때려서 내가 화나서 구룽이(실버 푸들 강아지) 내 용돈으로 샀으니까 형아는 앞으로 만지지 말라고 했더니 '그래? 그럼 너 운동화 살 때 내가 돈 보태 줬으니까 내 지분 다시 가져간다.'면서 축구화를 가위로 잘

라 버린다고 해서 맘대로 하라고 했더니 정말 잘라 버렸어요.

엄마 : 헉 ~ ~ ~ 엄마 축구화 좀 보고 올게. (발목까지 올라오는 천으로 된 부분이 가위로 잘려 있는 신발을 보며) 아 ~ 고쳐서 다시 신을 수 없게 되었네. 그런데 엄마 궁금한 게 있는데 물어봐도 돼?

태경 : 네, 뭔데요?

엄마 : 형이 글쓰기 잘한 거 얘기했을 때 듣기 싫었어?

태경 : 그게 아니고 뭔가 형은 영어도 잘하고 운동도 잘하니까 내가 그렇게 말이 나온 거 같아요.

엄마 : 형이 잘하는 게 싫은 거야?

태경 : 아니요. 그냥 뭔가 형한테 말을 좋게 안 하고 싶어요. 형은 힘이 세니까 말로 안 하고 자꾸 때리잖아요. 그래서 나는 말로 할 수밖에 없잖아요.

엄마 : 아 ~ 그래서 그런 거구나. 형한테 억울한 게 많았구나.

태경 : 어, 맞아. 억울해요.

엄마 : 형 얘기도 들어봐야 할 것 같은데.

제가 예전과 다르게 작은아들의 말을 그대로 들어 주었더니 아이도 순순히 자신의 생각을 솔직하게 말해 주었습니다. 작은아이의 솔직한 얘기를 들으면서 동생의 신발을 망가뜨린 큰아이에 대해서도 어느 정도 이해할 수 있는 여유가 생겼습니다.

저는 방에서 책을 보고 있던 큰아들을 불렀습니다. 그렇게 큰아들을 이해하려는 결심을 했는데도 큰아들을 보는 순간 생각에도 없던 마음이 삐져나오는 듯 갑자기 큰아들이 애지중지하는 골키퍼 장갑이 뇌리를 스쳤습니다. '이걸 똑같이 잘라? 행동에 책임이 따른다는 걸 보여 줘야 하지 않을까?' 짧은 시간, 순식간에 평정심을 잃었습니다.

엄마 : 축구화 얘기 들었는데 축구화 가위로 자른 거 맞아?

태훈 : 어! …, 맞아요.

엄마 : 어떻게 된 일이야?

태훈 : 태경이가 자기 강아지니까 만지지 말라고 해서 그럼 나도 네 운동화에서 내 지분만큼(2만 원) 너 운동화 못 쓰게 한다고 했더니 마음대로 하라고 하면서 놀리길래 화가 나서 가위로 잘랐어요.

'그래서 잘했다는 거야? 뭐야? 너 도대체 어떻게 이런 행동을 할 수 있냐고? 그래서 엄마도 네가 새로 산 골키퍼 장갑 동생 신발 자르듯이 자를까?' 하고 싶지만 《아훈》 강사 훈련 중에 있는 저는 그렇게 말할 수는 없었습니다. 저는 마음을 정리하고 배운 실력을 모두 모아 차분히 말했습니다.

엄마 : 그렇게 말하니까 좀 이해가 되네. 그런데 잘못된 행동에 대한 책임은 져야 할 것 같은데?

태훈 : 어떻게 해요?

엄마 : ('네 골키퍼 장갑도 잘라?' 하고 싶지만) 골키퍼 장갑을 엄마가 보관하고 있는 건 어때?

태훈 : 아!! 그건 안 돼요. ~ ~ 내일 애들하고 새로 산 골키퍼 장갑

끼고 축구하기로 했단 말이에요.

엄마 : 너에게 골키퍼 장갑이 그렇게 소중한 거지? 태경이에게도 축
구화는 그렇거든.

태훈 : (반성하는 얼굴 표정 없이) 그럼 엄마가 나에게 잘못했던 행
동들은 누가 벌주는데요? 어떻게 해요? 나는 5살 때, 10살 때
~ ~ 이런저런 상처를 엄마한테 받았는데, 그건 어떻게 (억울한
듯 울면서) 책임질 건데요?

엄마 : (그건 엄마가 그때 몰라서 그랬다고 미안하다고 했잖아!! 하고 싶지만)
아 ~ ~ 엄마도 배우면서 너한테 사과는 했지만 마음이 계속
무거웠어. 이게 말로 사과한다고 사과가 되는 건가? 너는 괜
찮다고 이해한다고 했지만 진짜 이해가 된 건지 엄마도 의문
점이 많이 있었어. 그 부분에 대해서는 너하고 더 얘기해 보
자. 그리고 엄마가 생각 좀 더 해 보고 다시 얘기하면 좋겠는
데. 괜찮겠어?

태훈 : 어? 네.

큰아이는 제가 배우면서 5살, 10살 때 엄마가 잘못했던 일을 사과하
자, 억울했던 일들을 많이 토해 놓았습니다. 승용차 안에서 형제가 싸
운다고 자동차를 길가에 세우고 형제를 내려 놓고 가버렸던 일, 형제
가 싸운다고 큰아이를 문 밖에 서 있으라고 했던 일, 케이크를 서로 많
이 먹겠다고 다투자 케이크를 싱크대에 버린 일 등, 아이는 잊지 않고
쏟아 놓았습니다. 그때 저는 미안하다는 말만 했습니다. 아이는 미안하

다고만 하면 되느냐고 말하기도 했습니다. 그 얘기를 가끔 하고 있습니다. 그리고 축구화 문제도 더 이상 대화를 이어 갈 자신이 없어서 선생님과 의논한 후에 대화하자고 제안했고 아이들이 그러자고 했습니다.

태훈이 어머니는 《아훈》 강사훈련과정에 있었는데, 상상할 수 없는 사건을 만나서 어떻게 수습해야 할지 나에게 전화를 했다.

"선생님. 제가 배우면서 열심히 실천하려고 애쓰고 있는데 이런 일이 일어나다니요. 새로 산 78,000원 짜리 축구화를 가위로 잘라서 망가뜨린 아들을 어떻게 이해할 수 있을까요. 어떻게 이해해야 할까요. 그래도 학교에서는 공부를 잘하는 모범생이라고 하는 아들이요. 그리고 중3이에요. 중3이면 그만한 판단을 할 수 있지 않을까요. 어떻게 새 신발을 가위로 잘라서 망가뜨려요. 남편에게 고자질해서 큰아이를 혼내야 하는 게 아닐까요?"

태훈이 어머니와 나는 전화로 의견을 나누었다. 이 위기를 어떻게 극복할 것인가. 어떻게 이 위기를 아이들이 성장하는 기회로 만들 것인가. 역할극까지 했다. 태훈이 어머니가 태훈이가 되어 보고, 태경이가 되어 보면서 실제로 어떻게 대화해야 하는지 연습, 또 연습했다. 그리고 가장 중요한 인간관계의 기본이라고 할 수 있는 형제애를 돈독하게 키울 수 있는 중요한 기회에 78,000원을 교육비로 투자하자고 했다.

다음은 어머니가 단단히 준비한 후, 두 아들과 대화하며 나눈 결과다.

엄마 : 엄마가 이민정 선생님과 의논했는데 다시 한 번 차근차근 얘기해도 될까, 그동안 태훈이와 태경이는 어떤 생각을 했는지 엄마는 궁금해.

태훈 : ….

태경 : ….

엄마 : 그럼 엄마가 말해도 될까. 우리 이번 사건이 일어난 처음으로 돌아가서 생각해 볼까. 만약에 처음에 형이 '잘했어요.' 하는 칭찬을 받았다고 말했을 때 태경이가 뭐라고 말했으면 이런 일이 생기지 않았을까?

태경 : '어! 형, 잘했네. 축하해.'라고 하면 화내지 않았을 거 같아요.

엄마 : 태경이 얘기 들으니까 태훈이 기분이 어때?

태훈 : 기분이 좋죠. 그럼 화도 안 냈을 것 같아요.

엄마 : 그래. 그럼 태훈이는 태경이가 '안물안궁' 했을 때 뭐라고 말하면 이런 일이 생기지 않았을까?

태훈 : … … ?

엄마 : 이렇게 말하면 어떨까. '태경아, 네 말 들으니까 형이 서운해. 형은 좋은 일이 있을 때 맨 먼저 너에게 얘기하고 싶었거든. 넌 내 동생이니까 형이 좋으면 너도 같이 좋아해 줄 줄 알았거든. 앞으로는 내가 칭찬받은 얘기하지 않을게.' 하고 말이야.

태경 : 엄마, 형이 그렇게 말하면 내가 미안하잖아요.

엄마 : 그래. 미안하면 태경이가 형에게 어떻게 하지?

태경 : … 미안하다고 말하고 다음엔 조심해서 말해야겠다는 생각

이 들죠.

엄마 : 그래. 형은 좋은 일이 있을 때 가장 먼저 동생에게 얘기하고
싶지 않았을까. 너희들은 형제니까. 어때? 태훈아.

태훈 : (울먹거리며) 네. 엄마.

태경 : … 형 미안해. 다신 안 그럴게.

엄마 : 그래. 우리가 하는 말 한 마디가 이렇게 중요하다는 걸 엄마
도 다시 한 번 깨달았어. 태경이와 태훈이는 뭘 배웠는지 엄
마가 듣고 싶네.

태경 : 습관적으로 나오는 나쁜 말을 고쳐야 되겠다는 거요.

태훈 : 감정을 잘 컨트롤해서 말해야 한다는 거요.

엄마 : 그래. 감정을 잘 컨트롤해서 말하고 또 행동해야 한다는 걸
배웠다고. 태훈이와 태경이가 정말로 중요한 걸 배웠네. 서로
그렇게 얘기했다면 잘 해결할 수 있었을 텐데. 엄마가 선생님
이랑 공부하면서 깨달은 게 있어. 그건 엄마가 너희들이 그렇
게 생각하고 말할 수 있도록 도와주지 못했다는 거야. 그래서
이번 일의 책임은 엄마가 질게. 그런 뜻으로 축구화는 엄마가
다시 사 줄게.

태경이는 책상에 엎드려서 울고 큰아들은 쩝! 쩝! 하며 멋쩍은 표정
을 지었습니다. 제가 말했습니다.

엄마 : 태경이 왜 울지?

태경 : 우리가 잘못한 건데 엄마가 사는 건 아닌 거 같아요.

태훈 : 맞아요. 제가 마침 용돈을 다 써서 돈이 하나도 없어서 그러는
데 엄마만 허락해 준다면 제가 아르바이트해서 돈 벌어서 태
경이 축구화 사 주면 안 될까요? 같은 반에 쿠팡 배달하는 친
구가 있어서 알아보면 될 거 같은데요, … 허락해 주면 안 돼
요?

엄마 : 태훈이 제안 고마워. 지금은 코로나 19로 사회적 거리 두기를
실천하고 있기도 하지만 엄마는 너희들의 말을 들으며 많은
생각을 했어. 태경이 눈물은 형이랑 엄마를 사랑하는 마음이
지. 그리고 태훈이도 태경이랑 엄마를 사랑하는 마음으로 코
로나인데도 아르바이트로 태경이 축구화 사 준다는 거지. 엄
마는 태경이 눈물이랑 태훈이 축구화 사 주려는 아주 귀한 마
음을 선물로 받았어. 그래서 기쁘게 축구화를 사 줄 수 있어.
엄마는 세상에 살면서 가장 큰 숙제가 너희들이 서로 사랑하
며 사는거야. 고마워.

태훈 : 알았어요.

태경 : 엄마, 고맙습니다.

태훈 : 엄마, 저도요.

제가 배우면서 훈련하고 있지만 처음엔 막막했습니다. 78,000원짜리
신발을 가위로 잘라서 못 신게 만들다니요. 그것도 형제가 다투어서요.
두 아이를 실컷 두들겨 패도 시원찮을 것 같았습니다. 그러나 선생님
과 통화하면서 마음이 많이 안정되었고, 그동안 제가 배우면서 아이들

과 대화를 많이 해서 그런지 아이들과 대화하면서도 서로 조심하면서 말하게 되더라고요. 서로 얘기를 나누면서 울기도 하고 화도 냈지만 긴 얘기를 나누면서 차츰 마음 따뜻해지는 대화로 이어갈 수 있었습니다. 아마도 제가 이런 훈련을 받지 않았다면 남편에게 고자질해서 두 아이와 남편과 제가 엉켜서 온 집안의 큰 문제로 서로에게 상처로 남는 사건이 되었을 것입니다.

제가 할 수 있는 만큼 아이들이 배울 수 있구나, 제가 잘하면 가정이 평화로울 수 있구나, 엄마의 영향력을 다시 한 번 생각하면서 공부하고 있는 자신이 자랑스럽게 느껴졌습니다. 특히 78,000원 교육비가 아깝지 않더라고요.

그날 밤 두 아이는 한 침대에서 서로 꼭 끌어안고 자고 있었습니다. 이렇게 빨리 감정을 정리하는 아이들이 대단하다는 생각도 들었습니다. 그리고 꼭 끌어안고 자는 형제를 보면서 형제의 우애가 무럭무럭 자라는 것 같았습니다. 두 아이를 향한 제 사랑도 마음 가득 쌓였습니다.

태훈이 어머니의 긴 얘기를 감동으로 듣는 우리 수강생들의 가슴에도 사랑이 가득 쌓이는 것 같았다. 내 마음에도 태훈이네 가족에 대한 고마움이 가득 쌓였다.

심리학자 에리히 프롬은

"형제애는 모든 인간에 대한 사랑이며 사랑의 모든 형태의 바탕에 놓여 있는 가장 기본적인 사랑."

이라고 했다. 태훈이 형제는 어머니의 끊임없는 노력으로 이렇게 인간의 가장 기본적인 사랑인 형제애를 키워 간다. 더하여 태훈이와 태경이가 배웠다는 태도를 다시 정리해 본다.

"습관적으로 나오는 나쁜 말을 고쳐야 되겠다는 거요."
"감정을 컨트롤해서 말해야 한다는 거요."
이 말의 의미는 참으로 중요한 습관이다. 태훈이가 했던 말, '감정을 컨트롤해서'에 더하여 '행동'까지 컨트롤 할 수 있게 될 것이다. 특히 이 말은 어머니가 해 준 말이 아니라 본인들이 했다는 것이 중요하다. 다른 데서 배우기 어려운 삶의 태도를 형제는 이렇게 어머니와 함께 배웠다. 세 사람의 교육비는 78,000원이었다.

나는 이렇게 실천한 결과를 들을 때마다 프로그램을 만든 보람을 느끼며 힘을 얻는다. 성실하게 '위기'를 '기회'로 실천해 준 아름다운 태훈이네 가족에게 마음 모아 감사드린다.

깨어 있으면 보이는 것들

여섯 살 딸과 함께 백화점에서 있었던 일을 한 수강자가 말했다.

선생님, 백화점에서 있었던 일입니다. 여섯 살 제 딸과 화장실에서 볼
일을 보고 나와 손을 씻는데 한 엄마가 아이와 함께 화장실로 들어갔습
니다. 그가 화장실을 나와 손을 씻다가 손가방을 화장실 안에 두고 나
왔다며 다시 화장실 문을 열었습니다. 그런데 화장실 문이 잠겨서 열
리지 않았습니다. 순간 그는 너무나 당황해서 어쩔 줄 몰라 했습니다.
　만약 제가 교육을 받지 않았다면,
　'헐! 어째. 화장실 나올 때 문고리에 있는 잠금장치를 끝까지 돌리고
나왔어야지. 그리고 그렇게 쩔쩔매지 말고 관리실에 연락하면 해결해
줄 것을, 그것도 모르나? 그리고 백화점에선 화장실 문을 왜 그렇게 복
잡하고 이상하게 만들었지?'
　'뭐 알아서 하겠지, 내게 도움을 청하지도 않는데 굳이 잘난 척 나설
이유가 없지.' 마음속으로 중얼거리면서 그냥 화장실을 나왔을 것입니

다. 저는 그때까지 그렇게 살고 있었으니까요.

하지만 그날은 당황스러워하는 그의 느낌이 제게 와 닿았습니다.
'내가 도울 일이 뭘까?'
생각하며 저는 그의 곁으로 다가갔습니다.
"잠깐만요. 혹시 가방이 화장실 안에 있는 채로 문이 잠겼나 봐요. 여기 이 번호(화장실 벽에 붙어 있는)로 관리실에 전화하면 문을 열어 주실 거예요."
제 말을 듣고 환하게 밝아지던 그의 얼굴이 다시 어두워졌습니다.
"그래요? 그런데 어쩌죠. 휴대폰도 저 안에 있어서 연락할 수가 없어요."
"그럼 제가 전화해 드릴까요?"
"그래 주시면 너무 감사하죠."
저는 관리실에 전화했고, 동전으로 열 수 있다는 말을 듣고 마침 갖고 있는 동전을 열쇠처럼 사용해서 문을 열 수 있었습니다. 함박웃음을 웃는 그가 말했습니다.
"감사합니다. 정말 감사합니다."
"아, 네. 저의 기쁨입니다."

"저의 기쁨입니다." 이 말은 좋은 말이라고 배우긴 했지만 말하기에는 어쩐지 쑥스럽고 어색했습니다. 특히 처음 보는 잘 모르는 사람에게 말한다는 건 더더욱 어려운 일이었습니다. 그런데 긴장으로 굳어

있던 그의 얼굴이 안도와 기쁨으로 활짝 펴지자 자연스럽게 말할 수 있었습니다. 그의 얼굴엔

'어떻게 그렇게 아름다운 표현을 하는지요.'

하고 쓰여 있는 것 같았습니다. 그분은 돌아서 가면서도 몇 번이나 웃음 띤 얼굴로 고개를 숙이며 고맙다고 했습니다. 그날 저는 저 자신에게 감동했고, 제가 조금은 더 좋은 사람, 더 선한 사람이 된 것 같아 기뻤습니다. 그리고 여섯 살 딸이 제 옆에서 제 모습을 다 지켜보았다는 것이 더 큰 의미가 있었습니다. 배우면서 깨어 있으니까 보이더라고요.

친절과 사랑은 달콤한 열매를 맺게 되나 보다. 친절을 베푼 사람이 받게 되는 기쁨을 어떻게 설명할 수 있을까.

그래서 의사이며 작가인 스웨덴의 스테판 아인혼은 그의 책 『친절』에서 말했나 보다.

"친절한 사람은 다른 사람을 의식적으로 배려하는 사람이며 친절함이란 타인에게 베푸는 행위이면서 자신에게 베푸는 행위임을 꿰뚫고 있는 것"이라고.

다른 수강자도 의식적으로 남편을 배려할 때 얻게 되는 기쁨을 소개했다. 그는 말했다.

저는 그날 남편이 문상 가는 길에 동승한 제가 운전을 했습니다. 주차하기 복잡한 곳이라 제가 남편이 나올 때까지 주차장에서 기다리기

로 했습니다. 30분이 좀 지나자 남편은 신고 간 구두 대신 실내화를 신고 나타나는 것이었습니다. 신발장에 넣어 둔 구두가 없어졌다는 것입니다. 며칠 전, 큰맘 먹고 산 40만 원짜리 새 구두였습니다.

'아니, 어떡해? 40만 원이라고, 40만 원. 나는 며칠 전에 맘에 드는 스카프가 12만 원인데 망설이다가 세일 때 사려고 그냥 왔다고. 다시 가서 찾아봐요. 그리고 그 댁은 뭐 하는 거야, 손님이 신발을 잃어버렸는데 어떻게 실내화 신고 그냥 나오게 하냐고?!!' 짧은 순간 생각이 어지럽게 오락가락했습니다. 그러나 강의 시간에 들었던 말들이 떠올라 저는 속으로 생각했습니다.

'40만 원이 중요해? 남편이 중요해? 사건을 막 풀면 막 사는 사람이고, 사건을 지혜롭게 풀면 지혜로운 사람이 되는데, 이 사건을 어떻게 풀지. 그렇지.'

저는 황당하고 미안해하는 남편을 보며 말할 수 있었습니다.

"여보, 4백만 원도 아니고 어디 다친 것도 아니고 40만 원이어서 다행이네요. 신발은 다시 사면 되죠."

제 말에 남편이 웃었습니다. 제가 이런 상황에서 이렇게 말할 수 있는 건 30년 가까이 배우며 갈고 닦은 '늘 깨어 있음'의 힘이었습니다.

그리고 며칠 기다렸습니다.

혹시나 문상 갔던 집이 경제적으로 여유 있는 댁이라 신발을 사서 보내 줄 수도 있고, 손님 중에 잘못 신고 갔던 분으로부터 돌려받을 수도 있지 않을까 기대하며 기다렸습니다. 며칠 뒤, 놀랍게도 기다리던 구두 상자가 택배로 왔습니다.

'그러면 그렇지. 누군가 잘못 신고 갔다가 돌려보냈거나, 그 댁에서 새로 사서 보냈거나. 어느 쪽일까?'

저는 궁금했습니다. 그런데 보낸 사람의 이름이 없었습니다. 저는 택배 상자에 붙여진 물품 명세서의 연락처로 전화를 했습니다. 그러나 담당 직원이 퇴근해서 내일 연락하라는 녹음된 음성만 들렸습니다.

궁금한 채로 저녁 7시쯤, 저는 큰아들의 전화를 받았습니다.

"어머니, 받으셨어요? 며칠 전에 아버지 구두를 문상 갔다가 잃어버리셨다고 해서 어버이날 선물로 제가 준비했습니다."

"그렇구나. 그랬구나. 나는 신발을 잘못 신고 간 분이 되돌려 준 줄 알았지."

"어머니, 세상이 그렇게 낭만적이지 않아요."

"그러게. 고맙다. 고맙다. 어버이날에 세상에서 가장 아름다운 최고의 선물을 받았구나. 고맙다."

하늘을 날 것 같았습니다. 자식에게 받을 수 있는 최고의 기쁨을 선물로 받았습니다. 신발을 잃어버리지 않았다면 어버이날에 이 선물을 이렇게 큰 선물의 의미로 받을 수 있었을까요. 아버지가 잃어버린 새 신발에 대해서 아버지와 같은 마음으로 애석해하며 부모님을 달래 드리고 싶은 마음을 담은 그 따뜻한 배려의 마음을요. 40만 원의 몇 배,

몇 천 배의 선물을요.

사랑도 의식적으로 배려했더니 황당해하는 남편을 위로해야겠다는 마음이 들더라고요. 그리고 아들의 마음이 당연한 게 아니라는 것도 더 크게 보이더라고요. 아들의 선물이 얼마나 빛나는 보석인지를요. 제가 너무나 행복해하자 아들도 크게 웃으며 말했습니다.

"어머니, 그렇게 좋으셔요? 어머니가 그렇게 좋아하시니까 저도 좋네요. 고맙습니다."

아들의 전화 목소리가 그렇게 따뜻할 수가 있을까요. 결국 서로를 배려하는 의식적인 행동들이 '친절은 남에게 베푸는 행위일 뿐 아니라 자신에게 베푸는 행위'라는 스테판 아인혼의 말처럼 서로를 위하는 행위임을 체험하게 되었습니다."

그는 행복한 울먹임으로 자신의 경험한 사례를 전해 주었다.

수강자의 얘기를 들으며 그렇게 부모님을 행복하게 했던 아드님의 고등학생 때 모습이 떠올랐다. 그는 겨울방학을 앞두고 나에게 질문했다. 다음은 그때 있었던 얘기다.

선생님, 이럴 때 제가 어떻게 해야 할까요? 고등학교 2학년인 제 아들이요. 여름방학이 시작하는 날 집에 와서 말하는 거예요.

"엄마, 저 여름방학 동안 회색 머리로 염색하는 거 안 된다는 걸 10분 안에 설득해 주실래요."

저는 말하고 싶었어요.

'뭐?? 머리 염색?? 회색 머리? 염색하겠다고? 네가 나를 설득해 봐!!
네가 무슨 연예인이야? 대학입시가 내일 모레인데 너 정신이 있는 거
야? 없는 거야? 아빠 아시면 어쩌려고!!'

'저 한 번 해 보고 싶어요.'

'너 정말 왜 그래? 밥 먹고 얼른 학원이나 가!!'

아마 저와 이렇게 대화를 나누었다면 아들은 문을 쾅 닫고 나가 버렸
을 것입니다. 그런데 제가 말을 못 하자 아들이 말했습니다.

"엄마, 10분이 지났네요."

"이민정 선생님과 의논하고 말하는 거 어때?"

"그럼요. 기다리죠. 아마도 이민정 선생님은 하라고 하실걸요."

저는 선생님과 의논해서 다시 아들에게 말했습니다.

"엄마가 생각해 봤는데 찬성할 수도 없고, 반대할 수도 없네. 어떡
하지."

"그렇지요. 엄마 개학할 땐 다시 검은 색으로 염색할게요. 엄마 걱정
안 하시도록 방학 동안 공부 열심히 할게요."

"네가 그렇게 말하니 (카드를 아들에게 주며) 엄마 걱정을 놓아도 되겠
네."

깜짝 놀라며 카드를 받은 아들이 활짝 웃으며 나갔습니다.

그렇게 아들과는 상황을 마무리했지만 남편을 설득하는 일이 걱정이었습니다. 그러나 저는 남편을 설득시킬 한 가지 방법은 알고 있었습니다. "이민정 선생님도 아드님이 한다면 허락한다고 했어요." 하는 말로요. 실제로 그렇게 말했더니 남편이 아무 말도 안 하더라고요. 그리고 며칠 후 회색으로 염색한 아들의 머리를 보며 남편이 딱 한 마디 하더라고요.

"야!! 너 어떻게 머리는 나보다 더 늙었냐."

하고는 방으로 들어가 버리더라고요. 역시 아버지는 아들을 이해하려고 노력하더라고요. 그 한 마디를 남긴 남편은 아들에게 잔소리 한 번 안 하더라고요. 며칠 집안 분위기가 조심스러웠지만 그렇게 그날들이 지나갔습니다. 돌아보면 남편이 고마웠습니다.

그의 말대로 그렇게 그 사건이 끝났다. 물론 모범생이었던 학생은 개학 전날 완벽할 정도로 원상태로 만들었다. 그 학생이던 아들이 원하던 학업을 마치고 열심히 살면서 이제는 아빠가 되고 아버지의 잃어버린 구두를 사 드리고 있다. 그때 안 된다고 억지로 반대했다면 지금은 어떤 생각이 들까. 그때는 고2 아들이 머리를 회색으로 염색한다는 것이 너무나 큰 문제였던 것 같은데 돌아보면 작은 사건이었고 벽에 걸린 그림 속, 얘기 같다. 넉넉하고 따뜻한 그림이다. 세월은 그렇게 가나 보다.

나도 며칠 전, 수강자와 같은 느낌이었던 일을 조심스럽게 소개했다. 분당에 강의하러 가기 위해 자동차 운전석에 앉은 나는 갑자기 휘발유 걱정이 되었다.

'어제 기름 눈금이 저 아래였는데 오늘 괜찮을까. 지금 주유소에 들리려면 마음이 바쁠 텐데. 어쩌나.'

그런데 자동차 시동을 켜자 눈금이 넘칠 정도로 가득했다. 어제 할아버지 제사에 집에 왔던 작은아들이 기름을 채워 놓은 것이다. 그래서 늦은 밤, 몸이 아파 참석하지 못한 동서네로 음식을 갖다 드리면서 내 차로 갔었구나. 늘 내 자동차에 기름을 채워 놓는 아들이 기름을 점검하려고 내 차로 갔었구나. 나도 깨어 있으니 볼 수 있었다. 아름다운 선물이 내 삶을 얼마나 빛나게 해 주는지 나도 볼 수 있었다.

나도 두 눈을 감고 아들에게 고마움을 전하며 행복한 운전을 시작했다.

아빠, 그럼 이렇게 말하는 건 어때요

다음은 길을 잃고 헤맬 때 《아훈》을 만나서 강사가 되었다는 영준이 어머니가 말했다.

3년 전, 저는 새벽이면 북한산 아래 점집을 찾아다녔습니다. 언제 이혼하는 것이 좋은지, 두 아이 중 어느 아이를 데리고 나와야 하는지 묻고 또 물었습니다. 유치원에서는 아이가 폭력적이라고 부모의 관심이 필요하다고 했습니다. 그럴 수밖에요. 저와 남편이 치고받으며 싸웠으니까요. 출근길에 아이를 유치원에 데려다 주는 남편은 아이가 떼를 쓰기라도 하면 아이를 발로 걷어찼습니다. 나동그라지는 아이를 보며 소리 질렀죠.

"야!! 네가 사람이냐. 그러고도 아비 될 자격이 있냐."

등 아이들 앞에서 할 말 못할 말 가리지 않고 떠들었죠. 화가 나면 아이들은 보이지 않더라고요. 그때 우리 곁에는 늘 이혼서류가 있었습니다. 부부 관계나 부모교육에 대한 책도 많이 읽었고 유명하다는 강의도 많이 들었습니다. 책을 읽고 강의를 들을 때는 될 것 같은데 실제 상황에서는 안 되더라고요. 좋은 강의를 듣고 결심하고 또 결심했는데 집에 돌아와서 온 집안을 난장판으로 만들어 놓은 아이들을 보면, 또 두 아이가 치고받으면서 싸우는 걸 보면 안 되더라고요. 남들은 다 행복해 보이는데 왜 나는 노력해도 안 되는지. 그렇다고 시댁에서 잘해 주기를 하나. 아이들까지 말을 안 들으니, 도대체 자기가 나랑 결혼해서 나에게 해 준 게 뭐가 있냐고?!

그렇게 어두운 길을 헤맬 때 아이 유치원에서 《아훈》특강을 듣고 정신이 번쩍 들었습니다. 저는 프로그램에 참가했고, 제가 달라지자 남편과 아이들도 저와 같이 달라지기 시작했습니다. 제가 강사 훈련을 받으면서 때로는 남편을, 때로는 어린 두 아이를 수강생으로 제 앞에 앉혀 놓고 강의 연습을 했습니다. 두 아이는 눈을 반짝이며 수강생 역할을 훌륭하게 해 주었습니다. 그렇게 가족들이 기꺼이 제 수강자가 되어 준 덕택에 지금은 강사가 되어 제 경험을 나누는 강의를 하고 있습니다.

벌써 제가 공부를 시작한 지 4년, 지금은 아이들이 남편과 저의 대화를 교정해 줍니다. 며칠 전, 토요일 저녁 8시 45분쯤. 온 가족이 외출하고 집으로 돌아오는 길이었습니다. 식탁 전구를 사려고 조명 가게로 가는 승용차 안에서의 일입니다.

"아, 늦었는데 그냥 내일 사면 안 돼? 지금 문 닫았을 것 같은데."

남편이 짜증스럽게 말했습니다. 저는 식탁 등이라 오늘 사지 못하면 월요일 아침 일찍 식사하는 남편이 불편할 것 같아서 말했습니다.

"여보, 오늘 못 사면 내일은 일요일이라서요. 보통은 9시에 가게 문 닫으니까 아직 문 열었을 거예요."

설마 했는데 문이 닫혀 있었습니다.

"아, 그거 봐 이 사람이! 문 닫았잖아. 내가 뭐라고 했어!!"

남편의 큰 소리에 제가 당황스러워하는데 뒷좌석에 앉아 있던 큰아들이 말하는 것이었습니다.

"아, 아빠, '이 사람이~' 하는 나쁜 말 썼어요. 나쁜 말 쓰면 안 되는데.

아빠, 잠깐만요. 그럼 이렇게 말하는 건 어때요?

'아~ 당신, 문 닫아서 속상하겠어요. 오늘은 문 닫았으니 내일 아침 다른 곳에 가 보면 어떨까요?'

이렇게 상대방의 마음을 먼저 말해 주고, 그런 다음 내 이야기를 하는 거요."

구세주를 만나면 이런 마음일까요. 금방 제 속이 뻥 뚫렸습니다.

"와아! 우리 영준이 캡이야 캡. 상대방 감정을 먼저 읽어 주고 내가 하고 싶은 말을 하는 대화의 가장 중요한 핵심을 알고 있네. 이 이야기를 이민정 선생님이 들으시면 너무나 기뻐하시겠네. 엄마의 이 기쁜 마음처럼."

남편은 더 이상 아무 말도 하지 않았습니다.

그리고 며칠 뒤의 일입니다. 온 가족이 장을 보러 가는 자동차 안에서 남편이 운전하며 말했습니다.

"여보, 카드 챙겼어?"

"네. 챙겼어요."

마트에 도착해서 물건 담는 카트를 빼며

"여보, 카드 챙겼지?"

또 식품관 지하 1층으로 내려가며

"여보, 카드 가지고 왔지?"

세 번째 똑같은 질문에 더 이상 참을 수가 없었습니다.

"자기야, 아니 도대체 몇 번을 말해!! 세 번 말했어요, 세 번, 내가 어련히 알아서 잘 챙길까. 이 사람이 왜 그래요!!??"

조금은 큰 소리로 말하자 작은아이 영민이가 저를 보며 말했습니다.

"엄마, 있잖아요. 근데 엄마가 그렇게 말하면 아빠 기분이 쪼끔 속상할 수도 있을 텐데. 그럼 이렇게 말하는 건 어때요?

'아 ~ 여보, 당신은 그렇다고요. 근데 저는요, 카드를 잘 챙겼거든요. 당신이 그렇게 말하면 내 기분이 쪼끔 속상해요.'라고요."

"와, 우리 영민이 이야기를 들으니까 엄마가 정말 많~이 부끄럽네. 엄마의 잘못된 점을 알려 줘서 고마워. 이렇게 엄마를 깨닫도록 도와주는 영준이, 영민이를 엄마는 존경해."

옆에서 남편도 흐뭇한 듯 씩 웃었습니다.

저는 4년을 배우고서야 알게 된 방법을 아이들은 이제 열 살, 여덟 살인데 잘 알고 있다니요. 정말로 교육이 대화를 통해서 이루어진다는 걸 체험하고 있습니다.

정신과 의사 스캇 펙은 말한다.

"확실히 사랑받을 수 있는 유일한 길은 사랑할 만한 가치가 있는 사람이 되는 것이다."

어쩌면 성숙의 속도는 부모보다 아이들이 더 빠른지도 모른다.

영민이 어머니는 여덟 살 아들이 사랑하고 존경하지 않을 수 없도록 행동하는 걸 보며 깨닫는다. 과연 그동안 내가 아이들에게 사랑받을 만한 말과 행동을 했는가, 사랑받을 만한 가치가 있는 사람이었는가.

여덟 살 아이를 사랑하고 존중하지 않을 수 없도록 만드는 것은 아이의 행동이다. 그렇게 짜증을 잘 내고 심술이 많고 거칠던 아이가 침착하게 생각하고 연구하며 행동하는 것을 보면 어찌 사랑하고 존중하지 않을 수 있겠는가. 그렇다면 부모인 나는 어떤 존재로 살았는가. 아이들은 부모가 먼저 짜증내고 거칠게 대하지 않으면 순한 양이 된다. 왜냐하면 부모의 짜증내는 모습을 본 적이 없기 때문에 짜증을 배울 수가 없기 때문이다.

영민이 어머니는 말했다.

선생님, 제가 배우고 실천하면서 강의 중에 들었던 말이 자꾸 떠오릅니다. 선생님은 강의 중에 말씀해 주셨죠.

닐 도날드 월쉬가 쓴 책 『신과 나눈 이야기 3』에 나오는 내용을요.

젊은 부모보다 아이 기를 채비가 덜 된 사람은 없다며 대부분의 부모들이 쥐꼬리만한 인생 체험밖에 없는 상태에서 아이를 키운다고요. 부모 자신조차 다 키워지지 않은 상태에서 어떻게 자식들을 가르칠 수 있겠느냐고요.

저는 제가 부모가 되기에 얼마나 부족한 사람인지 조금도 의심해 본 적이 없었습니다. 왜냐하면 저 배울 만큼 배웠다고 생각했거든요. 제 부모님에 비해서 얼마나 더 많이 배웠는데요. 그래서 부모 되는 일에 자신이 있다고 생각했습니다. 잘못된 자신이요. 그런데 엄마 되는 일은 학교 성적이나 졸업장 하고는 거리가 있더라고요. 정말로 쥐꼬리만한 인생 체험밖에 없는 제가 교만했다는 걸 깨닫게 되었습니다. 지금부터라도 배울 수 있음에 감사드립니다.

유치원에서 잘 싸우는 아이라고 걱정 듣던 두 아이는 지금은 부모의 크나큰 사랑을 받으며 올바르고 건강하게 성장하고 있다. 두 아이는 《아훈》연구소에 특별한 실천 사례를 많이 제공해 주는 대화의 요정이 되었다. 부모의 대화와 사랑의 표현이 아이들을 얼마나 변화시키는지 영민이네 사례를 보면서도 부끄러운 부모를 돌아보게 한다.

처음에는 제가 아이들을 올바르게 사랑하고 싶어서 배우기 시작했지만 점차 가족 전체에, 그리고 저와 만나는 이웃들과의 관계까지 점점 아름답게 변화되는 것을 경험하면서 저는 더 다양한 삶의 보석들을 더 많이 발견하게 되었습니다.

그리고 일상에서 일어나는 이런 작은 사건들 하나하나가 모여서 제 인생이 되는 걸 생각할 때, 저는 따뜻하고 아름답게 풀어낸 매일 매일의 작은 사건의 보석들로 제 삶을 채워 가고 싶습니다

2장

그리고 예전의 저처럼 마음속에 커다란 사랑을 품고 있으면서도 그 사랑을 나누는 올바른 방법을 모르는 분들에게, 그 사랑을 끌어내기에 힘들고 지친 누군가인 수강자들에게, 제가 배우고 깨달은 내용들을 나누는 일도 이제는 제 삶의 큰 기쁨이고 보람입니다.

제 안에 갇혀 있던 '사랑이라는 이름의 거인'이 밖으로 나오는 길을 찾는데 제가 받은 도움을 나누는 일이기 때문입니다. 생각해 보니 저는 강의를 통해 저의 삶을 '나눌 때' 오히려 가장 정확하게 배우고 깨닫는다는 생각이 듭니다.

가족 여행 떠나는 날

여름휴가를 앞두고 우리 수강생들은 지난 여름 휴가 때 있었던 일들을 떠올리며 할 말이 많았다. 수강생 한 분이 남편과 있었던 자신의 이야기를 들려주었다.

지난 여름 저희 가족이 속초로 여행을 떠나는 토요일 아침이었습니다. 오전 9시쯤 떠날 준비를 하는데 남편이 전화를 받더니 갑자기 회사에 일이 생겼다며 나가야 한다고 했습니다. 집을 나가는 남편이 늦어도 2시까지는 돌아온다고 했습니다. 이제나저제나 기다리는데 남편은 2시가 아니라 4시가 넘어서 돌아왔습니다. 2시까지 기다리는 것도 억울하고 짜증나는데 4시가 넘다니요. 예전의 저라면 그야말로 부글부글 끓는 속을 덮고 덮으면서 집에 들어오는 남편을 향해 조용히, 그러나 냉랭하게 말했을 것입니다.

'도대체 지금 몇 시죠? 지금 출발하면 도착해서 저녁 먹으면 오늘 하루 끝이겠네.'

남편은 입을 다문 채 한숨만 쉴 것이고 저는 찬바람을 일으키며 아이들에게 말했을 것입니다.

'(야!! 하려다 참고) 얘들아, 너희들, 얼른 나갈 준비해. 그리고 아빠보고 저기 현관 앞에 가방 2개 차에 실으라고 말씀드려.'

남편은 굳은 표정으로 가방을 들고 나갑니다. 이 모든 어두운 분위기는 분명 남편이 만든 결과입니다. 남편 때문에 행복한 시간을 망친 겁니다. 작년 여름까지만 해도 저는 이렇게 생각하며 살았습니다. 그러나 저는 배우면서 달라졌습니다.

저는 그때 생각했습니다. 이 상황을 어떻게 지혜롭게 풀 것인가.

첫 번째로, 상대방부터 헤아리자. 남편은 지금 어떤 심정일까, 온 가족이 설레는 마음을 안고 휴가지로 출발하려는 순간에 회사에 나오라고 연락 받는 것도 불편한데 또 회사에서도 생각보다 일이 늦어져서 얼마나 마음이 조급할까. 기다리는 가족들에게 미안하기도 하고 늦어지는 상황에 대해서 짜증도 날 것이다.

두 번째로, 아이들은 어떨까? 늦어지는 아빠를 기다리는데 엄마인 내가 아빠에게 화내고 불평하고 원망한다면 아이들 역시 가족을 위해 노력하는 아빠를 원망하게 되지 않을까.

세 번째로, 그렇다면 내가 정말로 원하는 것은 무엇일까. 아이들이 열심히 일하는 아빠에게 고마운 마음을 갖도록, 또 즐거운 마음으로 여행하려면 나는 어떻게 해야 할까. 또 나는 좋은 사람이 되고 싶다. 좋은 엄마, 좋은 아내가 되려면 남편이 왔을 때 어떻게 지혜롭게 맞이 해야 할

까. 남편을 이해하고 존중하며 위로가 되도록 뭐라고 말할 것인가. 저
는 준비하고 또 준비했습니다. 저는 남편이 오자 웃으며 뛰어나가 반갑
게 맞이하며 말했습니다.

"자기야~ (남편을 안고 토닥이며) 서둘러 오느라 고생했어요. 힘들었
죠. 얼른 가서 우리 조개구이 먹어요^^."
피곤한 듯 어두웠던 남편이 싱긋이 웃으며 말했습니다.
"일찍 오려고 했는데 일이 끝나야 말이지. 기다리느라 힘들었지, 빨
리 갑시다. 얘들아, 오늘 아빠가 맛있는 조개구이 사 줄게. 가자, 고
고씽!!"
아이들 셋이 펄쩍펄쩍 뛰며 좋아했습니다. 그렇게 우리는 행복한 여
행을 할 수 있었습니다.

행복은 너무나 가까이 있었습니다. 제 짧은 한 마디,
'자기야, 서둘러 오느라 고생했어요. 힘들었죠. 얼른 가서 조개구이
먹어요.'
이렇게 쉬운 말로 온 가족을 행복하게 하다니요. 제가 배우고 있지 않
았다면 절대로 할 수 없는, 쉽지만 어려운 말이었습니다.

여행에서 돌아온 다음 날, 냉장고 문에는 제가 예전에 붙여 놓은 아
내로서 남편에게 듣고 싶은 말:

《여보, 지혜롭고 아름다운 당신이 내게 보여 준 성실한 사랑으로 함께 하겠

소. 진심으로 당신을 사랑합니다.》

라는 글 옆에 남편은
"이 말은 내가 당신에게 듣고 싶은 말이야." 하면서 큰 글씨로 다음과
같은 글을 써 붙였습니다.

《다시 태어나도 나와 결혼해 주시오,》

결혼해서 가장 행복한 순간이었습니다.

잠깐!! 이날 남편의 입장을 생각해 본다.

온 가족이 특별한 여행을 떠나는 날 아침, 갑자기 회사에서 연락이
와서 나가야 하는 상황이 되었을 때 남편의 마음은 어떨까. 가족들 앞
에서 자존심이 상할 수도 있다. 오후 2시가 넘으면서 점점 불안하고 초
초해질 것이다. 회사에 대해 원망스럽기도 하고 자신의 처지를 한심스
럽게 느꼈을 수도 있다. 집에서 기다리는 아이들과 아내를 생각하면서
자신에게 짜증스럽고 미안하고 불안한 마음으로 집에 들어온다. 아내
가 큰 소리로 말한다.

"도대체 지금 몇 시죠? 지금 출발하면 도착해서 저녁 먹으면 오늘 하
루 끝이겠네."

또 다른 다정한 목소리가 있다.

"자기야~ (남편을 안고 토닥이며) 서둘러 오느라 고생했어요. 힘들었죠.
얼른 가서 우리 조개구이 먹어요^^."

두 대화의 차이는 무엇일까. 처음 대화는 아무 의식 없이 감정대로 할 수 있는 말이다. 두 번째 했던 말은 그의 말처럼

"저는 그때 생각했습니다. 이 상황을 어떻게 지혜롭게 풀 것인가."

하고 그는 배우고 있었기 때문에 연구하고 준비해서 말했다. 그 결과 남편이 웃으며 말했다.

"일찍 오려고 했는데 일이 끝나야 말이지. 기다리느라 힘들었지, 빨리 갑시다. 얘들아, 오늘 아빠가 맛있는 조개구이 사 줄게. 가자, 고고씽!!"

한 사람의 배움으로 온 가족이, 특히 아이들 셋이 함께 행복한 여행을 할 수 있었다. 아름다운 추억을 남길 수 있었다. 계속 배워야 하는 이유다.

부모가 계속 배워야 하는 일이 얼마나 중요한 일인지 한 수강자가 말했다.

"선생님, 정말로 중요하다고 생각합니다. 유치원에 다니는 제 아들은 조음장애(발음이 정확하지 않은)가 있어서 치료 중에 있습니다. 제가 《아훈》을 배우고 실천하면서 감사하고 기쁜 일이 있어 전해 드리고 싶습니다. 제가 늘 급한 마음에 쫓기다가 배우면서 조금은 천천히 가도 될 것 같아 지금 이 순간을 기쁘게 보내야지 결심을 하고 또 결심을 하면서 아이를 지켜보게 되었습니다. 저는 느긋한 마음으로 아이의 유치원 참여수업에 참가했습니다. 그런데 아들이 일어나서 자기소개를 하는 장면에서 눈물이 났습니다. 아이가 말했습니다.

"저는 엄마가 업어 주시면서 '재원이는 정말 소중해.'라고 말해 주실 때가 행복한 김재원입니다. 그래서 엄마가 할머니가 되면 엄마를 업어 드리면서 '저는 어머니가 정말 소중해요.'라고 말해 드리고 싶습니다."

어떻게 유치원 아이가 그런 생각을 하는지요. 그래서 제가 아이에게 어떻게 그런 생각을 하게 되었느냐고 물었더니 아이가 말하더라고요.

"엄마, 응 나는 가슴으로 생각하잖아요."

하는 겁니다. 저는 두 번 울었습니다. 기쁨의 눈물이요. 아들이 기특하고 고마웠습니다. 그날은 온 가족이 기쁜 날이었습니다. 제가 배우니까요."

계속 배우는 일이 얼마나 중요한지, 스페인의 철학자이며 시인인 솔로몬 이븐 가비롤도 말했다.

"배움은 절대 중단되어서는 안 된다. 인간은 지혜를 추구하는 동안만 현명한 사람이다. 자신이 지혜를 얻었다고 상상하는 순간 바보가 된다."

'다른 이'를 사랑하고 도우려면 배움을 이어가야 한다.

수강자의 행복한 사례를 듣는 수강자들은 각자 올해 맞이할 여름휴가를 상상했다. 그리고 그들 마음엔 어떤 어려움도 아름답게 보낼 웃음꽃으로 가득했다. 아름다운 수강생들을 보며 내 마음에도 자랑스러운 웃음꽃이 가득했다.

수강자의 발표가 끝나자 조용히 듣고 있던, 외손자와의 관계가 어려워 직장에 다니는 딸의 부탁으로 배우러 오셨다는 67세 할머니가 말했다.

"지금 배우고 있는 걸 나도 그때 배웠더라면 남편과 아이들을 조금은 더 행복하게 할 수 있었을 텐데요. 남편은 작년에 돌아가셨어요."

힘께 배우는 수강자가 말했다.

"지금 배우시는 것도 멋있어요. 할아버지에게 하실 일을 손주들에게 하시면 할아버지가 더 기뻐하실 거예요."

"맞아요. 맞아요."

수강생들은 우렁찬 박수로 할머니를 위로하며 응원했다. 나는 할머니와 함께 할머니를 위로하며 응원하는 수강생들을 응원했다.

오늘 감자탕 사 갈게

"가장 중요한 사람은 지금 내가 대하고 있는 사람이며 이 세상에서 가장 중요한 일은 내 곁에 있는 사람에게 선(善)을 행하는 일이다. 인간은 그것을 위해 세상에 온 것이다."

톨스토이가 한 말이다. 나는 올해도 톨스토이의 이 말을 실천하는 사람들을 만나는 일로 한 해를 보낼 수 있음에 감사드린다. 이 말을 실천한 사람들의 이야기를 소개한다.

선생님, 제가 배우면서 살지 않았다면 지금쯤 얼마나 후회하게 되었을까 생각합니다. 큰아이가 고3 때였습니다. 대학 입학 원서 접수로 대단히 예민해져 있을 때, 직장 회식에서 술에 잔뜩 취한 남편이 새벽 2시가 다 되어 집에 들어오면서 말했습니다.

"여보 나 술집에 휴대폰 놓고 온 거 같아. 어떡하지? 잃어버리면 큰일인데, 휴대폰 찾으러 나랑 같이 운전해서 가 줄 수 있어?"

'네? 뭐라고요? 당신 미쳤어요? 나는 지금 애 수시원서 쓰느라 피곤하고 힘든데 당신은 새벽에 ('술 잔뜩 퍼 마시고' 하려다가) 술 잔뜩 마시고 들어와서 지금 뭐? 어딜 가자고요? 다른 집 아빠들은 애들 교육과 진로에 그렇게 관심을 많이 갖고 신경 쓴다는데 당신은 뭐 하는 사람이에요? 그렇게 중요한 휴대폰을 흘리고 다니느냐고요. 그리고 당신 내 운전 실력 믿지 못하겠다면서요. 그것도 밤에 운전하라고요. 비도 억수로 쏟아지는데 몰라요, 당신이 알아서 해요!!'

그러면 아마 남편이 대답했을 것입니다.

'내가 놀다 왔냐? 말을 말아야지.'

이렇게 말하면서 결혼하자고 했던 남편을 원망하고, 그런다고 허락한 저 자신도 원망했을 것입니다. 비가 억수로 쏟아지는 밤에 술 취해 늦게 들어온 것도 못마땅한데 중요하다는 휴대폰까지 잃어버리다니. 또한 이 한밤중에요. 평소에는 내가 자동차를 운전하면 불안해서 못 타겠다는 당신이, 나도 아직은 운전하기가 불안한데. 밤인데, 비가 오는데, 내가 차를 몰고 나가야 하다니. 아마도 제가 배우지 않았다면 남편과 열심히 다투면서 서로에게 상처만 잔뜩 안기고 끝났을 것입니다. 그러나 저는 남편의 마음을 헤아리며 이렇게 말할 수 있었습니다.

"그래요. 지금 찾으러 가지 않으면 휴대폰 걱정으로 잠을 못 잘 것 같죠."

"응. 미안하지만 운전해서 같이 가 줄래?"

"(뭐? 가 줄래? 운전해서요? 하려다가) 네. 알았어요."

저는 비가 쏟아지는 밤길을 운전했습니다. 남편이 가자는 대로 술집 1차, 2차, 3차, 음식점 1차, 2차, 3차의 집을 찾아 나섰습니다. 아직도 술이 덜 깬 남편은 어떤 집 앞에서는 '어! 아닌데, 아니, 여기 아닌 것 같아, 저긴가, 아니, 아니야.' 횡설수설했습니다. 남편의 말을 따라 새벽 3시가 넘어서 찾은 집은 이미 문이 닫혀 있거나, 겨우 찾은 집엔 없다고 하고, 또 헤매다 찾은 집은 문이 닫혀 있어서 결국 휴대폰을 찾지 못하고 그냥 돌아왔습니다. 저는 화내지 않으려 애썼습니다.

다음 날 아침, 출근한 남편의 전화를 받았습니다.

"여보, 휴대폰 찾았어. 어제 놓고 온 집에서 연락이 와서 찾았어. 어제 고마웠어. 다음부턴 조심할게. 요즘 당신 피곤한데 당신 좋아하는 감자탕 사 갈게."

남편 목소리엔 꿀이 뚝뚝 떨어지고 있었습니다. 그런데 왜 제 눈에서는 계속 눈물이 흘렀는지요. 그 눈물은 행복이 만든 마술인 것 같았습니다. 어느 날인가 남편이 말했습니다.

"여보, 사람들이 다 잘 사는 것 같은데 가족들과는 어려움이 많은가 봐."

그리고 얼마 뒤 부부의 날에 남편의 문자를 받았습니다.

《오늘이 부부의 날이네. 둘이 만나 하나, 또 둘이 만나 둘, 셋 되는 거 아닌가? 애들 잘 크고 행복한 가정을 이룬 건 모두 당신 덕입니다. 고마워요 ♡♡♡.》

제가 배우면서 제 사랑을 화로 표현하지 않으려는 목표를 실천하려고, 끊임없는 자신과의 투쟁의 결과라고 생각합니다. 선생님, 고맙습니다.

이렇게 열심히 실천하는 수강자를 어찌 사랑하고 자랑하지 않을 수 있을까. 나의 강의는 아름다운 수강자들을 자랑하는 시간이다. 다음 메일도 내가 자랑하는 글이다.

"선생님, 제가 배웠기 때문에 남편과의 문제가 이젠 두렵지 않게 되었습니다. 전에는 싸우고 싶지 않아서 피하고, 그러다 더 크게 다투고, 악순환이라, 이러다 헤어지겠구나 싶었는데 제가 배우고 나서 하루도 안 빠지고 생기는 문제를 바로 해결은 안 되지만 마무리는 늘 아름답게 할 수 있게 되었습니다. 정말 감사합니다. 행복하고 아름답게 살 수 있으려면 어떻게 살아야 하는지 생각하도록 배움을 주셔서 정말 감사합니다."

또 다른 수강생도 말한다.

"선생님, 남편과 술 얘기는 끊임없이 이어질 것 같습니다. 저의 집에서도 남편의 술 문제로 사건이 있었습니다."

그는 말했다.

평소 술을 좋아하지 않는 남편이 친구와 술을 마시고 있다는 연락이 왔습니다. 서울에 사는 친구가 바람도 쐬고 싶어 월차를 내고 대전까지 제 남편을 만나러 왔다는 것입니다. 그날 밤 남편은 들어오지 않았고 다음 날 새벽 6시에 깨어 보니 남편한테서 문자가 와 있었습니다.

《 여보 미안, 술이 안 깨네. 운전을 못 해서 집에 못 들어가고 있어.》

그러잖아도 코로나로 걱정이 되던 저는 바로 남편에게 전화했습니다.

"뭐야 ~~ 적당히 마시지 그랬어. 회사도 가야 하잖아."

"아 ~~ 또 왜 그래. 지점장에게 전화해서 반차 낸다고 했어."

"내일을 생각하고 술을 마셔야지. 으이그. 당신 뭐야, 요즘 코로나로 사회적 거리 두기 하는데, 다들 조심하는 거 몰라."

"아 ~ ~ 나도 미치겠다."

"당신도 친구도 똑같아. 친구는 휴가 내고 왔지만, 당신은 출근해야 하는데 그런 당신 붙잡고 술을 그렇게 마시고 싶을까."

"… …."

저는 대답 없는 남편을 향해서 전화에 대고 계속 쏘아붙였습니다.

"당신은 왜 이렇게 늘 책임감이 없어. 술을 적당히 마셨어야지. 당신 또 한 번 외박하면 쫓겨날 줄 알아. 그 친구는 지금 시국에 코로나로 다들 조심하는데 서울에서 대전까지 원정 와서 남의 집 가정 문제 일으키려는 거야, 뭐야 …."

전화를 끊자 하고 싶은 말을 다 쏟아 내서인지 조금 정신이 들었습니다.

'이게 뭐야? 배우고 있다는 내가. 달라진 게 없잖아. 말을 시작하면 하

고 싶은 말 다 쏟아 내는 내 말버릇, 그래서 남편은 말없이 잠자는 내가 가장 여성스럽다고 하는데.'

저는 생각하고 또 생각해서 마음을 정리했습니다. '남편이 들어오면 배운 대로 해야지.' 하고요.

저는 회사에 출근하기 위해 옷 갈아입으러 왔다는 남편에게 다정스럽게 말했습니다.

"여보, 피곤하죠. 잠도 제대로 못 잤을 텐데. 콩나물국 끓일까요."

남편은 예기치 못한 듯, 제 다정함에 어리둥절해하며 말했습니다.

"어? 어, 나 옷 갈아입고 잠깐 쉬었다 회사 나가야 해."

저는 조용히 남편을 살폈고 남편이 편히 쉴 수 있도록 도왔습니다. 그날 저녁 퇴근한 남편이 말했습니다.

"낮에는 많이 놀랐어. 남의 집에 온 줄 알았지. 그런데 말이야, 당신이 그렇게 하니까 정말 좋았어."

남편의 말을 듣자 가슴이 뭉클했습니다. 저는 앞으로 달라지겠다고 약속하면서 남편에게 그 상황을 다시 한 번 재연해 보자고 제안했습니다. 사실 재연하자는 제 제안은 《아훈》훈련을 받고 있는 저에게는 어려운 일이 아니었지만 남편은 쉽게 동의할 수 없는 일이었습니다. 그러나 '앞으로 달라지겠다.' 또는 '잘 하겠다.'고 하는 것은 결심일 뿐 실제 상황에서 어떻게 적용하는지 구체적으로 모르면 현실적으로 실천하기가 어렵기 때문입니다. 물론 상황을 재연해 보면 남편도 더 구체적으로 상황을 이해하는 데 도움이 클 것 같았습니다. 잠깐 머뭇거리던 남편이 고맙게도 제 제안에 찬성해 주었습니다. 우리는 남편이 보낸 문자를 본 후 제가 전화하는 장면부터 시작했습니다.

남편: 여보, 미안, 술이 안 깨네. 운전을 못해서 집에 못 들어가고 있어.

나 : 여보, 당신 그렇게 술을 많이 마시지 않는데 오랜만에 친구를 만나서 많이 반가웠나 봐요.

남편: 응. 10년 만에 만났잖아. 옛날 생각도 나고 어찌나 반가운지. 술이 막 들어가더라고.

나 : 그랬군요. 그런데 당신이 즐거운 시간 보내는 동안 저는 새벽에 일어나서 당신이 없어서 얼마나 놀랐는지 몰라요. 코로나도 있는데 여러 가지로 걱정이 되고 해서 말이에요.

남편 : 아 ~ ~ 걱정시켜서 미안. 그리고 화 안 내서 너무 좋아. 화낼 거라 예상했는데 당신이 배우니까 참 좋다.

나 : 여보, 우리 이렇게 대화하니 참 훈훈해요. 그동안 당신 마음 몰라주고 막말해서 미안해요. 앞으로 지금처럼 대화하려고 노력할게요.

남편: 여보, 당신을 응원합니다. 고마워요. 그리고 사랑해.

무심한 척 엄마 아빠 옆을 서성이던 초등학교 5학년 큰아들이 말했습니다.

"엄마, 아빠가 그렇게 말하니까 참 좋네요. 엄마 계속 배우셔야겠어
요."

어색한 듯 망설였던 남편도 재연하면서 그때로 돌아간 듯 편안하게
대화가 이어졌습니다. 큰아들도 오랜만에 아빠 엄마가 나누는 편안한
대화를 들으며 앞으로도 계속되기를 바라는 마음을 전한 것 같습니다.
아들의 말을 들으며 제가 세 아이의 엄마라는 현실에 눈을 크게 뜨게
되었습니다. 아이들이 다 지켜보고 있다는 것을요. 제가 어렸을 때 부
모님이 다투시면, 불안해서 조마조마했던 어린 제 모습도 보였습니다.
우리 아이들도 그랬을 거라는 것을요. 그렇게 사건을 잘 풀고 나서 얻
어지는 만족감과 남편에 대한 고마움은 그 어디에서도 느낄 수 없는 기
쁨이었습니다. 아들 말처럼 계속해서 배울 겁니다.

스테판 아인혼은 그의 책『친절』에서 말한다.
"우리의 뇌는 다른 사람을 위해 좋은 일을 했을 때 만족감을 느끼도
록 프로그램화되어 있다."
창조주가 우리 인간을 그렇게 만들었나 보다. '다른 이'를 위해 좋은
일을 했을 때 손해 보지 않게 인간을 만들었나 보다. 그래서 '왜 저만
해야 해요.' 하며 억울해할 이유가 없나 보다. 상대방을 위해 좋은 일을
했던 모든 수강자들은 한결같이 말한다. 상대방이 좋아하는 걸 보면 세
상 어디에서도 얻을 수 있는 만족감을 느낀다고. 좋은 씨를 심으면 좋
은 열매를 맺게 되는 원리인가 보다.

나는 올해도 이렇게 실천하는 아름다운 수강자들을 만날 수 있는 행운에 감사드린다. 또 내년에도 이러한 만남을 어떻게 가치 있게 만들 것인지 꾸준히 연구하고 준비할 것이다.

분명 우리 부부 싸웠을 텐데

수의사가 되고 싶었다는 수강생이 애완견을 사이에 두고 남편과 겪었던 사건을 소개했다.

이런 경우 틀림없이 우리 부부는 다투고 싸웠을 겁니다. 개가 잘 다니는 곳에 남편이 개에게 위험한 봉지커피를 놓아두어서 개가 그걸 먹었으니까요. 분명 남편의 잘못이고 또 병원비도 10만 원 정도 들었으니까요.

남편과 사귈 때는 결혼하면 제가 하고 싶은 걸 다 해 줄 것 같던 오빠였습니다. 그런데 결혼하고 제가 좋아하는 개나 고양이를 키우자고 했지만 찬성하지 않았습니다. 깔끔한 남편은 동물의 털이며 예방접종이며 예삿일이 아니라면서요. 그러다가 하나뿐인 외동딸이 저를 닮았는지 언제부턴가 개를 키우자고 졸랐지만 적당히 넘어갔는데, 마침 기회가 왔습니다.

저의 집 사정을 잘 아는 분이 8년 키운 개를 한 달만 키워 보고 키울 것인지 아닌지 결정하자고 했습니다. 딸을 아끼는 남편이 어렵게 동의해서 개를 키운 지 1년 7개월이 되었습니다. 동물이 좋아 수의사가 되고 싶었던 저도 몇 번씩 개가 이불 위에 대소변 실수를 하는 바람에 이불을 빨면서 살짝살짝 후회하기도 했습니다. 초콜릿은 개에게는 심장과 신경계에 중독을 일으켜 위험하다고 하는데, 초콜릿도 두 번이나 먹어서 그때마다 병원비도 한 번에 10만 원 정도씩 들었습니다.

언젠가는 남편이 복용하는 탈모치료약을 먹어서 응급실로 뛰어갔고, 입원까지 해서 병원비도 20만 원 정도 들었습니다. 그럴 때마다 조마조마했지만 지금은 남편이 개를 더 좋아하는 것 같습니다. 아마도 제가 배우지 않았다면 그런 사건들이 있을 때마다 다투지 않고 지나갈 수 없었을 것입니다. 어쩌면 지금 우리가 키우고 있는 토리와도 벌써 이별했을지도 모릅니다. 이런 위험한 실수들은 한 번 경험하면 다음엔 조심해서 절대로 없을 것 같지만 또 일어나고 또 일어납니다.

오늘 아침 일도 그렇습니다. 제가 강의를 듣기 위해 전철을 타고 연구소로 가는데 몇 분 간격으로 문자가 왔습니다.

《자기야, 미안한데 토리 병원 가는 중. 봉지커피 먹었음.》
《우선 병원 가 볼게.》
《병원 왔으니까 걱정 마요.》

남편이 보내 준 사진에는 개가 사용하는 담요 위에 봉지커피가 형체도 못 알아 볼 정도로 뜯겨 널려 있었습니다. 커피의 카페인이 개에게 엄청 위험해서 남편이 급하게 병원으로 데려가는 상황이라는 것입니다. 연구소에 도착한 저는 토리가 궁금해서 전화했습니다.

"토리 어때요?"

"괜찮아, 미안해. 내가 조심해야 했는데."

"제가 미안해요. 아침에 치워야지 하고 깜빡했어요."

"아니야, 내가 치웠어야 했는데 미안해."

짧은 통화를 마치고 문득 이전의 상황들이 떠올랐습니다. '예전에는 어떻게 했지?' 전에는 '모든 일이 다 당신 탓이야.' 하며 행복할 수 있는 순간들을 원망과 분노로 얼마나 많이 망가뜨렸는지요. 제 잘못은 그럴 수 있고 남편의 실수로만 사건 전체를 덮어 버렸는지요. 그러나 지금은 사건이 있을 때 제가 먼저 '제 탓이에요.' 하면 남편도 '아니야, 내 탓이야.'로 바뀌더라고요. 위에서의 대화처럼요. 그러면서 따뜻하고 고맙고 흐뭇하게 사건을 풀어 갈 수 있게 되었습니다. 서로에게 아름다운 인생이 되어 줄 수 있고, 아름다운 추억으로 만들 수 있고, 또 남의 편 같던 남편이 제 편으로 돌아와서 동반자가 되었습니다. 이런 경우 제가 배우기 전이었다면, 다음과 같이 말했을 것이고, 그랬다면 그 뒤의 대화도 그렇게 진행되었을 것입니다.

《자기야, 미안한데, 토리 병원 가는 중. 봉지커피 먹었음.》

"그러니까 그걸 책상 위에다 두면 어떡해요. 진작 치웠으면 이런 일이 왜 생기냐고요. 깜빡할 게 따로 있지. 개한테 커피의 카페인이 얼마나 위험한지 뻔히 알면서."

"내가 일부러 그랬어. 왜 말을 그렇게 해."

"그러니까 그렇게 말하지 않게 행동하라고. 당신 실수로 토리가 고생하잖아요. 얼마나 힘들겠어요. 일부러 안 했음 잘못이 없어요? 그리고 돈도 많이 들어가고."

"아, 그래 내가 잘못했네. 잘못했어. 개는 왜 키운다고 고집부려서. 개 주인 갖다 줘!!"

같은 상황에서 분명 우리 부부는 다투고 싸웠을 텐데요. 어쩜 이런 다툼들을 다 모아 뒀다가 이혼 사유 첫 번째로 올려놓았을지도 모릅니다. 배울 수 있음에 온 마음으로 고마움을 느끼는 사건이었습니다.

애완견을 키우는 목표는 무엇인가. 우리 가정에 더 도움이 되고 기쁨이 되기 위해서일 것이다. 그러나 그 일이 부부 관계나 또는 자녀와의 관계에서 서로에게 불만을 키우는 계기를 만들 때가 있다. 한 번 두 번 쌓이면 서로의 마음에 부정적인 기억으로 입력된다. 우리는 배우면서 자주 반복하는 말이 있다.

'지금 알고 있는 걸 그때도 알았더라면.'

그렇다면 지금 알고 있는 것은 무엇일까. 지금 알고 있어야 그때와 같은 상황을 만날 때 그때처럼 행동하지 않을 수 있고, 또 후회하지 않을 수 있다.

위의 애완견 사건에서 남편의 말에 아내가 하는 말이 얼마나 다른지 다시 생각해본다.

누군가 먼저 '내 탓이오.' 하면 상대방도 '내 탓이오.' 할 수 있다.

"자기야, 미안한데, 토리 병원 가는 중. 봉지커피 먹었음."

"그러니까 그걸 책상 위에다 두면 어떡해요. 진작 치웠으면 이런 일이 왜 생기냐고요. 깜빡할 게 따로 있지. 개한테 커피의 카페인이 얼마나 위험한지 뻔히 알면서."

그러나 아내가 다음과 같이 말하면 남편도 아내처럼 말하게 된다.

"제가 미안해요. 아침에 치워야지 하고 깜빡했어요."

"아니야. 내가 치웠어야 했는데. 미안해."

그리고 아내는

"제가 이렇게 대화했더니 따뜻하고 고맙고 흐뭇하게 사건을 풀면서 서로에게 아름다운 인생이 되어 줄 수 있고, 아름다운 추억으로 만들 수 있었습니다." 하는 말을 할 수 있었다.

더하여 문제의 원인을 자신에게서 찾는 대화는 삶의 주인공이 될 수 있다. 내 삶이 상대방에 의해서 결정되는 것이 아니라 자기 자신의 선택에 의해서 삶이 결정된다. 내 행복이 상대방에 의해서가 아니라 나의 선택에 의해서 행복한 삶이 되는지, 아닌지 결정되는 것이다. 내 삶의 주인공이 내가 되는 것이다.

이렇게 삶을 아름답게 가꾸어 가는 수강생 가족을 어찌 존경하고 사랑하지 않을 수 있을까. 이런 대화를 나누는 부모님을 만난 자녀들이 어찌 부모님을 존경하고 사랑하지 않을 수 있을까.

《아훈》에서 부부들의 이야기는 계속 된다. 다른 수강자도 남편과 있었던 사례를 말해 주었다.

저희 부부도 배우지 않았다면 분명 옛날처럼 지금도 다투고 있을 것입니다. 저도 결혼해서 남편과 함께 직장에 다닐 때 정말 많이 다투고 싸웠습니다. 저는 아침 7시에 출근하고, 일찍 퇴근한다고 해도 집에 오면 저녁 8시쯤 됩니다. 저녁을 먹으면 9시가 되죠. 그리고 집안일 좀 하면 10시. 저는 10시가 되어서야 겨우 좀 쉴 수 있습니다. 저는 저녁을 먹고 9시쯤 설거지를 하면서 집안일을 빨리 끝내려고 합니다. 그래야 쉴 수 있으니까요. 그런데 남편은 거실에서 텔레비전을 보면서 설거지하는 제게 말합니다.

"자기야, 이따가 설거지하면 안 돼?"

그러잖아도 똑같이 직장 다니면서 나만 일하고 남편은 편안하게 텔레비전 보는 게 억울한데 남편 말을 들으면 '이따 언제요? 밤 11시요? 12시요? 그럼 난, 난 쉬지 말라고?' 하고 싶지만 참으면서 우아한 척 말합니다.

"청소도 해야 하는데 지금 설거지 안 하면 언제 다 해요."

"청소를 왜 맨날 하려고 그래."

"청소를 맨날 안 하고 뒀다가 한꺼번에 하면 치울 때 너무 힘들다고요."

"자기가 일을 하고 있으니까 나도 맘이 불편해서 쉴 수가 없잖아."

"그럼 빨리 같이하고 같이 쉬면 되잖아요!"

" …… . "

이렇게 대화가 끝나면 결국 일은 저 혼자서 다 하고 남편은 불편하게 텔레비전을 봅니다. 그리고 2~3일 동안 서로 마음이 상해 있고 누군가 먼저 사과를 해도 섭섭한 마음이 깨끗이 가시지 않습니다. 이런 일이 반복되자 서로 화내는 일은 줄었지만 대화 역시 점점 줄어들었습니다. 그러니까 속으로만 불만을 잔뜩 안고 산 거죠. 그러다 보니 의견을 맞춰야 하는 중요한 일도 대화로 나누기보다는 카톡으로 하는 거예요.

저는 이렇게 도와주지 않는 답답한 남편이랑 살다니 '내 인생이 참 한심하구나.' 심지어는 '정말 못 살겠다. 이렇게 싸우면서 평생을 어떻게 살지? 그냥 안 보면 싸우진 않겠지? 남편이 너무 좋아서 결혼했는데 이렇게 불행하다니, 어디서부터 잘못된 것일까.' 저는 날마다 생각했습니다. 그러다가 지금 열한 살이 된 아들이 다섯 살 때 아이의 유치원 부모 교육에서 《아훈》을 알게 되었고 계속해서 배우게 되었고 지금은 강의도 하고 있습니다. 강사가 되기까지 훈련하면서 알게 되었습니다. 제 생각만 했다는 것을요. 남편을 이해하려 하지 않았다는 것을요. 제가 마음으로 남편을 사랑하지 않았다는 것을요.

부모님이 하는 모습을 보며 배운 만큼, 딱 그만큼 아내 역할을 하고 있음을 알게 되었습니다. 아내 역할을 어떻게 하는지 알고 있는 것은 부모님과, 책과, 드라마에서 배운 것이 전부였습니다. 그러다가 엄마가 되어서는 내가 남편과 싸우고 다투면 아이가 정서적으로 불안할까 봐, 그래서 아이에게 문제가 생길까 봐 조심하며 꾹꾹 눌러 참았던, 겉으로의 사랑이었습니다. 마음에서 우러나온 진정한 사랑이 아니었고, 속은 텅 비어 있는데 겉으로 포장해서 살았음을 알게 되었습니다. 제가 배우면서 무엇이 문제인지 이해하면서 제 감정을 정리할 수 있게 되자, 상대방의 입장도 생각할 수 있는 여유가 생겼습니다. 혼란스러운 제 감정이 섞인 상태가 아니라, 제 감정과 분리된 깨끗한 상태에서 배운 내용을 생각하며 남편을 이해하는 것부터 시작할 수 있었습니다.

남편은 당신이 텔레비전 보면서 쉬고 있는데 내가 일하는 걸 불편해하고 있구나. 남편의 이런 마음을 내가 이해하고 받아들이지 못하고 있었구나. 남편은 퇴근해서 저녁을 먹고 편히 쉬고 싶어 하는구나. 당신이 쉴 때 나도 당신처럼 쉬기를 원하는구나. 남편이 이기적이고 게으른 사람이 아니라 나를 사랑하는 사람이구나. 이렇게 남편의 마음을 받아들이면서 나도

'남편이 원하는 대로 함께 쉬고, 그다음에 할 일을 하자. 내가 하고 싶은 대로 하는 게 아니라 내가 먼저 남편이 하고 싶은 대로 하자.'

그렇게 결심을 하고 나니 마음이 편안해졌습니다.

남편을 이해하면서 사사건건 트집 잡고 싶었던 남편의 말이 얄밉거나 가시 돋친 말로 들리지 않았습니다. 남편을 진심으로 이해하는 말을 하고, 또 제 얘기도 할 수 있게 되었습니다.

며칠 전, 예전과 비슷한 상황에서 남편과 나눈 대화입니다. 제가 강의 준비하느라 시간을 많이 써야 하는 날 저녁, 남편은 여전히 저녁을 먹

고 나서 텔레비전을 보고, 저는 설거지하고 있었습니다.

"여보, 이따가 설거지하면 안 돼?"

"설거지 이따 하라고요."

"응, 이따 같이 하자고. 지금 이거 같이 보고."

"여보, 재미있는 프로그램 저랑 같이 보고 싶다고요. 고마워요. 그런데 제가 강의 준비할 게 있어서 재미있는 걸 재밌게 볼 여유가 없네요."

"알았어. 그럼 내가 이것만 보고 설거지 내가 할게. 당신은 강의 준비해."

"여보, 고마워요. 제가 마음 푹 놓고 준비할 수 있겠네요."

"설거지 이따 하라고요." 또는 "네. 이따 할게요." 이렇게 쉬운 말인데 왜 생각이 안 날까요? 배우지 않았다면 분명 오늘도 남편을 이해하지 못하고 싸웠을 것입니다. 배울 수 있어서 이렇게 평화롭고 행복할 수 있다니요. 예전엔 몰랐습니다. 정말 몰랐습니다. 감사합니다.

《아훈》 수강생들은 상대방을 이해하는 일이 얼마나 많은 훈련과 준비가 필요한지 자신들의 경험을 통해 얻게 된 지혜를 들려주었다.

사실 '감사하다.'는 말은 《아훈》 프로그램에 대해서 하는 말이기도 하지만, 자신에게 하는 말이기도 하다. 상대방을 이해하려면 나 자신부터 이해해야 한다. 나 자신을 이해하려면 그 방법을 알아야 하고 알고 있는 것을 실천하려는 의지가 있어야 한다. 즉 깨어 있어야 한다.

두 상황을 다시 정리해 본다.

내가 먼저 봉지커피를 치웠으면 토리가 봉지커피를 뜯고 위험한 일을 하지 않았을 텐데 하는 생각을 하자 아내는 남편에게 미안했다. 또, 남편이 게으르고 이기적인 사람이 아니라 자신이 쉴 때, 아내인 나도 함께 쉬기를 원하는 남편으로 이해되자 그는 화나던 감정이 사라지고 고마운 마음이 들면서 진심으로 남편을 사랑하게 되는 것이다. 다른 사람을 이해한다는 것은 얼마나 깊은 통찰이 필요한지.

《아훈》프로그램은 통찰력을 훈련하는 프로그램이다.

결혼 40주년 기념일에

매주 거제에서 서울까지 올라오는 수강자가 있는데 교통비가 수강료보다 훨씬 더 많이 든다. 다음은 강의에 거의 빠지지 않고 참가하는 그 수강자의 이야기다.

선생님, 제가 스물다섯에 결혼해서 올해가 40주년 되는 해입니다. 저보다 한 살 많은 가부장적인 남편과는 늘 '이혼'을 생각하며 40년을 살았습니다. 성당에서 혼배성사로 맺어진 결혼을 제 마음대로 끝내는 것은 쉬운 일이 아니었습니다. 남편의 불같은 성질에 어쩌다 제 목소리를 내면 집안에 폭풍우가 몰아쳐서 참을 수밖에 없었습니다. 그러면서 아들 둘을 낳게 되고 상담심리 공부를 하면서 버텨 왔습니다.

그러던 중 제가 《아훈》 프로그램에 참가하게 되었고, 처음으로 제 목소리를 내게 되었습니다. 제 목소리를 내면서 문제가 제게도 있음을 알게 되었습니다. 그리고 이번 40주년 기념일엔 혼배성사를 했던 성당에서 주님과 성모님께 감사기도 드리고 가족들과 저녁을 먹고 케이크도 자르면서 앞으로 잘 살자는 다짐을 하며 보내고 싶었습니다. 그런데 기념일을 며칠 앞두고 남편이 불쑥 한 마디 했습니다.

"이번 기념일엔 당신이 밥 사라!!"

순간 '헐?! 40년 살아 줬더니 밥 사라고? 고작 그런 말밖에 ….' 하는 생각이 스쳤지만 배운 대로 잠깐 멈추고 생각했습니다. '그렇지. 우리 식구가 다 함께 식사할 건데.' 저는 마음을 정리하고 대답했습니다.

"그러죠."

그리고 다음 날, 남편은 가까운 몇 분과 나누는 카톡방에 '우리 저녁 식사 같이 합시다.'라는 글을 올렸습니다. 저녁 식사 같이하자는 날은 우리의 결혼기념일이었습니다. 그 글을 보자마자 저는 남편을 이해하려 애쓰던 마음이 한꺼번에 사라지면서 울분에 찬 목소리가 남편을 향해 터졌습니다.

"당신은 어떻게 결혼기념일에 나하고 한 마디 의논도 없이 그렇게 약속하면 어떡해요!!!"

남편은 제 큰 목소리에 놀란 듯 더 크게 말했습니다.

"사람들하고 밥 먹자고 했는데 뭐가 문젠데?"

"아니, 성당 가서 미사 하고 우리 식구끼리 밥을 먹어야지!!"

"나는 내 알아서 할 거니까 당신은 당신이 알아서 해라."

"허구한 날 자기 멋대로만 한다고!!!"

"(텔레비전 리모컨을 높이 들어 던지려고 바닥을 향하다가 소파에 툭 던지듯 놓으면서) 에이씨!! 째 버리면 돼."

약속을 째(깨)면 된다며 저를 노려보던 남편이 현관문을 쾅 닫고 나
가 버렸습니다.

결혼 40주년. 행복하던 제 계획은 산산조각 그야말로 찢어져 버렸
습니다.

'역시 꿈을 꾸는 게 아닌데. 하루 이틀 산 것도 아닌데. 옛날엔 이렇게
다투다가 폭력으로 이어져서 병원에 실려 간 적도 있는데. 아이들이 조
금만 더 크면, 조금만 더 크면 하며 참았는데. 그래. 사람은 그렇게 쉽
게 변하는 게 아니야.'

저는 혼자서, 속으로 중얼거렸습니다.

그런데 저는 배우고 있었기 때문에 다시 생각했습니다. 사건을 분류
해 보았습니다.

'이렇게 된 이유가 뭘까? 내가 어떻게 했다면 이런 일을 예방할 수 있
었을까? 남편은 어떤 마음에서 친한 이웃들과 결혼기념일에 저녁을 먹
자고 했을까? 그렇지. 내가 미리 남편에게 결혼기념일에 가족과 함께
저녁을 먹고 싶다는 계획을 알렸다면 카톡에 결혼기념일에 저녁 먹자
고 했을까? 어쩌면 내 계획을 모르고 있는 남편이 둘이서만 밋밋하게
보내는 것보다 친지들과 함께 보내면서 많이 친해진 우리의 모습을 자
랑하고 싶은 건 아니었을까. 우리는 황혼이혼 안 한다고, 졸혼 하지 않
을 거라고 알리고 싶은 건 아니었을까. 사실 결혼생활은 나만 힘들었을

200

까. 내가 소리 지르고 아이들을 데리고 집을 나갔을 때 남편은 편한 마음으로 잠을 잤을까.'

생각해 보니 조금씩 남편이 이해되고 또 미안한 마음도 들었습니다. 특히 텔레비전 리모컨을 바닥에 내팽개치지 않고, 또 나에게 던지지 않고 잠깐, 아주 잠깐이지만 쉬었다가 소파에 툭 던지듯 내려놓지 않았는가. 남편도 조금은 자신의 감정을 절제하려고 애쓰는데. 이렇게 생각하자 저는 훨씬 편안한 마음으로 남편이 만나자는 카톡방에 글을 남길 수 있었습니다.

《우리, 오랜만에 만날 날을 기쁜 마음으로 기다립니다.》

그리고 며칠 뒤, 우리의 결혼기념일에 지인들과 식사하면서, 남편은 호의적인 제 마음을 알았는지 제 귀 가까이, 아주 가까이에서 속삭였습니다.

"미안해. 내일 성당에서 미사 드리고 우리 식구끼리 식사하자."

저도 남편 귀에 대고 속삭였습니다.

"고마워요."

식사가 끝나자 남편이 얼른 계산했습니다. 제가 바뀌지 않고 남편이 바뀌기만 바라면서 변화하지 않는 남편만 원망했더라면 어떻게 되었을까. 지금까지 살아온 40년처럼 살아온 날을 후회하고, 또 살아갈 날들을 괴로워했을 텐데. 생각을 바꾸고 행동을 바꾸자 세상이 달라졌습니다. 갑자기 제가 이렇게 기뻐하는 모습을 보시는 하느님도 기뻐하실 것 같았습니다.

그리고 이틀 후 성목요일에 제자들의 발을 씻겨 주신 예수님께서 그러셨다며 남편이 제 발을 정성껏 씻겨 주었습니다. 결혼해서 40년 만에 처음으로요. 행복했던 결혼 40주년 기념일에 저는 남편에게 말했습니다.

"여보, 결혼해서 40년 살아오면서 가장 행복한 날이에요. 남은 날들 잘 지내도록 제가 노력할게요. 고마워요."

하고요. 선생님. 그래서 배워야 하나 봅니다. 고맙습니다.

그는 눈물을 닦고 활짝 웃으며 마지막으로 한 마디 더 했다.

"선생님, 요즘 남편이 웃으면서 말해요. '당신 내일 공부하러 서울 가는 날이지?' 하고요."

눈물을 글썽이는 그를 보며 나도 말했다.

"실천해 주셔서 고맙습니다. 예수님은 저보다 몇 배 더 기뻐하실 것 같습니다."

훈육과 학대

우리의 삶은 그런가 보다. 하나의 사건이 잘 풀리고 나면 계속 행복한 날들만 이어질 것 같은데 아닌가 보다. 아침을 먹고 나면 하루 종일 배가 부를 것 같은데 또다시 배고픈 점심시간이 오듯 사건은 편안하게, 불안하게, 아슬아슬하게 끊임없이 이어지나 보다. 교육에 참가한 수강생들은 서로 자신에게 계속 이어지는 사건을 어떻게 해결했는지 소개한다.

일흔을 바라보는 저도 안방에서 의료기를 사용하려고 의료기의 여러 부분을 몸의 여기저기에 착용했습니다. 그런데 갑자기 휴대폰을 사용할 일이 생각났습니다. 얼른 휴대폰을 찾다가 화장실에 놓고 온 생각이 나서 거실에서 텔레비전을 보고 있는 남편에게 말했습니다.

"여보, 화장실에 있는 전화기 좀 갖다 줘요."

남편은 말없이 휴대폰을 가져와 툭 던지듯 방석 위에 떨어뜨리며 말했습니다.

"안 챙겨 다니려면 깨부숴 버려라."

'어? 뭐라고요? 그래. 그 말버릇 어디 가나, 갖다 주기 싫으면 안 갖다 주면 되지.' 하고 싶었지만 입안으로 삼켰습니다. 말은 삼켰지만 순간 그 휴대폰을 남편 말대로 부숴버리고 싶었습니다. 그러나 그 말을 삼키지 않았다면 벌어질 일들이 떠오릅니다.

"어이그, 그 말버릇, 갖다 주기 싫으면 안 갖다 주면 되지."

"그러니까 똑바로 챙기라고."

"똑바로 챙기지 못한 게 뭐냐고, 당신이나 똑바로 챙겨."

"내가 뭘 잘못했는데."

'잘못한 게 없다고!! 그래서 당신이 지난번 그 돈 날렸냐고.'

이렇게 이어지면 자칫 물건들이 날라 다닐 수도 있었습니다. 많은 말들을 눌러 삼키는 제게 50년 가까이 살아온 날들이 떠올랐습니다. '헤어져야지.'를 수도 없이 우물거리며 살아온 날들이었습니다. 그러나 이제 저는 5년째 배우고 있습니다. 그래서 생각했습니다.

'그렇지. 편안히 텔레비전 보고 있는데 귀찮을 수 있겠지. 그리고 나도 휴대폰을 제대로 챙겼어야지. 다음부턴 잘 챙겨야지. 그리고 누군가 나에게 부탁하면 나는 온 마음을 다해 친절하게 들어줘야지.' 등 여러 가지 생각들로 정리했습니다. 그러자 조금씩 마음의 평화가 찾아왔습니다. 그리고 지난날의 제 모습이 떠올랐습니다. 남편에게 쏟고 싶었던 그 분노를 그대로 두 아들에게 쏟았습니다. 특히 큰아들에게요. 제가 배우면서 저를 돌아보자 아이들에게 잘못했던 사건들이 생생하게 떠올랐습니다. 그중에서도 가장 잔인했던 제 모습에 온종일 울었던 날도 있습니다. 어느 날 이제 마흔이 다 된 큰아들에게 털어놓았습니다.

큰아들이 초등학교 3학년 때 일입니다. 제가 가게 일을 마치고 집에 들어오자 아들이 선물을 내밀며 말했습니다.

"엄마, 엄마 생일 선물이야."

아들이 준비한 선물은 스타킹 한 켤레였습니다. 제가 아들에게 말했습니다.

"누가 너더러 선물 사 달라고 했어? 오락실 다니지 말고 너 할 공부나 열심히 해."

말하며 저는 아들이 보는 앞에서 가위로 스타킹을 싹둑싹둑 자잘하게 잘라서 쓰레기통에 버렸습니다.

아마 제가 배우지 않았다면 그 사건이 아이에게 얼마나 뼈아픈 일이었는지 깊이 깨닫지 못했을 것입니다. 제가 한 일이 아이에게 얼마나 잔인한 일인지 생각할 여유가 없었다고 변명하며 살았을 것입니다. 아니요, 어쩌면 변명할 틈조차 없이, 아이의 아픔의 크기를 인식하지도 못하고 아예 잊고 살았을 것입니다. 그런데 배우면 배울수록 제 행동으로 아이가 겪었을 충격을, 그 깊이를 이해하게 되었습니다. 저는 아들 앞에 무릎을 꿇고 흐르는 눈물을 삼키며 말했습니다.

"아들아, 엄마가 네게 용서를 구하고 싶은 일이 있어."

"뭘요?"

"네가 초등학교 3학년 때 엄마 생일 선물로 사다 준 스타킹을 가위로 자른 일. 정말 미안해. 되돌릴 수만 있다면 되돌리고 싶어. 정말로 잘 못했어. 엄마 용서해 주겠니?"

아들이 무덤덤하게 말했습니다.

"엄마, 이미 지난 일이에요. 기억에서 없어지진 않겠지만 저도 동생에게 잘못한 거 많아요. 지난 일인데 어쩌겠어요. 앞으로 잘하면 된다고 생각해요. 그래서 동생에게 잘하려고 해요."

'아들이 기억하고 있었구나.' 저는 아들의 아픔을 이해한다고 하면서도 혹시나 아들이 기억할 수 없기를, 또 기억한다고 해도 '괜찮아요.' 하는 대답을 바랐는데. 그리고 무덤덤하게 말하는 아들에게는 실망했습니다. 이제 마흔이 다 된 아들이 할머니가 된 일흔을 바라보는 어머니에게 '괜찮아요.' 할 만도 한데 '지난 일인데 어쩌겠어요.' 하다니. '어쩌긴 어째, 괜찮아요.' 할 수도 있을 텐데. 생각하니 조금은 서운한 생각도 들었습니다.

그러나 그때 그걸 알았습니다. 제가 남편에게 받은 상처를 큰아들에게 쏟았듯이, 큰아들도 제게 받은 상처를 동생에게 쏟았었구나. 그래서 동생을 그렇게 많이 괴롭혔구나. 작은아들에게도 미안했습니다. 그래서 자신보다 먼저 결혼한 동생 식구들을 알뜰하게 챙겼었구나. 큰아들은 나보다 앞서 가고 있었구나. 어미에게 받은 상처를 동생에게 되돌려 주었던 아들이 그걸 갚으려고 동생을 위해 애쓰고 있구나. 저는 두 아들에게 미안하고 또 미안하고 또 고마웠습니다.

수강자의 긴 고백을 들으며, 나는 그에게 아픈 질문을 했다.

"그러니까 아드님의 무덤덤하게 하던 말에 실망하셨다면, 아드님이 그 일을, 즉 엄마의 생일에 선물한 스타킹을 본인 앞에서 자잘하게 잘라서 버린 일을 '되돌릴 수만 있다면 되돌리고 싶어. 미안해. 용서해 주겠니.' 하면 '그럼요. 용서해 드리죠. 다 잊었어요.' 하길 바라셨나요. 아드님이 한 말 '기억에서 없어지진 않겠지만' 이 말의 무게에 대해서 생각해 보셨나요. 아드님 아픔의 몇%를 이해한다고 생각하시나요."

물론 어머니의 입장에서는 아이를 훈육하고 싶어서 한 행동일 수 있다. 게임하지 말고 공부 열심히 해야 네가 훌륭한 사람이 될 수 있고 네가 행복할 수 있다고 가르치고 싶은 마음이라고 할 수 있다.

그렇다면 훈육과 학대의 경계는 어디쯤인가. 그 선물을 선택하기까지, 그 돈을 마련하기까지 아이가 얼마나 많이 망설였을까. 그 돈으로 무언가 자기가 사고 싶은 것을 사려는 유혹을 이겨 내려고 얼마나 많은 자신과의 싸움이 있었을까. 그렇게 어렵게, 그러나 엄마가 기뻐하리라 기대하면서 마련한 선물이 자신 앞에서 조각조각 잘려져 버려지는 걸 보며, 선물한 마음이 조각조각 찢어지는 그 안타까움을, 그 굴욕을, 아픔을 아이가 어떻게 감당했을까. 이제 나이가 마흔이 다 되었다고 미안해하는 엄마를 용서해 달라고 하는 말 한 마디로 씻어지기를 바랄 수 있을까.

그는 나의 아픈 질문에 대답했다.

"그러게요. 아마 제가 여러 가지로 배우지 않았다면 아들의 마음을, 또 선생님의 질문을 깊이 있게 이해하지 못했을 것입니다. 제가 아들에게 고마운 것은 이렇게 부족한 엄마를 이해해 주고 제가 배울 수 있도록 도와주면서, 지금도 이렇게 저를 공부할 수 있도록 도와주고 있습니다. 또 결혼한 동생 가족들에게, 특히 조카에게 자기 자식처럼 잘해 줘서 제가 늘 고마워하는데 그게 자기가 어린 시절에 동생을 괴롭혔던 잘못에 대한 보상이라는 말은 처음 들었습니다. 제 남은 삶을 저도 아이들에게 보상하며 살겠습니다. 그 방법을 꾸준히 배우면서요. 그러려면 우선 남편과의 관계부터 열심히 연구해서 좋은 관계를 이루도록 하겠습니다."

그렇다면 앞에서 남편과 나눴던 대화를 다시 정리해 본다.
"안 챙겨 다니려면 깨부숴 버려라." 했을 때
"잘 챙기라고요. 휴대폰 갖다 줘서 고마워요. 그런데 제 마음이 부서지는 휴대폰 같네요."
라고 했다면 남편이 어떤 생각을 하게 될까. 또,
"여보, 화장실에 있는 휴대폰 좀 갖다 줘요." 대신에
"여보, 제가 움직일 수 없는 상황인데 화장실에 있는 휴대폰 부탁드려도 돼요?"
라고 부탁했다면 '안 챙겨 다니려면 깨부숴 버려라.'라고 말했을까.

그는 다음 주에 다시 발표했다.

선생님 제가 족욕을 하다가 갑자기 가스 불을 꺼야 할 일이 있어서 생각하며 말했습니다.

"여보 제가 족욕 하고 있어서요. 가스 불 끄는 거 부탁드려도 돼요?"

했더니 말없이 꺼 주더라고요. 제가 말했습니다.

"여보, 고마워요."

했더니 씩 웃더라고요. 제 배움은 일흔이 넘고 여든이 넘어도 계속될 것입니다.

함께 배우고 있는 우리는 모두 일어서서 응원의 박수를 보냈다. 그리고 마스크를 쓴 얼굴을 옆으로 돌리고 한 번씩 힘껏 몸으로, 영혼으로 존경하는 마음으로 끌어안았다.

그리고 우리는 부모 됨의 의미를 좀 더 나누었다.

정신분석학자 에리히 프롬은 부모들에게 부모 되는 준비를 하라고 그의 책 『사랑의 기술』에서 경고하고 있다.

"어머니는 생명을 줄 수도 있고, 빼앗을 수도 있고, 소생시키는 자이고, 멸망시키는 자이기도 하다. 어머니는 사랑의 기적을 일으킬 수 있지만 어느 누구도 어머니만큼 깊은 상처를 주지는 못한다."고.

내 기억 속에 큰 아픔으로 남아 있는 수강생이 있다. 병원에서 인정받는 유능한 간호사 선생님이 강의 중에 말했다. 다음은 그의 이야기다.

딸만 넷인 저의 집에서 저는 '말 잘 듣는 아이'로 친척들까지 알 정도로 착한 아이였습니다. 제가 초등학생 때였습니다. 제가 아무리 첫째 딸이지만 어머니는 심부름을 주로 저에게만 시켰습니다. 어느 날 제가 너무나 억울해서 어머니에게 덤볐습니다.

"엄마는 왜 나에게만 심부름을 시켜요? 저는 이 집 딸이 아닌가요?"

그때 어머니가 대답했습니다.

"그래. 넌 우리 딸이 아니다. 넌 저 다리 밑에서 주워 왔다."

그 말을 듣고 전 며칠을 고민했습니다. 집을 나갈까, 죽을까. 그런데 그때 그냥 그 집을 나가면 안 될 것 같더라고요. 나를 낳아 준 친부모도 나를 버렸는데, 버림받은 나를 이만큼 키워줬는데 그 은혜는 갚고 이 집을 나가거나, 죽어도 죽어야지 하는 생각이 들었어요. 그래서 이만큼 키워준 이 집에 은혜를 갚고 떠나려고 그날부터 열심히 일했습니다. 심부름은 저 혼자 다 하다시피 했습니다. 이 집에 많은 도움을 드려야 빨리 이 집을 나갈 수 있으니까요. 그러자 동생들도 저를 하녀 대하듯 일을 시켰습니다. 그래서 '착한 아이' 이름이 붙여졌습니다. 그러다 중학생이 된 어느 날 어머니와 친척인 분이 오순도순 얘기하는 소리가 들렸습니다.

"내가 쟤, 저 큰애를 낳았을 때 얼마나 몸이 아팠는지, 그때 살 수 있을까 생각했어요."

그 쟤가 저라는 겁니다. 그동안 어머니는 저에게 거짓말을 한 것입니다. 그때 결심했습니다. '딸이 많아서 딸들이 빨리 결혼하기를 바라는 어머니가 가장 싫어할 일을 해야지. 그건 결혼하지 않고 엄마 속을 썩이는 거야.' 제게 많은 중매가 들어왔습니다. 능력 있고 착하고 예쁘다는 소문에 중매가 많았습니다. 전 어머니에게 갚고 싶었습니다. 제가 아팠던 만큼 갚고 싶었습니다. 그래서 막내까지 결혼했는데 저는 결혼하지 않았습니다. 어머니에게 아직 덜 갚았거든요.

나는 여기에 더하여 한 마디 더 붙이고 싶다.
"어느 누구도 선생님만큼 깊은 상처를 주지는 못한다."
강도치사죄로 무기징역 형을 받고 수감 중 탈옥했던 신창원을 변호했던 엄상익 변호사가 말했다.

신창원이 저에게 이런 말을 했습니다.
"지금 나를 잡으려고 군대까지 동원하고 엄청난 돈을 쓰는데, 나 같은 놈 태어나지 않는 방법이 있다. 내가 초등학교 때 선생님이 '너 착한 놈이다.'하고 머리 한 번 쓸어 주었으면 여기까지 안 왔을 거다. 5학년 때 선생님이 '새끼야, 돈 안 가져 왔는데 뭐 하러 학교 와. 빨리 꺼져!' 하고 소리 쳤는데 그때부터 마음속에 악마가 생겼다고요."

아마도 그 선생님은 당신이 했던 '새끼야, 돈 안 가져 왔는데 뭐 하러 학교 와, 빨리 꺼져!' 했던 말을 까맣게 잊었을지도 모른다. 그러나 한 아이의 인생을 그 한 마디로 결정짓게 만들었다.
그러므로 부모와 교사는 아이들에게 생명을 줄 수 있도록, 소생시킬 수 있도록, 사랑의 기적을 일으킬 수 있도록 준비해야 한다.

부모는 훈육과 학대의 간극을 연구할까. 아니, 의식이라도 할까. 아이의 잘못된 행동에 대해 부모의 분노를 빼고 순수하게 가르치려 할까. 그것도 결혼에 대한 자신의 후회와 배우자에 대한 분노를 빼고 아이를 가르칠 수 있을까. 게임하지 말라고 아이들을 닦달하면서 훈육이라고 그럴 듯하게 포장해서 기회가 될 때마다 자신의 불만을 아이들에게 쏟아 붓는 것은 아닐까. 부모가 아이들을 가르친다고 했던 학대를, 학대가 아니라 교육이라고, 또는 훈육이라고 합리화하는 데 익숙한 것은 아닌가. 그래도 희망인 것은 부모는 학대와 훈육의 간극을 깨달으면 변화로 이어진다. 그럼에도 아이들이 너그러워서 부모가 잘못을 인정하면 용서해 준다. 어리석은 부모에게 희망을 준다. 다음은 부모에게 희망이 되는 이야기다.

그는 아이가 초등학교 5학년 때부터 나와 함께 배우기 시작했다. 이유는 하나뿐인 아들이 왠지 힘없이 시들시들한 느낌이 들었기 때문이다. 그들 부부는 고등학교 선생님이었다. 방학마다 이루어지는 교사들을 위한 교육에 빠짐없이 참가했던 선생님이 겨울방학 교육 마지막 날에 함께 배운 선생님들에게 고백했다. 그때 선생님의 아이는 고등학교 2학년이었다. 선생님은 말했다.

저는 하나뿐인 아들이 초등학교 5학년 때부터 고등학교 2학년이 된 지금까지 방학마다 열리는 교사들을 위한 교육에 참가하고 있습니다.

제 사례를 선생님들께 말씀드리는 이유는 한 번 두 번 훈련해서 크게 달라지는 것 같지 않더라도 꾸준히 훈련하고 실천하면 제가 누리는 기쁨을 누릴 수 있으리라는 확신이 들어 고백합니다.

제 아이가 초등학교 3학년 학기 초에 담임 선생님이 면담을 요청하셔서 학교에 갔습니다. 그래도 2학년까지 잘 지냈던 아이라 크게 걱정하지 않았습니다. 그런데 선생님이 말씀하셨습니다. 집에서 부모님이 아이 앞에서 조심하시고 특별히 아이에게 잘 가르쳐야 한다고요. 선생님들도 아시겠지만 그때는 남자아이들이 막대기로 여자아이들의 치마를 들어 올리면서 '아이스케키' 하고 놀리는 장난이 있었습니다. 그런데 제 아이는 여자아이들의 치마를 막대기로 들어 올리면서 "섹스하자." 한다는 것입니다. 세 얼굴이 빨개졌습니다. 상상할 수 없는 일이었습니다. 여자아이들의 부모가 이상한 아이라고 항의한다는 것입니다. 부모님이 조심하시고 아이에게 잘 가르쳐야 한다는 것입니다.

그 순간 보이는 게 아무것도 없었습니다. 어떻게 집에까지 왔는지 모르겠습니다. 오면서 생각한 것은 아이를 어떻게 따끔하게 혼내서 두 번 다시 그런 행동, 그런 말을 절대로 하지 않게 할 것인가, 방법만을 연구했습니다. 부부가 고등학교 교사라면서 하나 있는 아이 이상한 교육을 하는 부모로 낙인찍히다니. 너무나 큰 충격이라 눈물도 나오지 않았습니다. 저는 남편에게 얘기하고 가장 따끔한, 다시는 절대로, 절대로 그런 행동을 못 하도록 가르쳐야겠다는 생각만 들었습니다.

남편과 저는 아이를 저희들 앞에 앉혀서 가르치기 시작했습니다. 네가 어떻게 그 입으로 그 말을 했는지, 그 손으로 그 일을 했는지 다시는 절대로 할 수 없게 하겠다면서 바늘과 실, 그것도 가장 큰 바늘, 그리고 칼을 준비했습니다. 그리고 '바늘과 실로 그 입을 ***.' '이 칼로 그 손을 ***.'고 했습니다. 아이가 벌벌 떨면서 두 손으로 입을 막고 울음을 참더니 두 손을 맞잡고 다시는 그러지 않겠노라고 눈물로 용서를 구하더라고요. 그날 이후로 그런 일은 다시는 일어나지 않았습니다. 따끔한 교육의 효과라고 생각했습니다. 훈육이라고 생각했습니다.

그런데 어느 날부터인가 아이의 불편한 행동이 보이기 시작했습니다. 물론 처음엔 잘 몰랐습니다. 그런데 차츰 아이의 불안한 행동이 여기저기서 나타났습니다. 깜짝깜짝 잘 놀라고 어쩌다 바늘을 보면 움찔거리고, 칼을 보며 놀라기도 하고, 제 눈과 마주치면 얼른 피하고 아빠 얼굴 마주 보는 것도 피했습니다. 그 이유를 생각하지 못했습니다. 뭔가 배워야 할 것 같다는 생각이 들었고 이 교육에 참가하게 되었습니다.
그동안 제가 했던 훈육은 훈육과 학대의 경계를 넘나들며 제 분노까지도 훈육이라고 하면서 제 맘대로 합리화했음을 깨달았습니다. 실과 바늘, 칼로 했던 저희들의 그 가르침은 훈육이 아니라 잔인한 학대였다는 것을요. 그걸 깨달은 날, 저는 집에 돌아가는 길에 자동차를 갓길에 세워 놓고 꺼이꺼이 울었습니다. 그날, 아빠 엄마의 그 끔찍한 훈육, 아니죠, 학대가 있던 그날부터 아이가 잠을 제대로 잘 수 있었을까. 엄마와 아빠가 사람으로 보였을까. 그때 아이를 보던 저와 남편의 눈빛은

창피와 분노로 이글거렸던 것 같습니다. 그동안 고등학교 교사가 되기까지의 모든 노력이 초등학교 3학년 그것도 제 아이의 담임 선생님 앞에서 모두 무너져 내렸기 때문입니다.

여기서 잠깐 생각해 본다. '제 아이의 담임 선생님 앞에서 모두 무너져 내린 것은 무엇일까. 고등학교 교사 자격증? 초등학교 교사 앞에서 고등학교 교사가 아이를 잘못 키우고 있는 모습을 들킨 무너진 자존심? 이글거리는 눈빛, 그것은 무엇이었을까. 아이에게 칼과 바늘로 무엇을 한 것일까? 교육? 훈육? 학대?

피터슨은 말한다.

"훈육은 잘못된 행위에 대한 분노가 아니고, 그릇된 행동에 대한 복수가 아니다. 공감과 장기적 판단을 세심하게 결합한 행위다. 적절한 훈육을 하려면 큰 노력이 필요하다."

그 선생님은 아이의 행동으로 자신의 권위를 무너뜨린 데 대한 분노가 아니었다고 말할 수 있을까. 복수가 아니었다고 말할 수 있을까.

부모의 이글거리는 눈빛을 어떻게 다시 볼 수 있을까. 어떻게 큰 바늘을, 그리고 칼을 아무렇지도 않게 볼 수 있을까.

그는 배우고 또 배우는 긴 노력 끝에 자신의 훈육이, 훈육이 아니라 분노였고, 복수였다는 것을 깨달았다. 그리고 아이에게 말한다. 그는 이어서 자신이 어떻게 실천했는지 말했다.

제 잘못을 알게 된 그날 저녁, 저는 초등학교 5학년이 된 아들 앞에서 무릎을 꿇고 말하기 시작했습니다.

"예전에 네가 초등학교 3학년 때, 여자 애들 치마를 ….."

아이가 놀란 듯 불안한 눈으로 저를 쳐다보았습니다.

"엄마 아빠가 미안해. 그때 바늘이랑 실로, 그리고 …."

제가 말을 시작하고 얼마 지나지 않아 놀라던 아이가 끙끙대며 얼굴을 일그러뜨리더니 참던 울음을 터뜨리더라고요. 제가 꺼이꺼이 소리 내어 울었던 것처럼 아이도 울더라고요. 흐느끼더라고요. 3학년 그날부터 참아오던 불안과 아픔이 터져 나오는 것 같았습니다. 가슴이 아프더라고요. 그러나 제 아이가 아팠던 만큼은 아니겠지요. 남편도 아이에게 사과했습니다. 그렇게 시작한 제 배움이 7년 정도 되었습니다.

그런데 오늘 제가 이 부끄러운 제 일을 선생님들에게 말씀드릴 수 있는 이유는 어제 저녁 아이가 했던 말 때문입니다.

"엄마, 전 친구들을 잘 이해할 수가 없어요. 친구들이 엄마 아빠랑 너무 사이가 안 좋아요. 저는 엄마 아빠가 이렇게 좋은데. 왜 안 좋다고 하는지 이해가 안 돼요."

하는 겁니다. 정말 놀랐습니다. 아이와 사건이 있을 때마다 매 순간 멈추고 생각했습니다. 뭐라고 말해야 할까. 훈련하고 또 훈련하면서 노력했습니다. 그때부터 절대로 아이에게 함부로 말하지 않았습니다. 함부로 훈육하지 않았습니다. 훈육인지 학대인지 차이를 생각했습니다. 제가 아이를 교장 선생님 대하듯 조심스럽게 대했습니다. 제 진심어린 변화를 아이가 이해하는 날이 오더라고요. 선생님들은 학대는 하지 않으셨겠지만 아픈 추억이 있더라도 꾸준히 배우고 훈련하면 기쁜 날이 오리라 확신합니다. 혹시 배우면서 좌절이 오더라도 제 경험에서 희망이 되기를 바라는 마음으로 고백합니다. 제 얘기 들어 주셔서 고맙습니다.

선생님의 고백은 우리들에게 큰 깨달음이 되었고, 또한 위로도 되었다. 그래서 우리는 그 방법을 배운다. '작은 사건'을 지혜롭게 풀어 가는 《아훈》을 훈련해야 한다. 진정으로 자녀를 사랑하고 이해할 따뜻한 마음을 준비해야 한다.

트집 잡는 대화

한 수강생이 말했다.

선생님, 제가 까다로운가요. 남편이 하는 말 한 마디에 금방 11년 전에 있었던 일이 생각나는 걸 보면요.

저는 11년 전 결혼 초에 고깃집에서 외식하고 온 남편에게서 고기, 술, 담배 냄새가 진동했고, 저는 그 냄새 때문에 매스껍고 속이 울렁거려 남편에게 꼭 씻고 잘 것을 부탁했습니다. 남편은 제 부탁을 들어 주었고 지금까지도 잘 지킵니다. 늘 고마운 마음을 갖고 있습니다. 그런데 며칠 전, 회식을 하고 온 남편이 다음 날 아침 출근 준비를 하면서 말했습니다.

"오늘은 시간이 없으니까 세수랑 면도만 하고 출근해야겠네."

저는 회식 후, 꼭 씻는 약속을 잘 지켜 주는 남편이 고맙고 또 어제 잘 씻고 잤기 때문에 당연히 세수만 해도 된다는 뜻으로 그냥 별 의미 없이 말했습니다.

"여보, 어제 잠자기 전에 머리도 감고 잘 씻고 잔 거 아니에요?"

"그럼, 잘 씻고 잤지. 당신은 회식한 날, 머리 안 감고 자면 냄새난다고 또 싫어하잖아."

'헐! 그러니까 그동안 잘 씻고 잔 게 다 내 잔소리 때문에 할 수 없이 씻었다는 얘기야, 뭐야.' 갑자기 기분이 나빠졌지만 그래도 참으면서 한 마디 했습니다.

"네 그랬죠. 근데 그럴 거면 다음부터는 머리 감지 말고 그냥 자요. 당신이 그렇게 말하니까 내가 유난 떠는 거 같아서 기분 정말 나빠요."

"(찝찝한 어투로) 그렇게 생각했다면 미안해요."

남편의 말에 '어?! 이건 아닌데.' 정신이 번쩍 들어 말했습니다.

"내가 그렇게 말한 건 미안한데 여보가 '안 그러면 당신은 또 싫어하잖아.' 하니까, 싫지만 내 잔소리 때문에 억지로 하는 거 같아서 서운해요."

"알겠어요. 앞으로 조심할게요."

남편이 힘없이 말하자 저도 힘이 빠지면서 찝찝해졌습니다. 말을 더 하면 불편할 것 같아 입을 다물었습니다. 선생님, 제가 쫀쫀한 건가요, 남편이 쫀쫀한 건가요? 남편과 처음 사귈 때는 어린 왕자에 나오는 "오후 4시에 네가 온다면 나는 세 시부터 기분이 좋아지기 시작할 거야."라는 대화처럼 그런 감정을 날마다 나누며 설레고 행복한 사랑으로 결혼했는데 이렇게 작은, 정말로 작은 사건으로 한순간 앞이 먹먹할 정도로 사랑이 식어가는 걸 느껴야 하는지요.

이런 질문을 받을 때 나는 그에게 다시 묻는다.

"11년 전 신혼일 때 회식하고 들어온 남편의 몸에서 술 냄새, 담배 냄새, 고기 냄새가 났을 때 뭐라고 말했지요?"

그는 말한다.

"그냥 말했죠. 어? 술, 담배, 고기 냄새, 구역질 나. 씻고 와!!"

하고요. 나는 또 그에게 묻는다.

"그 말이 남편에게 씻어 달라는 부탁으로 들렸을까요. 냄새나서 구역질나는 사람으로 평가받는, 비난으로 들렸을까요?"

『성공하는 사람들의 7가지 습관』의 저자 스티븐 코비 박사는 말했다.

"표현되지 않은 느낌들은 결코 죽지 않는다. 산 채로 묻혀 있다가 나중에 더 안 좋은 모습으로 나타난다."

그의 남편은 어쩌면 11년 전 가장 행복했을 신혼에 구역질 나는 사람으로 비난받으며 찌질해졌던 느낌이 산 채로 묻혀 있었는지도 모른다.

그의 눈에 이슬이 맺히며 내게 말했다.

"그렇네요. 비난으로 들렸겠네요. 제 안에 비난하는 마음이 있었거든요. 그러니까 제가 인상 쓰면서 구역질 나는 느낌으로 말했을 거예요. 정말로 상대방을 생각하면서 말하지 않았거든요. 남편의 말끝마다 트집만 잡으면서 살았네요. 남편의 말을 트집 잡으면서 저는 제 기분대로, 느낌대로 그냥 말했어요. 그렇지만 사람을 비난한 건 아니에요. 그냥 냄새난다고 말했는데요. 그런데 그때는 몰랐어요. 제가 하고 싶은 말을 상대방이 구분할 수 있도록 말해야 한다는 것을요. 그러니까 배우면 배울수록 지금까지 살아 준 남편이 고맙다는 마음이 더 커져요. 오늘 저녁 남편이 좋아하는 비빔냉면 정성껏 준비할 거예요. 그리고 또 고맙다고 말할 거예요."

그렇다. 그는 다음에 남편이 '오늘 시간 없으니까 세수랑 면도만 하고 출근해야겠네.' 하면 '여보, 어제 잠자기 전에 머리도 감고 잘 씻고 잔 거 아니에요?' 대신에 '그래요. 어제 잘 씻었으니까 그러면 되겠네요.' 대답할 것이다. 그러면 남편은 '그러니까 아내 말대로 어제 씻기를 잘했지. 앞으로도 계속 잘 씻어야지.' 생각하게 될 것이다. 그래서 이천오백 년 전에 살았던 아리스토텔레스도 말했나 보다.
"행복은 배울 수 있다."

언젠가 강의가 끝나자 한 수강생이 질문했다.
"선생님, 제 아들이 실업계 고등학생인데요. 여러 가지 자격증을 미리 따 놔야 하거든요. 그런데 늘 게임만 하니까 어제 본 자격증 시험에 또 떨어졌어요. 세 번째예요. 제가 뭐라고 하면 아들이 정신 바짝 차리고 시험 준비 열심히 할까요?"
나는 그분을 보며 말했다.
"시험의 결과를 본 아드님은 엄마에게 뭐라고 말하고 싶을까요?
'엄마, 합격했어요.' 하고 싶을까요, '엄마, 또 떨어졌어요.' 하고 싶을까요. 엄마가 기뻐할 결과를 말하지 못하는 아드님 마음은 어떨까요? 이럴 때 시험에 떨어져 아쉽고 허전한 아드님의 마음을 누가 달래 줘야 할까요? 다시 도전하고 싶도록 힘을 얻을 수 있는 곳이 세상 어디에 있을까요? 오늘 저녁, 아드님이 가장 좋아하는 음식을 준비하고 한 말씀 하시면 어떨까요.

'그동안 시험 준비하느라 애썼다. 네가 좋아하는 매콤한 오징어 볶음 했단다. 그동안 애쓴 네게 엄마의 고마운 마음이야.' 하고요."

그는 눈가를 닦으며 말했다.

"그런 생각을 한 번도 해 본 적이 없어요. 어려운 일도, 어려운 말도 아닌데 왜 그런 생각을 못 했을까요? 오늘 저녁 따뜻한 정성으로 저녁을 준비하면서, 세 번째 시험에 떨어진 아들을 사랑할 겁니다."

우리는 그분에게 우렁찬 박수로 응원했다. 박수가 멈추자 한 수강생이 말했다.

"선생님, 잠깐만요. 제 얘기해도 될까요?"

"그럼요. 얼마든지요."

"선생님 지난 번 숙제 내 주셨었죠. 남편이 집에 들어올 때 들어올까 말까 망설이지 않게 트집 잡는 대화하지 말고, 남편이 집 나갈 때 들어올 때 반갑게 맞이하는 것부터 해 보라고요. 제가 눈 딱 감고 해 봤어요. 물론 화내고 싶을 때 화내지 않으려고, 트집 잡지 않으려고 애쓰면서요. 그런데 며칠 전에 남편이 얘기하더라고요.

"여보, 내가 자동차 안에서 15분에서 20분 정도 앉아서 집에 들어갈까 말까 망설이다 집에 오는 거 알아?"

하는 거예요. 전 선생님이 말씀하실 때 생각했어요. 어떻게 자기 집에 들어가면서 들어갈까 말까 망설일까, 그런 사람이 있을까 하고요. 제 남편 얘기더라고요. 요즘 남편이 20분 정도 빨리 들어와요. 《아훈》 배우지 않았으면 어쩔 뻔 했죠."

나는 그에게 말했다.
"고맙습니다. 한국의 외로운 중년 남자 한 분 외롭지 않게 도와 주셔서 고맙습니다."
우리 수강생 모두가 그에게도 박수를 보냈다. 어쩌면 그 남편에게 보내는 박수였는지도 모른다.

이렇게 교육에 참가하여 배우면서 질문하고 발표하는 것은 후회되는 어제와 똑같이 살고 싶지 않기 때문이다. 그리고 그들은 배우면서 어제와 똑같은 말과 행동을 하지 않는다. 교육에 참가하고 배우는 수강생들을 내가 존경하는 이유다. 다시 아인슈타인이 했던 말을 기억한다.
"어제와 똑같이 살면서 다른 미래를 기대하는 건 정신병 초기 증세다."

교회에서 좋은 오빠로 만난 남편

《아훈》강사인 한 선생님은 남편과 있었던 사례를 말했다.

아침에 조금 더 자고 싶다는 남편이 아침 식사 대신 도시락을 챙겨 달라고 했습니다. 남편이 말한 그날부터 아침을 도시락으로 준비하지 만, 가끔은 집에서 아침 식사를 할 때도 있습니다. 어제 저녁에도 저는 남편에게 내일 아침 식사를 어떻게 할지 물었지만 남편은 별 대답이 없었습니다. 다음 날 아침, 저는 평소처럼 샌드위치와 과일, 홍삼을 담 은 도시락을 챙겨서 식탁 위에 놓았습니다. 그런데 남편이 짜증스럽게 말했습니다.

"오늘 아침은 밥 먹고 가려고 했는데 ….".

'아니, 어제 물어볼 땐 말이 없더니 아침에 갑자기 말하면 어떡해요. 어제 미리 말을 했으면 식사 준비를 하잖아요.' 하고 싶었지만 심호흡 을 하며 말했습니다.

"어제 물어볼 때 대답이 없어서 평소처럼 도시락으로 준비했어요. 금방 아침밥 준비할게요."

저는 급하게 5분 만에 아침상을 차리고 또 계란 후라이까지 했습니다. 그런데 남편은 식사하며 또 말했습니다.

"반찬이 다 어제 반찬이잖아! 반찬을 새 그릇에 담지도 않고 …."

'뭐라고요? 5분 만에 급하게 준비했는데 어떻게 새 반찬을 해요? 그래도 내 손이 빠르니까 계란 프라이까지 한 거라고요!!!' 하는 말이 나오려는 걸 '그래도《아훈》을 강의하는 강사인데.' 생각하며 멈추고 차분히 말했습니다.

"5분 만에 준비하느라 그랬어요. 그래도 급하게 계란 프라이까지 준비했는데 …."

그러자 남편이 또 말했습니다.

"일주일에 몇 번이나 집에서 식사한다고."

말과 함께 수저를 탁!! 놓고 일어나더니 출근 가방을 들고 현관문을 꽝! 닫고 나갔습니다. 꽝 닫힌 현관문을 보며 저는 한숨이 나왔습니다. 저는 현관문을 박차고 나가서 말하고 싶었습니다.

'야, 헤어져!! 나 너랑 못 살아!! 그리고 나《아훈》강사 안 해.'

아, 아니지.

'당신 나더러 어쩌란 말이야. 어제 물어볼 땐 꿀 먹은 벙어리처럼 말한 마디 안 하더니!! 웬 짜증이냐고!!'

아, 아니지.

'당신 너무 하는 거 아니야.'

아니지, 다시 정리하고 드디어 할 말을 찾았습니다.

'당신 너무 하는 거 아니에요. 저도 하느라고 최선을 다했는데.'

하면 어땠을까.

그러나 저는 쾅 닫힌 현관문을 보며 한숨만 크게 쉬었습니다.

교회에서 좋은 오빠로 만나 일생을 행복하게 해 줄 거라 믿었습니다. 그런데 신혼여행 다녀온 다음 날, 아침 식사 준비를 하는데

'손 씻고 밥하는 거야?' '이건 왜 제자리에 놓지 않는 거야?'

하는 남편의 잔소리가 시작되자 현실이 눈에 보였습니다.

'어떡하지', '어떻게 살지?', '언제쯤 헤어져야 하나.'를 생각하며 살다 보니 아이가 태어났습니다. 유치원에 다니던 아이의 학부모 교육에서 《아훈》 프로그램을 만나 지금은 강사가 되었고 아이도 고등학교 1학년이 되었습니다.

옛날보다 정말 많이 행복해졌다고 생각하지만, 가끔 오늘처럼 또 옛날이 기억나는 일들이 생기면 남편이 너무 야속하게 느껴집니다. '분명히 어제 물었을 때 대답이 없었고, 또 차려 달래서 5분 만에 급하게 준비했는데 수저를 쾅 놓고 나가다니. 도대체 나더러 어떡하란 말인가. 그게 그렇게 화낼 일인지. 이렇게 아침을 시작하다니 내가 이 집에서 사라져야 남편이 짜증낼 일도 없어지고 스트레스 받을 일도 없어지는 게 아닌가. 갈 길이 멀고 먼 데 그만 모든 걸 놓아 버리면 어떻게 될까?' 하

는 생각이 들었습니다.

그런데 출근한 남편에게서 문자가 왔습니다.

《당신이 준호와 나를 위해 애쓰고 있는 마음 알아요. 매번 표현하진 않지만 늘 고맙게 생각하고 있어요. 오늘 아침에는 내 입장에서만 생각하고 당신 맘 불편하게 행동해서 미안해요. 당신이나 나나 사랑하고 위하는 마음은 같은데, 서로 표현 방법이 달라서 아직도 서로를 이해하는 데 힘든 부분이 많은 것 같아요. 세상에 그런 게 다 맞는 부부는 없다고 하니 …. 위안으로 삼고 우리도 하느님을 의지하고 노력하며 살아요.^^》

남편의 문자를 보며 또 괘씸한 생각이 스멀스멀 올라와서 '양심은 있어요? 알긴 알아요? 당신이 얼마나 이기적인지. 표현 방법이 서로 다르다고? 어떻게 다른데? 세상에 다 맞는 부부 없다고? 없긴 왜 없어? 당신이나 나나 사랑하고 위하는 마음은 같다고? 난 안 같은데.' 하며 반박하고 싶은 마음도 들었지만 남편이 미안해하고 있다는 것만으로도 위안이 되었습니다. 저 또한 아침에 화내지 않고 스스로 자제하려 애썼던 자신이 대견스러웠습니다. 저 자신을 이겨 낸 저를 위로하며 마음을 가다듬고 배운 내용을 최대한 살려서 답 문자를 보냈습니다.

《아침에 한 번 더 당신에게 물어보고 준비할 걸. 당신 언짢은 마음으로 출근하게 해서 미안해요. 당신 요새 회사 일로 스트레스 받는 것 이해하면서도 사랑을 화로 표현할 땐 그 사랑이 사라지는 것처럼 느껴져서 많이 서운했어요. 당신 문자 받고 서운한 마음이 사라지네요. 저도 당신에게 도움이 되도록 마음 쓸게요. 서로가 싫어하는 것을 하지 않는 것이 사랑의 기본이라고 하는데, 저도 하느님께 지혜를 구하며 더 노력할게요 ~. ^^》

다음 날 대전에서 강의가 있어 아침 일찍 집을 나서면서 아침 식사를 준비해 놓고 남편에게 문자를 남겼습니다.

《여보, 냉장고에 딸기 씻은 거랑 배 깎아 놓은 거 있어요. 홍삼도 잘 챙겨 드시고요. 당신이랑 준호랑 아침 맛있게 드시는 게 제 기쁨이에요^^.》

강의를 마치고 돌아오는 길에 보니 남편의 문자가 와 있었습니다.

《고마워. 새벽 5시에 방문 밖에서 조용히 강의 연습하는 당신 목소리 들으며 안쓰러운 생각이 들었지만, 한편으론 당신 안에 꿈틀대는 열정과 소명을 느낄 수 있었어요. 오늘도 사람을 살리고 행복을 선물해 주는 최고의 홍 강사님을 응원합니다.》

남편의 문자를 보자 주르르 눈물이 흘렀습니다. 제 영혼까지 따뜻해지는 느낌이었습니다.

'아, 이렇게 말 한 마디 한 마디가 위대한 힘을 발휘할 수 있구나. 10년 이상 노력한 보람이 있구나. 강사가 되어 배운 대로 실천한다고 하면서도 얼마나 많은 눈물을 흘렸는가. 얼마나 많은 기쁨을 누렸는가. 강사가 된 지금도 매 순간 의식하고 노력하지 않으면 자칫 한순간에 모든 노력이 물거품이 될 수도 있는데. 앞으로도 사랑하는 아들과 남편을 생각하며 배우고 또 배워야 하는구나.' 그럼에도 이런 기쁨을 나눌 수 있는 남편을 만나게 해 주신 하느님께 감사하고 또 감사했습니다. 제가 꾸준히 배우고 또 배워서 나누어야 하는 이유입니다.

울먹이며 본인의 사례를 소개하는 《아훈》 선생님과 그 가족을 존경하지 않을 수 없다. 그는 실패를 겪으면서도 포기하지 않고 꾸준히 실천했다. 어쩌면 우리는 배우면서도 예전으로 돌아가는 듯한 일들이 일어날 수 있다. 이런 일은 우리가 세상을 살아가는 동안 되었다 안 되었다는 반복될 것이다. 다만 잘될 때가 많아지도록 연구하고 노력하는 것이다. 그러다가도 '그래. 안 돼. 원래부터 안 되는 사람이야.' 또는 '왜 나만 해야 돼?' 하면서 수강자들은 나에게 질문한다.

"선생님, 왜 저만 해야 하죠? 그리고 언제까지 해야 해요?"
그러면 나는 답이 될 수 없는 대답을 한다.
"글쎄요. 왜 나만 해야 하느냐 하면 내가 배우고 있으니까요. 내가 배워서 알고 있으니까요. 실력있는 사람이 해야 되겠죠. 그리고 언제까지 하느냐고요? 될 때까지 하는 거죠. 그게 아름답게 사는 삶이니까요. 인디언들은 기우제를 지내면 꼭 비가 온다고 하죠. 비가 올 때까지 기도하니까요. 선택은 여러분이 합니다."

이 프로그램을 만든 나는 홍 선생님처럼 매 순간 실천하는 삶을 살고 있는가. 나 또한 오늘도 나를 돌아본다.

와인 병 깬 날에

"어제와 똑같이 살면서 다른 미래를 기대하는 건 정신병 초기 증세
다."

나는 강의 중에 아인슈타인의 말을 자주 인용한다. 내 수강자가 자기
는 어렸을 때부터 늘 결심했다고 했다. 언젠가 결혼하면 남편과 절대로,
절대로 다투지 않고 행복하게 살리라고. 부모님은 고등학교 선생님, 초
등학교 선생님이셨다. 두 분의 사랑은 깊었으나 자주 다투었다. 식사하
다가도 다투고 주무시다가도 다투고 새벽에도 다투었다. 딸만 넷인 그
의 가족은 방학이면 산으로, 강으로, 바닷가로 여행도 많이 다녔다. 그
러나 그 많은 여행은 언제나 부모님 두 분이 서로 반대 방향으로 머리
를 두어서 그들에게는 어느 쪽으로 머리를 두고 잠을 자야 하는지 곤
혹스러웠던 기억만 남는다고 했다. 그들 네 자매는 어떻게 저렇게 줄
기차게 다투면서도 아이들을 넷이나 낳았는지 이해가 안 간다며 숨어
서 웃었다고 했다.

셋째 딸인 그는 아들 노릇 하겠다는 오빠라는 분과 결혼하면 효녀도 되고 날마다 행복할 수 있을 것 같아 결혼을 결심했다. 그랬지만 남편과의 싸움은 신혼여행 가면서부터 시작되었다. 그는 차츰 부모님이 위대해 보이기 시작했다. 어떻게 그렇게 줄기차게 싸우면서도 헤어지지 않고 사시는지. 그 비결은 무엇인지 궁금하면서도 신기했다. 딸들이 모두 결혼한 뒤에도 딸들을 불러 모아 부모의 이혼 증인이 되라 했다. 그 또한 부모님처럼 언제 이혼할까를 날마다 연구하며 살았다. 부모님이 그렇게 살았듯이 그 또한 선뜻 이혼할 수도 없었다.

그는 말했다.

제가 배우면서 남편과의 지난날을 생각하면 후회되는 일이 한두 가지가 아닙니다. 아주 간단한 사건마다 다투며 못 살겠다고 했으니까요. 저녁에 텔레비전 보면서도 다투었습니다. 남편은 주말에 쉬면서 스포츠 경기나 영화를 주로 봅니다. 저는 주말에 제가 좋아하는 드라마를, 특히 멜로드라마를 보고 싶습니다.

다음은 잘 다투던 저희의 대화입니다.

아내 : 오빠, 11시에 하는 드라마 볼 거예요.

남편 : 무슨 그런 말도 안 되는 드라마를 봐? 쓸데없이.

아내 : 오빠도 쓸데없이 종일 서로 싸우는 스포츠 보잖아. 다 개인 취
     향이 있는 거죠.

남편 : 스포츠랑 드라마랑 같아?

아내 : 다를 게 뭐 있어? 나도 오빠 볼 때 쓸데없는 거 본다고 뭐
　　　라고 한 적 있어요?

남편 : 저런 말도 안 되는 건 왜 만드는 거야, 방송국에 전화하던지
　　　해야지. 내가 써도 저것보다 더 잘 쓰겠다.

아내 : 그래요? 그럼 써 봐요. 써 보라고요!! ('쓰지도 못하면서' 하고
　　　싶지만 참는다.)

남편 : …… .

그런데 훈련하면서 같은 상황에서 대화가 달라졌습니다.

아내 : (미리 말한다.) 여보 11시에 하는 드라마 보고 싶어요.

남편 : 그거 내용도 별로던데 그런걸 뭐 하러 봐?

아내 : 당신은 그 드라마가 별로라고요. 그런데 저는 거기 나오는 사
　　　람들이 옷이 멋있고 내용도 재미있어서 쉴 때 보고 싶어요.

남편 : 그런 드라마를 꼭 봐야겠어. 유익하지도 않은 드라마를?

아내 : 당신이 스포츠 보면서 쉬는 것처럼 저도 드라마 보면서 쉬고
　　　싶어요. 드라마 볼 때 당신이 제게 그런 말을 하면 제가 존중
　　　받지 못하는 느낌이 들어요.

남편 : …. 알았어. 미안해. 당신 드라마 볼 때 나는 노트북으로 내 거
　　　볼게.

정말로 남편이 바뀌더라고요. 배우면서는 의심하기도 했습니다. 내
가 다르게 말하면 남편도 다르게 말할까 하고요. 그런데 많은 경우 남
편이 훨씬 더 좋은 쪽으로 바뀌더라고요. 그런데 이렇게 제가 성공적인

대화를 발표할 때도 선생님은 말씀하십니다. 다음과 같이 더 쉽게 말할 방법이 있다고요.

"여보, 제가 당신에게 부탁할 일이 있는데 해도 돼요?"
"뭔데? 무슨 부탁인데?"
"주말 11시예요. 저는 당신이 쓸데없다고 하는 드라마를 당신에게 존중받으면서 보고 싶어서요."
" …… ."
이런 경우 저희는 궁금해서 다시 질문합니다.
"선생님, 텔레비전 보면서도 남편에게 부탁하면서 봐야 하나요?"
그러면 선생님은 대답하시죠.
"그럼 혹시 남편이
'나 이 프로그램 볼 거야.' 할 때와
'여보 부탁이 있는데 내가 보고 싶은 텔레비전 프로그램을 당신에게 존중받으면서 보고 싶어.'

할 때의 차이를 어떻게 받아들일 수 있을까요. 존중받고 싶으면 내가 먼저 존중해야 하죠. 그리고 《아훈》의 목표는 배운 사람이 먼저 실천하는 프로그램입니다." 하고요.

선생님, 제가 선생님을 만나기 전에는 어제와 똑같이 살면서 다른 미래, 더 좋은 미래를 꿈꿨습니다. 제가 아니라 남편이 바뀌는 미래를 기대하며 살았습니다. 이제 27살이 된 큰딸이 초등학교 5학년 때부터 선생님을 만나면서 어제와 똑같이 살고 있지 않습니다. 또 얼마 전에 있었던 일입니다. 남편이 선물로 받았다며 현관 앞에 잠시 둔 레드 와인을 제가 급하게 옮기려다 떨어뜨려 와장창 깨뜨렸습니다. 이런 경우 예전 같으면 저희 부부의 대화는 이렇습니다.

남편 : 어 깨졌어? 조심하지.
나 : 가져왔으면 치워야지. 여기다 두면 어떡해?
남편 : 아니, 그럼 나 때문에 깨졌다는 거야.
나 : 누가 그렇대?
남편 : ….

그렇지 않아도 바빠서 이걸 언제 다 치우나 답답할 때 남편의 말은 더욱 더 저를 화나게 했습니다. 그런데 제가 어제와 똑같이 살지 않으니까 남편도 어제와 똑같이 살지 않더라고요. 와장창 레드와인이 깨지는 소리를 듣고 남편이 나와서 말했습니다.

"어? 괜찮아? 안 다쳤어?"
전 좀 놀라긴 했지만, 남편의 따뜻한 말에 미안한 마음으로 말할 수 있었습니다.
"제가 서두르다 깨졌어요."
"내가 치워 놓을 걸 …. 미안해."

"아니요. 제가 조심했어야 하는데 …. 제가 실수했어요. …. 그리고요. …."

그리고 저는 진심으로, 진심으로 그동안 배우면서 느꼈던, 언젠가 말하고 싶었던 제 마음을 표현할 수 있었습니다.

"그리고요. 제가 결혼을 참 잘했다는 생각이 들어요. 여보, 고마워요."

남편이 쑥스러운 듯 웃으며 말했습니다.

"뭘요. 저도요. 저도 끈질기게 당신 잘 따라다녔구나 하는 생각이 들어요. 여보, 고마워요."

우리는 따뜻한 시선으로 마주 보며 신혼인 듯 묘한 기분이 들었습니다. 하얀 벽과 하얀 바닥, 하얀 가구와 가구 밑 구석까지 흘러들어 간 빨간 색 끈적끈적한 와인과, 깨진 와인 병 조각들을 한 시간 넘게 가구까지 옮기고 치우면서도 '이래도 행복할 수 있구나.' 생각했습니다. 얼마 전, 5월 21일 둘이 만나 하나 된다는 부부의 날에 남편으로부터 카드를 받았습니다.

《두 딸을 아름답게 키워 줘서 고맙고, 가정을 행복하게 해 줘서 정말 고마워요. 당신을 사랑하는 남편.》

제가 듣고 싶고, 받고 싶었던 카드를 받을 수 있었습니다. 선생님을 만난 덕택입니다.

독일의 심리학자 배르벨 바츠키는 자신의 책『너는 나에게 상처 줄
수 없다』에서 사랑한다는 이유로 상대방이 과도한 기대와 사랑을 요구
하게 되는데 그 기대가 좌절되면 모든 책임을 상대방에게 뒤집어씌우
고 분노하게 된다. 이 때 자신의 마음속에 존재하는 모든 갈등이나 문
제를 풀 수 있는 사람은 바로 '자신'이다.

《아훈》에서는 끊임없이 훈련한다. 결국 모든 문제를 풀 사람은 나 자
신이다. 상대방이 나를 사랑하고 싶도록 하는 방법은 내가 사랑받을 만
한 사람이 되는 것이다. 그러기 위해서 어떤 상황이 일어나면 우선 멈
춘다. 그리고 생각한다. 이 상황을 내가 어떻게 슬기롭게 풀 것인가?
그 방법은 무엇인가? 그동안 쌓은 실력으로 그 방법에 대해 생각한다.
　텔레비전 시청 문제로 갈등이 있다. 상대방이 나를 비난한다. 특별한
대접을 받고 존중받아야 할 내가 무시당한다. 분노의 감정으로 상대방
을 몰아붙이고 싶다. 그러나 잠깐 멈추고 생각한다. 이 상황을 지혜롭
게 풀 사람은 나 자신이다. 그렇다면 어떻게 남편에게 무시당하지 않으
면서 내가 하고 싶은 말을 할 것인가. 그 방법은 무엇인가.
　"무슨 그런 말도 안 되는 드라마를 봐? 쓸데없이."
　이렇게 말하는 남편에게 그동안 쌓은 실력으로 그의 말에 실린 남편
의 마음을 읽는다.
　"당신은 저 드라마가 제게 도움이 안 된다고요. 그래서 안 봤으면 하
는 거죠."
　남편이 대답한다.

"그거 내용도 별로던데 그런 걸 뭐 하러 봐?"

'뭐 하러 보긴? 보고 싶어서 본다. 왜? 왜? 나는 저 내용이 너무나 좋은데 당신은 뭐가 그렇게 잘 났는데? ….'

하며 줄줄이 늘어놓지 않고 아내는 하고 싶은 말을 다음과 같이 한다.

"당신이 스포츠 보면서 쉬는 것처럼 저도 드라마 보면서 쉬고 싶어요. 드라마 볼 때 당신이 하는 말을 들으면 존중받지 못하는 느낌이 들어요. 저는 존중받으면서 드라마 보고 싶어요."

그는 말했다.

"이 말을 듣고 남편의 태도가 바뀔까? 그런데 놀랍게도 남편이 바뀌어서 말하더라고요.

'알았어. 미안해. 당신 드라마 볼 때 나는 노트북으로 내 거 볼게.'

저는 남편의 말을 들으며 생각했습니다. '그렇구나, 남편이 바뀌기만 바라는 것이 아니라 내가 존중받도록 말하면 남편이 나를 존중해 주는구나.' 하고요."

그리고 이어서 깨진 와인 병 얘기도 그렇다.

와인 병이 깨졌다. 왜 깨졌을까. 상대방이 제자리에 놓지 않았기 때문이다. 그러나 다시 생각한다. '내가 어떻게 했으면 와인 병이 깨지지 않았을까. 그렇지. 내가 조심해서 와인 병을 들었다면 병이 깨질 수가 없지. 내가 더 조심해야 한다.' 결론을 내릴 수 있다. 그러니까 그는 말할 수 있었다.

"제가 서두르다 깨졌어요."

그러자 남편도 말한다.

"내가 치워 놓을 걸. 미안해."

"아니요. 제가 조심했어야 하는데. 제가 실수했어요."

부부는 서로 자신의 잘못임을 인정한다. 그러자 서로 '네 탓'이 아니라 '내 탓'이라고 한다.

그리고 예전과 달라진 남편이 와인 병 깨지는 소리를 듣고 나와서 말한다.

"어? 괜찮아, 안 다쳤어?"

자신을 걱정해 주는 남편의 말을 듣자 남편이 고마웠다. 행복했다. 그리고 말한다.

"그리고요. 제가 결혼을 참 잘했다는 생각이 들어요. 여보, 고마워요."

이 말을 들은 남편은 어떤 마음이었을까. 결혼을 잘못했다는 생각이 들까. 상대방이 나를 사랑하게 할 수는 없다. 다만 상대방이 나를 사랑하고 싶도록 할 수 있을 뿐이다.

나는 이렇게 실천하는 수강자를 만나면서 힘을 얻는다. 지난 스승의 날에 캐나다에서 내 책을 읽고 또 《아훈》 프로그램에 참가했던 한 수강생의 글은 나에게 보람을 안겨 준다.

"선생님의 강의와 선생님이 쓰신 책의 힘을 이렇게 볼 수 있습니다. 그 많은 사례의 대화를 보면 잘 풀린 사례는 상대방을 있는 그대로 받아들이고 존중한 것입니다. 거기에는 어떤 조건도 없습니다. 인간을 있는 그대로 받아들이고 존중하는 것을 알고 나니 남 탓했던 제가 제 탓으로 돌리게 되었습니다.

선생님과 선생님의 책을 만나지 못했더라면 저의 삶은 상상할 수 없습니다. 저의 생명을 구해 준 것과 다름이 없습니다."

눈물이 흐른다. 행복해하는 수강자와 독자를 만나면 왜 이렇게 행복한 눈물이 자꾸 나는지. "주님 오늘도 당신의 도구로 써 주셔서 고맙습니다."

새벽 3시 집 나간 딸의
잃어버린 휴대폰

《아훈》강사가 자신의 사례를 말했다.

토요일 밤이었습니다. 《아훈》을 배운 지 5년이 되는 저는 모처럼 취업한 큰딸과 이제 막 취업을 준비하는 둘째와 고3인 막내딸과 이런저런 얘기를 나누고 있었습니다. 어느새 새벽 세 시가 지나고 있었습니다. 그때 고3인 막내딸이 휴대폰을 보더니 제게 말했습니다.

"엄마, 친구들이 지금 편의점에서 놀고 있대요. 올 수 있냐고 하는데요."

저는 생각할 겨를도 없이 할 말을 하고 싶었습니다.

'너 제정신이냐? 지금이 몇 신데?!! 못 나간다고 말해. 만나려면 내일 날 밝으면 만나.'

그러나 정신을 차리고 말했습니다.

"그래. 친구들이 지금 너를 보고 싶어 한다고 …."

다정한 제 말을 들은 막내딸은 제 속마음을 알아차렸는지 조용히 자기 방으로 들어갔습니다. 저도 그 모습을 보며 더 이상 다짐하지 않아도 설마 이 새벽에 집 밖으로 나가지는 않겠지 하며 잠을 청했습니다.

그런데 아침에 일어나 보니 막내딸의 방은 텅 비어 있었습니다. 평소엔 메모라도 남겼는데 메모도 없었습니다. 아이의 휴대폰으로 전화했지만 받지 않았습니다. 예전이라면 아이의 친한 친구들 모두 찾아서 일일이 다 전화했겠지만 기다렸습니다. 분노와 불안함으로 오전의 긴 시간을 보내고 있는데 열 시쯤 모르는 번호로 전화가 왔습니다. 고3 막내딸이었습니다.

"엄마, 저 지금 학원 왔고요. 이 휴대폰 친구 것이고요. 그리고 … 저, 휴대폰 잃어버렸어요. 새벽에 친구 만나러 가는 택시 안에 두고 내렸나 봐요."

저는 또 하고 싶은 말이 속에서 톡톡 튀어나왔습니다.

'뭐?? 자~알 하고 다니는 짓이다. 꼭두새벽부터 나돌아 다니더니 휴대폰도 잃어버리고. 어떡할 거야!! 몰라. 네가 잃어버렸으니 네가 알아서 해. 집에 들어올 생각도 하지 마!'

저는 또 마음속에서 튀어나오려는 말을 하지 않고 생각하며 말했습니다.

"저런~ 그래서 연락이 안 되었구나. 어떡하나. 새벽에 탔던 택시를 찾아야 할 텐데."

"엄마, 내가 탔던 택시 회사도 택시 기사도 생각나는 게 없고. 택시 요금을 카드로 낸 게 생각이 나서 조회를 했는데 이상하게 카드 사용

내역이 없다고 떠요."

저는 또 '전화는 해 봤어? 뭐? 카드 사용 내역이 없다고?' 하고 싶었지만 차분하게 말했습니다.

"그래. 전화는 계속 해 보고 있지 … ?"

"네. 그런데 제가 무음으로 해 놔서 그런지 안 받아요. 요즘 택시 기사들은 두고 내린 휴대폰은 그냥 팔아 버린대요."

저는 또 말하고 싶었습니다.

'그러니까 제발 좀 전화기 무음으로 해 놓지 말라고!! 그리고 누가 택시 기사들이 팔아 버린다고 해, 누가? 세상에 다 도둑만 사는 줄 아냐. 그리고 그런 말 듣고 찾아보지도 않고 덥석 새 전화기 살 수는 없지. 그러게 정신 좀 똑바로 차리고 살라고. 그러게 왜 그 새벽에 나갔냐고!! 나가긴!! @#$*%$#@ ….'

그러나 저는 또다시 정신을 차리고 말했습니다.

"그래. 그런 사람도 있구나. 모든 기사님이 다 그러시진 않겠지. 우리 전화받기를 바라는 마음으로 계속 전화해 보면서 기다려 볼까."

"알았어요."

그렇게 저는 어렵고 어렵게 화내지 않고 전화를 끝냈고 오후 한 시쯤 막내에게서 다시 연락이 왔습니다.

"엄마, 전화기 개통한 대리점에 가면 분실 휴대폰 위치를 추적해서 서비스를 받을 수 있다는데 엄마가 대리점에 가 주실래요?"

'으이구, 못 살아 ….' 하려다가

"그럴게."

저는 막내딸의 휴대폰 모델명을 적어 대리점에 갔고, 저는 위치 추적 전에, 한 번 더 딸의 전화로 전화를 걸었습니다. 그런데 전화를 받았습니다. 아이의 친구였습니다. 친구 집 어딘가에 놓고 기억을 못 했던 것입니다. 제가 얼른 막내딸에게 전화하자 아이가 말했습니다.

"엄마, 죄송해요. 앞으로 정신 제대로 차리고 살게요."

'그러니까 정신 똑바로 차리고 살라고. 앞으로 이러면 그땐 국물도 없어!!!' 이 말은 속으로만 되뇌었고 저는 다음과 같이 말할 수 있었습니다.

"그래. 우리 막내가 오늘 중요한 걸 많이 배웠네."

배우고는 있지만 아직도 순간순간 예전에 생각 없이 막 하던 말이 나오려는 순간 멈추고 생각하며 말하려고 노력하고 있습니다. 그 결과겠지요. 아이가 요즘 들어 가끔 제게 주는 보석 같은 선물을 그날도 받았습니다.

"엄마, 제가 엄마를 얼마나 존경하는지 모르시죠."

전화기 찾으러 친구 집으로 신이 나서 가는 아이의 뒷모습을 보며 생각했습니다.

'이런 일로 아이에게 소리 지르거나 화내지 않아서 얼마나 다행인가.' 그리고 선생님이 하셨던 말씀도 생각났습니다.

"사랑을 화로 표현하면 사랑이 화 속에 묻혀 버리거나 때로는 없어지거나 죽어 버린다."

라고요. 그럴 뻔했는데 그날도 '사랑'을 '사랑'으로 지킬 수 있었습니다. 제가 생각해도 제가 많이 발전한 것 같아서 저 자신에게 고마웠습니다.

부모는 자녀가 실패 없이 성장하기를 원한다. 아이들이 넘어질까 봐, 다칠까 봐, 상처 받을까 봐, 늘 불안해하고 걱정한다. 부모는 자녀를 안전하게 통제해야 한다고 생각한다. 그렇다면 걸음마를 배우는 아기가 넘어지지 않고 걸을 수 있을까. 아이들이 자라면서 위험은 더 커진다.

네델란드의 리더십 전문가 맨프레드 케츠 드 브리스 교수가 쓴 책 『삶의 진정성』에서 그는

"우리의 인격이 성공보다는 실패에 의해 형성되며, 지혜는 실패로 인한 고통을 치유하는 과정에서 얻는 깨달음"이라고 했다.

결국 넘어지면서 걸을 때 진정으로 지혜를 얻게 된다는 것이다. 그러나 이러한 사례를 들을 때마다 생각하게 된다. 사례 발표를 들을 때는 '그래. 그렇게 말할 수 있지.' 하면서 자신도 그 상황이 되면 발표자처럼 할 수 있을 것 같다는 생각이 든다. 그러나 실제 상황에 맞닥뜨리게 되면 그 생각은 어디론가 사라지고 고통스러움이 밀려온다. 대학입시를 앞둔 고3 딸이 새벽 3시 넘은 시간에 친구들이 놀고 있다는 편의점에 말없이 간 사실을 안다면 과연 평정심을 유지하는 부모가 될 수 있을까. 그것도 새벽에 여자 혼자 위험하다고 생각하는 택시를 타고 갔고, 휴대

폰까지 잃어버렸다. 아무리 마음의 준비를 하고 대화를 하지만 순간순간 '너 같은 자식 없다고 생각할게. 아예 집을 나가라고.' 하고 싶을 때가 없다면 부모의 감정이 아니지 않을까. 그러나 그는 자신과의 싸움에서 버텨 낼 수 있었다. 준비했기 때문이다.

우리는 찬찬히 생각하고 준비해야 한다. 우리 아이들이 성공할 수 있도록, 지혜를 얻도록 도우려면 부모는 아이들이 '실패'할 것에 대한 준비도 해야 한다.

그래야 아이의 보석 같은 말,

"엄마, 죄송해요. 앞으로 정신 제대로 차리고 살게요."

하는 말을 들을 수 있다. 이 말은 아이 자신의 결심이기 때문에 빛나는 말인 것이다.

그리고 또 말한다.

"엄마, 제가 엄마를 얼마나 존경하는지 모르시죠."

아이들은 '존경한다'고 말하면서 부모의 존경하는 행동을 배운다. 또 비난받으면서 비난하는 행동을 배운다. 그러나 부모가 비난하지 않고 존경받을 수 있는 행동을 하기가 얼마나 어려운지 자녀를 사랑하는 부모는 안다.

그럼에도 그 준비가 된 부모는 아이들이 실패할 때 화내지 않고 기다릴 수 있음을 위 사례에서 보여 주고 있다.

지금 고3이 된 막내딸이 중학교 2학년 때부터 배우기 시작해서 《아훈》강사가 된 아름다운 선생님의 사례를 들으며 선생님에 대한 존경심과 고마운 마음과 함께 이 프로그램을 만들도록 이끌어 주시는 주님께 감사드린다.

어? 학교 안 갔네

지혜로운 엄마가 되는 길이 얼마나 머나먼 길인지 나의 수강생은 말해 주었다.

제 막내딸이 초등학교 5학년 때 친구를 폭행해서 제가 학교에 불려 갔었습니다. 그때부터 저는 어떻게 하면 딸이 사람이 될까를 걱정하며 교육 프로그램을 찾고, 찾고, 찾아서 《아훈》을 만나 대전에서 서울까지 오가며 공부하기 시작했습니다. 그 딸이 벌써 고3이 되어 수능을 마친 작년 12월 어느 날이었습니다. 그날 아침 설거지를 마치고 아이 방을 정리하려고 들어갔는데 학교에 가 있어야 할 딸이 침대에서 자고 있었습니다.

'야!!? 응? 얘, 왜 이러고 있어.' 하려다가 잠깐 멈추고 말했습니다.

"어? 학교 안 갔네."

"네. 수능도 끝났고 학교에서는 수업도 안 하는데 저는 오후부터 밤 늦게까지 학원에서 그림 그리자니 너무 피곤해서 오전에는 쉬어야

해요."

"그래. 엄마는 네가 담임 선생님께 의논드리고 결정했는지 궁금하네."

"선생님께 아침에 학교 왔다가 일찍 가도 되냐고 했더니 그러면 무단 조퇴 된대요. 작년 졸업한 선배 말이 무단 조퇴 세 번이면 무단결석 한 번이고 무단결석 세 번 하면 그 후로는 학교에서 출결에 대해 관여를 안 한대요. 그래서 학교 안 갔어요. 한 달 뒤면 방학이고 ⋯. 안 가려고요."

무심한 듯 말하는 딸을 보며 저는 말하고 싶었습니다.

'야!! 기가 막힌다, 기가 막혀. 내가 정말 너 땜에 못 살아, 못 살아. 수능 끝났다고 학교가 끝난 건 아니지. 그리고 학교 가는 게 뭐가 그리 힘들어 힘들긴. 수업도 안 한다면서. 학생이 학교도 안 가면 그게 학생이야? 그 선배라는 애, 걔 대체 누구야? 걔 대학은 갔어? 빨리 안 일어나!!!'

하고 싶었지만 '잠깐, 이건 아니야. 그럼 뭐라고 말하지.' 다시 생각했습니다.

'그래? 하긴 그렇기도 하겠다. 그럼 담임 선생님에게 좀 봐 달라고 부탁드려야 하나, 담임 선생님에게 교무실로 전화해야 하나, 선생님 휴대폰으로 전화해야 하나.'

이렇게 하는 것도 말이 안 되는 것 같았습니다. 저는 또 생각해 보았습니다.

'그래. 그런데 그건 3년 동안 함께 공부한 반 친구들이나 담임 선생님에게 무례한 거야. 또 나중에 대입에 불이익을 당하면 어쩌려고. 엄마 친구 명희 엄마 알지. 그 집 아이가 작년 대입 때 출결 문제로 면접에서 떨어져서 삼수했잖아. 얼른 일어나, 엄마가 학교까지 차로 태워다 줄게.'

이것도 아닌 것 같았습니다. 잠깐 온갖 생각을 다 마무리하고 그동안 배운 모든 실력으로 할 말을 정리하고 말했습니다.

"그래. 엄마는 네 생각에 찬성할 수 없네. 하지만 말릴 수도 없어. 다만 엄마 생각은 네가 앞으로 남은 한 달 동안 유종의 미를 거둘 수 있었으면 해. 네 인생 100년을 산다면 그 삶 중에 다시는 갈 수 없는 고등학생으로서 한 달 남았는데 그것을 다 채우지 못했다는 게 너에게 계속 남을 것 같아서 말이야."

"엄마, 저는 학교가 아주 지긋지긋해요."

'누군 좋아서만 학교 다니냐. 엄마도 엄마 노릇 하기 지긋지긋하다고!'

하고 싶었지만 저는 또 제 실력을 모아서 말했습니다.

"그래. 싫을수록 더 그렇다고 생각해. '내가 정말 하기 싫어도 끝까지 해 냈다.' 하는 인내심이 너 자신에 대한 자긍심이 될 거라고 생각해."

"생각해 볼게요."

'생각해 보긴, 무슨 얼어 죽을 생각이야!!!' 하고 싶었지만 또다시 마음을 가다듬고 말했습니다.

"그래. 엄마는 네 결정을 기다릴게."

이렇게 대화를 마쳤습니다. 정말로 어렵게요.

제가 한 말이 몇 마디 안 되지만 그 몇 마디를 말하는 게 얼마나 어려운지요. 그냥 하고 싶은 말 막 하고 싶었습니다. 그러나 마지막 말 "그래. 엄마는 네 결정을 기다릴게." 하는 말을 마치자 제가 좀 괜찮은 엄마, 좀 우아한 엄마가 된 것 같았습니다. 그렇게 대화를 마치자 제 기분도 훨씬 홀가분해졌습니다.

다음 날, 저는 아이 방문 앞에서 '얘가 오늘 학교에 가려나 어쩌려나.' 마음 졸이며 살짝 방문을 열었습니다. '세상에!' 아이는 학교에 갔고 방은 깨끗이 정리된 채 텅 비어 있었습니다. 저는 아이에게 문자를 보냈습니다.

《엄마 마음을 헤아려 줘서 고마워. 오늘 아침 엄마는 우리 딸을 업고 온 동네를 한 바퀴 뛰고 싶어. 고마워.》

2012년 3월, 아이가 초등학교 5학년 때, 학교 폭력 문제로, 그것도 가해자의 학부모로 몇 번씩이나 학교에 불려 갔을 때는 저 아이가 사람이 될까 말까 조마조마하던 아이였는데. 그렇게 마음 졸이며 말하기조차 조심스러워 생각하고 또 생각하면서 대화했던 아이는 이제 대학생이 되었습니다. 선생님, 그래서 제 아이가 무난히 대학 간 거겠죠. 제 노력의 힘으로요. 제가 하고 싶은 말 막 하면서 아이를 사랑했다면 아이가 제 사랑을 사랑으로 받아들였을까요. 배울 수 있음에 감사드립니다.

나는 또 이렇게 실천하는 수강자인 선생님을 존경하지 않을 수 없다. 대학 4년을 장학생으로 성실하게 마친 어머니는 이렇게 불성실한 태도를 보이는 딸을 도저히 그냥 넘어갈 수 없었을 것이다. 이러한 사건들을 해결하면서 어머니는 몇 번이나 소리 지르고 싶고 화내고 싶었을까. 그러나 매 순간 멈추고 연구하며 말했다. 그리고 결국 아이가 자신이 할 일을 스스로 결정하고 선택하도록 했다. 아이가 스스로 결정하고 선택하는 일이 얼마나 중요할까.

이런 경우 부모의 강요에 의해서 다음 날 학교에 간다면 그냥 갈 수밖에 없으니까 학교에 간 것이다. 부모의 강요에 의한 행동은 책임질 의무를 느끼지 못한다. 삶의 주인공이 자신이라는 생각은 전혀 할 수 없다. 그러나 어머니와의 대화에서는 다르다. 본인이 선택하도록 돕는 것이고 본인이 선택해야 본인이 자신의 삶을 책임질 수 있게 된다. 그래서 어머니는 본인이 선택하도록 끝까지 인내심과 실력으로 다음과 같이 말한다.

"엄마는 네 생각에 찬성할 수 없네. 하지만 말릴 수도 없어. 다만 엄마 생각은 ⋯."

'다만 엄마 생각은 ⋯.' 하고, 이어서 엄마 생각을 말한다. 엄마 생각은 엄마의 가치관이다. 그리고 어머니는 끝까지 너를 존중하여 너의 선택을 따를 것임을 또다시 말한다.

"엄마는 네 결정을 기다릴게."

간단한 한 마디지만 이 말을 하기까지 참으로 긴 훈련의 결과라는 걸 배우는 사람들은 경험한다. 엄마의 강요에 의한 행동이 아니라 엄마의 조언을 헤아리며 자신이 결정할 수 있도록 돕는 것이다.

이렇게 선택한 결과는 아이의 가치관으로 세상을 살아가는 삶의 지침이 된다. 행동을 바꾸게 하는 것보다 더 중요한 것은 생각을 정립하는 것이다. 올바른 생각을 할 때 올바른 행동을 할 수 있기 때문이다. 어떻게 보면 일상적으로 일어날 수 있는 작은 사건이지만 이 사건을 통하여 삶의 철학을 결정짓게 되는 것이다.

나는 아름다운 선생님에게 존경과 감사의 마음을 담아 말하고 싶다. "화내지 않고 해결하기 어려운 사건을, 배우는 대로 실천해 주셔서 고맙습니다. 부모가 자녀에게 가르쳐야 할 가장 중요한 삶의 가치관을 찾게 해 주셨습니다. 제가 이 프로그램을 만들고 강의하는 보람을 또 다시 느끼게 해 주셔서 고맙습니다."

말만 하면 찌개가 뚝딱 나와요?

두 딸의 엄마인 《아훈》 강사가 사건을 어떻게 해결했는지 자랑했다.

저는 누구나 예쁘다고 하는 두 딸을 두고 있습니다. 제가 딸들에게 바라는 건 겉모습만이 아니라 서로 따뜻한 우애로 세상을 아름답게 사는 것입니다. 그런데 딸들이 성장하면서 쉼 없이 다투었고 저는 방법을 찾아 아이들과 함께 실천했습니다. 지금 큰딸은 취업을 했고, 작은딸은 대학 졸업반이어서 취업 준비를 하고 있습니다. 먼저 취업한 언니가 소극적인 성격의 동생이 가장 어려워하는 면접을 열심히 도왔습니다. 동생과 함께 예상 질문지까지 만들어서 훈련 또 훈련했습니다. 드디어 자기가 가장 가고 싶어 하는 회사의 1차 면접시험을 보고 온 날, 작은딸이 들뜬 목소리로 말했습니다.

작은딸 : 엄마, 아빠, 언니, 나 1차 면접 붙었어요. 회사에서 2차 면
　　　　접 보러 오래요!

엄마 : 우와!!! 축하! 축하해. 우리 딸.

작은딸 : 엄마, 내가 붙으면 언니 덕이 약 70%라고 생각해요.

엄마 : (큰딸에게) 면접 고수님, 열과 성의를 다해서 우리 작은딸 가르쳐 주셔서 감사합니다. 어떻게 스승님께 이 고마운 마음을 표현해야 하는지요?

그때 옆에 있던 남편이 말했습니다.

아빠 : 뭐니 뭐니 해도 머니지요.

그러자 큰딸이 말했습니다.

큰딸 : 동생이 합격하면 저에겐 그게 가장 큰 선물입니다.

저는 큰딸의 말에 동생에 대한 깊은 애정을 느끼며 감동으로 목이 메었습니다.

엄마 : 우와, 우와, 우와, 우리 딸이지만 엄마는 우리 딸을 존경합니다.

남편이 한 마디 더 했습니다.

남편 : 그동안 회사 일로 스트레스가 있었는데, 한 번에 확 날아가네. 고마워요, 여보. 그리고 고마워요, 우리 예쁜 자매님.

그곳이 천국이었습니다. 두 딸이 내게 와 줘서 고마웠습니다. 남편을 만날 수 있음에 감사했습니다. 그동안 끊임없이 배울 수 있었던 자신에게도 감사했습니다. 그리고 좋은 프로그램 만들어 주신 선생님께 감사했습니다.

그리고 그는 말했다.

"작은딸은 자신이 가장 존경하는 롤 모델이 언니라고 하면서 어느 날은

'엄마, 언니가 절 낳았어요. 언니가 정말 저에게 잘해 줘요.'

하더라고요. 그리고 작은딸은 2차 면접까지 합격해서 가장 가고 싶은 회사에 입사해서 이 어려운 시기에 출근한 지 2주째입니다."

그는 벌써 14년째 《아훈》 프로그램에서 훈련하고 있고, 지금은 자신의 경험을 나누는 유능한 강사이기도 하다. 배움은 날마다 깨어 있는 것을 의미하고 일상의 작은 사건으로부터 시작된다. 그는 또 다른 사례도 소개했다.

그날도 제가 연구소에서 공부하고 저녁 7시쯤 집에 도착했는데 남편이 퇴근해서 말했습니다.

"아, 돼지고기 김치찌개 먹고 싶다."

저는 남편의 말을 듣자, 《아훈》을 강의하고 있지만 아직도 그냥 막 하고 싶은 대로, 튀어나오는 대로 말하고 싶었습니다.

'뭐요? 아침에 해 놓은 카레 먹으려고 했는데 …. 돼지고기도 없는데 언제 해요? 그럼 당신이 퇴근하면서 돼지고기를 사 오던가, 그냥 말만 하면 찌개가 뚝딱 나와요?'

제가 이렇게 떠오르는 대로 말했다면 남편은 '아, 됐어.' 할 것이고 그러면 저는 '뭘, 또 그런 거 가지고 삐지냐?' 하며 씁쓸한 저녁이 되었을 겁니다. 그런데 저는 생각하고 말했습니다.

"어? 아침에 해 놓은 카레 먹으려고 했는데 …. 돼지고기 없는데. 아, 여보, 조금만 기다려요. 제가 빨리 나가서 돼지고기 사 와서 김치찌개 할게요."

말을 하고 나서 생각하면 '내가 어떻게 이런 말을 이렇게 쉽게 할 수 있지?' 신기하기도 했습니다. 저는 얼른 나가서 돼지고기를 사 와서 편안하게 김치찌개를 했습니다. 저녁 식사 후에 남편이 말했습니다.

"여보, 고마워. 정말 맛있었어. 퇴근하는데 어디서 김치찌개 냄새가 나더라고. 그래서 갑자기 먹고 싶더라고. 당신도 피곤할 텐데. 내일은 아무것도 안 해도 돼. 내일은 오늘 남은 김치찌개 먹을게."

"네. 맛있게 드셔서 고맙습니다."

그는 자신의 사례를 소개하며 말했다.

"배우고 훈련하지 않았으면 이렇게 간단한 사건에서 그때 그렇게 의식하지 못했을 것이고, 남편의 행복한 표정도 볼 수 없었을 것입니다."

그리고 이어서 말했다.

"저는 《아훈》을 만나고 훈련하기 전에는 '이해'에 대해 근원적으로 알지 못했습니다. 그러니까 퇴근한 남편이 '김치찌개 먹고 싶다.'는 말의 의미를 제대로 이해하지 못했고, 이해하지 못하니까 '다 준비된 카레 먹으면 돼요.' 하고 끝냈었습니다. '이해'의 참뜻을 모르니까 잘못된 이해를 했죠. 그래서 건조한 부부 관계가 이어졌고, 삭막한 부부 관계에 대해서는 남편 탓만 했었습니다. 그러나 '이해'의 참뜻을 알게 되자 저는 행복을 찾게 되었습니다."

그리고 그는 이제는 성인이 된 큰아이와 어렸을 때 있었던 일도 털어놓았다.

선생님, 이해한다는 건 참으로 어려운 일이더라고요. 제 아이가 여섯 살이었던가, 처음 한글을 배워서 동화책을 띄엄띄엄 읽게 되었습니다. 아이는 점점 아는 글자가 많아지면서 어느 날인가 줄줄 신나게 읽었습니다. 저는 여섯 살 아이가 줄줄 한글을 읽는 걸 보면서 자랑스럽고 고맙고 신기하기까지 했습니다. 그런데 책을 읽던 아이가 조금씩 힘이 빠지는가 싶더니 속도가 느려지면서 조금씩 울먹였습니다. 저는 가엾은 주인공을 상상하며 우는 아이를 보며 감동했습니다. 훌쩍이며 책을 읽던 아이가 드디어 '으앙~' 하며 울음을 터트렸습니다. 저는 똑똑한 아이를 보며 신이 나서 말했습니다.

"저런! 주인공이 너무 불쌍하고 가엾어서 우는 거야?" 그런데 아이가 대답했습니다.

"아니요. 엄마. 난 이 글이 무슨 뜻인지 하나도 모르겠어요."

저는 할 말을 잃었습니다. 그리고 아이를 이해할 수 없었습니다. 무슨 뜻인지 모르면 모른다고 말하든가, 읽지 말든가 하면 될 일을 왜 우느냐고요. 저는 아이를 나무라는 마음으로 말했습니다.

"그럼 말을 해야지. 말을. 울지 말고 무슨 뜻인지 모르겠다고 말을 해야지. 그건 네가 더 크면 무슨 뜻인지 다 알게 돼. 그만 울고 책도 그만 읽어."

그때 저는 그 수준이었습니다. 이제 돌아보면 아이에게 얼마나 미안한지요. 그래서 알게 되었습니다. 강의 중에 선생님이 자주 인용하는 포리스트 카터가 했다는 말의 의미를요.

사랑과 이해는 같은 것이며 이해할 수 없는 것을 사랑할 수 없다는 것을요. 더하여 이해하지 못하는 사람을 사랑할 수는 더더욱 없다는 것을요.

그때 제가 사랑과 이해는 같은 것이라는 것을 지금처럼 알았더라면, 그리고 배웠더라면 뜻보다 글을 더 빨리 배운 아이에게 감동하며, 사랑하는 마음을 담아 따뜻이 안으며 말했을 것입니다.

'저런! 그랬어. 글의 뜻을 이해할 수 없으니까 힘들고 답답해서 울었어. 그러니까 책을 계속 읽기가 힘들다고. 그래. 그럼 엄마가 어떻게 도와주면 될까.'

하고요. 그러므로 계속 배우지 않을 수 없었고 강사까지 되었습니다.

나는 아름답고 고마운 강사의 실천 사례를 듣고 며칠 동안 김치찌개 냄새로 행복했을 그분을 떠올리게 되었다. 퇴근길의 김치찌개 냄새에 고향 냄새가 묻어 있었던 건 아닐까. 보고 싶은 어머니 냄새도 묻어 있었던 게 아닐까. 고향 같은 아내가 있는 그분은 얼마나 행운인가. 더 중요한 것은 아버지와 어머니의 이 모든 모습을 아이들은 옆에서 뒤에서 보고 배운다는 것이다. 나는 오늘도 이렇게 '이해'하며 실천하는 사람들을 만나는 행운에 감사드린다.

에리히 프롬도 현대인들이 사랑을 갈망하지만 사랑에 대해서 배워야 할 것이 있다고 생각하는 사람은 거의 없다고 하면서 사랑은 기술이며, 기술은 훈련이 요구되고, 전 생애를 통한 훈련이 필요하다고 했다.

《아훈》은 실제적인 상황에서 사랑의 기술을 훈련하는 프로그램이며 전 생애를 통해서 훈련하는 프로그램이다.

이거 쟤는 주지 마요

자매의 우애를 키우는 게 쉽지 않다는 《아훈》 강사가 자신의 사례를 소개했다.

지방에 강의 다녀오느라 집안이 어수선한 채 그대로여서, 큰딸(25세)과 제가 청소를 하고 있었습니다. 고2인 작은딸은 꼼짝도 하지 않았습니다. 저도 뭐라고 말하고 싶었지만 꾹 참고 청소를 마친 다음 초밥과 우동을 먹자며 준비하는데 큰딸이 말했습니다.

"엄마, 이거 쟤는 주지 마요. 엄마랑 저는 청소하고 빨래 개고 저녁 하느라 바쁜데 쟨 꼼짝도 안 하잖아요."

아마 제가 배우지 않았다면 이런 대화를 했을지 모릅니다.

'하이고~ 언니가 돼서, 소갈머리 하고는 …. 그러고 싶냐?'

'쟤가 얄밉잖아요 ….'

'쟤가 어제부터 몸이 좀 안 좋다고 하더라. 언니라는 사람이 동생이 아픈지 어떤지도 모르고. 그래 보여도 쟤가 얼마나 속이 깊은지 아니?'

'알았어요. 그만하세요. 그저 늘 저만 못됐죠.'

'누가 너 못되었대? 그냥 그렇다는 거지. 그런 일로 또 파르르 하긴. 먹던 밥이나 먹어. 너 먹고 싶다고 해서 초밥 했잖아!'

'됐어요.'

제가 의식하지 않고 말했다면 이렇게 대화가 이어졌을 텐데 저는 큰딸이 "엄마, 이거 쟤는 주지 마요." 하는 말에 아이의 마음을 살피며 말했습니다.

"이거 동생 주지 말라고."

"네. 엄마랑 저는 청소하고 빨래 개고 저녁 준비하느라 바쁜데 쟨 꼼짝도 안 하잖아요."

옆에서 언니의 말을 들은 작은딸이 편의점에 간다며 밖으로 휙 나가버리자 큰딸이 말을 이었습니다.

"쟤만 보면 너무 답답해요. 엄마랑 제가 바쁜 걸 보면서도 그렇게 생각이 없나? 눈치도 느리고 행동도 굼뜨고 대체 왜 저 모양이래요? 전요, 쟤만 보면 답답한 게 한둘이 아니라고요."

"그래. 동생이 답답하다고. 네가 동생에게 그렇게 느끼는 건 모두 엄마 때문일 거야. 너 어릴 때 엄마가 네게 잘못한 게 많거든."

"엄마가요? 제게 뭘요?"

"네가 어렸을 때 네가 뭘 좀 늦게 하면 엄마가 기다리지 못해서 빨리 하라고 다그치고, 네가 실수하면 그걸 통해서 배우는 거라고 이해해야 했는데, 이해하지 못하고, 어린 네가 모든 걸 다 잘할 수는 없는 거니까 모든 걸 다 잘하지 않아도 된다고, 엄마가 그랬어야 했는데 엄마가 그러지 못했거든. 늦으면 야단치고, 실수하면 무섭게 화내면서 혼내고 그랬거든. 그래서 엄마는 네게 너무 미안해. 그때는 그렇게 하는 게 잘못된 거라는 걸 몰라서 그랬어."

제 진심이었습니다. 그러자 갑자기 밥을 먹던 큰딸의 눈에서 눈물이 뚝뚝 떨어졌습니다. 저는 놀라면서도 그 눈물의 의미를 알 것 같았습니다. 제가 딸에게 잘못했다고, 미안했다고 하는 말을 하지 않았었거든요. 늘 닦달만 하던 제게 시달렸던 딸의 커다란 외로움이 내면에 갇혀 있다가 갑자기 툭 터져 나오는 것 같았습니다. 그 서러움이 폭발하는 것을 이해할 것 같았습니다. 제 목소리가 크거든요. 그 큰 목소리로 힘껏 소리 질렀었거든요. 너무 가슴이 아파서 아무 말도 할 수가 없었습니다. 너무나 미안하고 측은하고 안쓰러운데 뭐라고 말해야 할지 몰라서 그냥 그 서러움이 녹기를 바라며 딸을 꼭 안았습니다. 한참 흐느끼던 딸이 눈물을 닦고 조용히 말했습니다.

"그러게 진작 《아훈》 교육을 좀 받으시지 그러셨어요."

"그러게. 그래서 몇 배로 열심히 배우고 있어. 그리고 네가 동생에게 말은 그렇게 하면서도 우동 3인분 끓이는 걸 보면서 네 진심은 그렇지 않은 걸 엄마는 알고 있었어."

"네. 진짜 그러려고 한 건 아니었어요."

큰딸은 동생에게 전화했고, 전화기가 꺼져 있는 동생에게 문자를 보냈습니다. 큰딸이 여러 번 문자를 보내자 작은아이가 자신이 있는 곳을 알려 주었습니다. 저는 어둑해진 저녁 천변에서 자전거를 타고 있다는 작은딸을 찾아갔습니다. 저를 본 딸은 볼멘소리로 말했습니다.

"언니는 정말 짜증나요. 툭하면 신경질이고, 또 화내고."

"그래. 그래서 엄마가 네게 미안해."

"왜 엄마가 미안해요?"

"언니가 어렸을 때, 엄마가 늘 언니에게 그렇게 했거든. 늦는다고 야단치고, 실수한다고 무섭게 혼내고 잘못한다고 화내고. 언니가 너에게 화내는 걸 보면 옛날 엄마가 언니에게 화냈던 모습을 그대로 보는 것 같아. 그래서 엄마는 언니에게도 미안하고 네게도 미안해. 그때는 그렇게 하는 게 잘못인 줄 몰랐어. 그래서 엄마는 너에게도 사과하고 싶어."

작은딸은 웃으며 말했습니다.

"헤헤 용서해 드릴게요."

"그래, 용서해 줘서 고마워. 그 말은 언니가 너에게 또 짜증을 내도 이해해 주겠다는 뜻이지."

"네 …. 이해하려고 노력할게요 …. 언니가 제게 문자도 보내고 카톡도 보냈어요."

다음은 아이에게 허락받고 본 자매의 문자 내용입니다.

《전화받아 봐. 언니가 사과하고 싶어서 그래. 엄마 어제 강의 다녀오셔서 피곤하실 텐데 네가 청소 안 도와줘서 언니가 좀 화났어. 그래도 말을 잘 할 수 있었는데. 그런 식으로 말해서 미안해.》

《내가 말을 했어야 하는데, 속으론 엄마한테 죄송해서 아까 엄마에게 사과 드렸어. 내 우동도 만들어 놨다면서. 미안해 언니.》
《아니야. 우동은 불었지만 먹어도 돼. 너도 아팠다며. 미안.》

저는 집에 돌아와서 두 아이에게 말했습니다.
"고마워. 엄마가 전생에 나라를 구했나 봐. 이렇게 마음이 너그러운 딸들을 선물로 받았으니 말이야."
그리고 그는 말했다.

"선생님, 정말로 오랜만에 아이들에게 미안하고 불편했던 마음이 많이 덜어진 것 같고, 자신감도 생기면서 많이 편안해졌어요. 제 잘못으로, 또 제 노력으로 아이들과 제가 지니고 있던 아픈 상처들이 많이 치유되고 있는 것 같습니다. 아이들의 얼굴에도 밝은 기운이 넘치는 것 같습니다. 제가 배우지 않았다면 이런 경우에 무슨 말을 어떻게 해야 하는지 알 수 없었을 것입니다. 아마도 화내며 훈계, 충고, 설득, 그리고 비난하며 끝냈을 것입니다. 제가 배우길 참 잘했다는 생각을 또 했습니다. 고맙습니다."

나는 사례를 발표하며 활짝 웃는, 이제는 훌륭한 강사가 된 선생님의 얼굴에서 세 자매를 키우며 어려웠던 숙제들을 조금은 더 풀어낸 듯 맑아진 마음을 느낄 수 있었다.
"엄마, 이거 쟤는 주지 마요."

이 한 마디를 통해서 그는 전생에 나라를 구한 선물을 받은 것이다. 그는 배우면서 알았다. 자신이 엄마 역할을 잘못했다는 것을. 엄마의 불평등한 관심과 애정으로 아이들 각각 느꼈을 감정들. 섭섭하고, 억울하고, 괘씸하고, 원망스럽고, 답답했던 감정들. 그 감정이 아이들 마음 안에 쌓였음을 어머니는 배우면서 알았다. 그는 아이들의 마음에 쌓여 있는 서로에 대한 부정적인 감정들을 덜어 내려고 작은 사건에서도 기회로 만들려고 애썼다. 이제는 조금씩 깊이 있는 사랑이 어떤 것인지, 자신이 알고 있는 것을 아이들에게도 전하고 있다. 그 진정성은 결국 겸손한 어머니의 고백에서 시작된다. 그의 올바른 훈련으로 서로의 마음에 아픔으로 남은 마음의 짐을 덜어 내고 있다. 물론 더 긴 시간의 훈련과 인내가 필요할 것이지만 그는 지금까지의 노력으로도 많은 짐을 덜어 냈다. 아이들에 대한 올바른 관심과 애정이 있기 때문이다.

그래서 미국의 정신과 의사인 스캇 펙은 말했나 보다. "진정으로 사랑하는 관계는 어떤 관계든 서로 심리 치료적"이라고.

우리는 강사가 된 수강자의 행복한 사례를 들으며 한 장면에 대한 아쉬움을 나누었다. 잠깐 처음으로 돌아가 본다.

언니 : 엄마, 이거 쟤는 주지 마요.

엄마 : 이거 동생 주지 말라고.

언니 : 네. 엄마랑 저는 청소하고 빨래 개고 저녁 준비하느라 바쁜데 쟨 꼼짝도 안 하잖아요.

이 대화에서 어머니는 언니의 말을 어떻게 이해했을까. 엄마가 '언니는 동생에게 불만이 많구나.'로 이해한다면 언니에게 '동생을 이해하고 사랑하라.'고 가르치고 싶을 것이다. 그러니까 언니에게 말하고 싶었다.

"하이고~ 언니가 돼서, 소갈머리 하고는 ⋯. 그러고 싶나?"

그러면 언니도 말한다.

"쟤가 얄밉잖아요 ⋯."

"쟤가 어제부터 몸이 좀 안 좋다고 하더라. 언니라는 사람이 동생이 아픈지 어떤지도 모르고. 그래 보여도 쟤가 얼마나 속이 깊은지 아니?"

이렇게 어이질 수 있었지만 어머니는 깊이 생각하면서 말했다.

"그래. 동생이 답답하다고. 네가 동생에게 그렇게 느끼는 건 모두 엄마 때문일 거야. 너 어릴 때 엄마가 네게 잘못한 게 많거든."

그러자 언니와 어머니와의 대화가 이어진다.

"엄마가요? 뭘요?"

그러나 어머니가 언니에게 '이거 동생 주지 말라고.' 했을 때 언니가

"네. 엄마랑 저는 청소하고 빨래 개고 저녁 준비하느라 바쁜데 쟨 꼼짝도 안하잖아요."

하는 말에는 동생의 행동에 대한 불평만 들어 있을까. 또 다른 어떤 마음이 있을까. 또 다른 마음을 찾아낸다면 어머니는 찾아낸 그 마음을 말할 수 있다. 즉

'언니가 동생을 걱정하고 있구나.'

하는 언니의 마음, 언니가 동생을 걱정하는 마음을 찾아냈다면 그 찾아낸 마음을 다음과 같이 표현할 것이다.

"그래. 네가 동생이 걱정되는구나. 엄마랑 언니가 청소하는 데 관심이 없고 자기 생각만 하는 이기적인 사람이 될까 봐 걱정하는구나. 동생 걱정해 줘서 고마워. 그런데 엄마는 네가 그렇게 느끼는 건 모두 엄마 때문이라고 생각해."

이렇게 대화가 이어졌다면 언니는 어머니의 말을 들으면서 어떤 생각을 하게 될까. '엄마가 나를 동생을 걱정하는 괜찮은 언니로 생각하고 있구나.'로 해석되면 자긍심이 높아진다. 그리고 동생을 더 잘 돌보고 싶어진다. 우리의 마음에는 많은 생각들이 혼재하고 있다. 부모는 아이들의 선한 내면을 끌어올려 주어야 한다. 다시 한 번 서로 다른 해석과 대화의 차이를 분석해 본다.

언니 : 엄마, 쟤는 주지 마요. 쟤가 얄밉잖아요. 쟤만 보면 답답해요.

엄마1 : 하이고~ 언니가 돼 가지고. 소갈머리 하고는 … 그러고 싶냐? 쟤가 어제부터 몸이 좀 안 좋다고 하더라. 언니라는 사람이 동생이 아픈지 어떤 지도 모르고. 그래 보여도 쟤가 얼마나 속이 깊은지 아니?

엄마2 : 그래. 동생이 답답하다고. 네가 동생에게 그렇게 느끼는 건 모두 엄마 때문일 거야. 너 어릴 때 엄마가 네게 잘못한 게 많거든.

엄마3 : 그래. 네가 동생이 걱정되는구나. 엄마랑 언니가 청소하는 데 관심이 없고 자기 생각만 하는 이기적인 사람이 될까 봐 걱정하는구나. 동생 걱정해 줘서 고마워. 그런데 엄마는 네가 그렇게 느끼는 건 모두 엄마 때문이라고 생각해.

《아훈》에서는 이 대화들의 차이를 연구하고 분별하여 올바른 대화를 찾고 실제 상황에 적용하는 훈련을 한다. 대화는 말하는 사람의 생각이기 때문이다.

막내딸 뉴욕 가던 날

《아훈》을 수강한지 올해로 30년을 바라본다는 분이 있다. 그는 오래 배워도 막상 현실에서 실천하기는 쉽지 않다고 하며 배움을 계속한다. 그런 그가 아무래도 이번 사건은 잘 해결한 것 같다면서 행복하게 발표했다.

선생님, 때로는 생각지 않은 일들이 일어나네요. 대학교 3학년인 제 막내딸 윤주가 뉴욕 행 비행기를 타는 날이었습니다. 휴학 중인 윤주는 자기가 하고 싶은 일이 있다면서 뉴욕에서 대학 다니는 친구 집에서 보름 정도 지내고 싶다고 했습니다. 다행히 남편도 기쁜 마음으로 허락해 주었습니다. 비행기 표는 미리 사서 할인된 130만 원에 살 수 있었고 남편의 선물이었습니다. 저는 신나게 공항버스를 타는 딸을 배웅하고 저도 왠지 신이 나서 선생님 강의를 듣기 위해 지하철을 탔습니다. 얼마나 지났을까 딸에게서 전화가 왔습니다.

"엄마, 공항에 도착했는데 전자여행허가서가 없어서 미국에 못 가요."

'뭐? 여행허가서라고? 비자? 그건 기본 아냐? 너 대학생 맞아? ….'

말들이 쏟아져 나오면서 조금 전까지 하늘이라도 날 것 같았던 마음은 다 사라지고 실망과 분노로 제 마음에 광풍이 몰아치는 듯했습니다. 그러나 '잠깐' 멈추자 그 말들은 머릿속에서, 입안에서만 맴돌다 떠났습니다. 저는 얼른 정신을 차렸습니다.

'그렇지. 비자가 없다고. 그건 이미 지나간 일이야. 그럼 지금 내가 할 수 있는 일은 뭐지? 내가 뭘 하면 아이에게 도움이 될까? 그럼 뭐라고 말하지? 지금 아이가 얼마나 당황했을까? 내 생명처럼 아끼는 딸에게 지금 이 순간 뭐라고 말하면 아이에게 도움이 될까?'

드디어 할 말이 떠올랐습니다. 아마도 제가 17년 동안 계속 배우고 있지 않았다면 절대로, 절대로 나올 수 없는 말이었습니다.

"저런!! 우리 딸. 얼마나 당황했을까, 엄마가 지금 뭘 도와주면 되지?"

아이는 주춤하며 잠시 머뭇거리더니 말했습니다.

"엄마, 잠깐만요. 제가 안내하는 분에게 여쭤 보고 다시 전화 드릴게요."

잠시 뒤에 아이의 전화를 받았습니다.

"엄마, 죄송한데요. 지금 제 통장으로 100만 원만 부쳐 주실 수 있어요? 오늘 저녁에 출발하는 비행기가 있는데 100만 원을 더 내면 그 비행기 표를 살 수 있대요. 지금부터 비자 신청하면 그때까지는 나온대요."

'아이고, 못 살아, 그러니까 130만 원이면 갈 수 있었는데 230만 원이라고. 100만 원을 더 내? 100만 원? 100만 원이면 엄마가 하고 싶은 게 얼마나 많은데 ….'

하고 싶은 말이 많았지만 저는 화내지 않고 말했습니다.

"그래. 다행이다. 그래. 엄마가 지금 바로 네 통장으로 보낼게. 어떻게 진행되는지 알려 줄래?"

그리고 그날 저녁 아이는 무사히 인천 공항에서 뉴욕으로 떠났습니다.

퇴근한 남편이 아무것도 모른 채 편안하게 말했습니다.

"윤주 잘 출발했어?"

'잘하긴. 내 속을 다 뒤집어 놓았지. 정말 못 살아, 애가 왜 그 모양인지. 비자를 준비하지 않아서 오늘 출발할 수 없었는데 돈도 100만 원이나 더 들었다고요. 100만 원이나요. … 정말 왜 애가 그 모양인지. … '

남편에게 고자질하고 싶은 충동이 저를 유혹했습니다. 그러나 그다음에 일어날 일이 빤히 보였습니다. 매사에 빈틈이 없는 남편은 철저히 준비하는 사람입니다. 실수를 용납하지 않습니다. 그리고 그걸 생활 신조로 삼고 아이들에게도 수없이 가르쳤습니다. 저는 어정쩡하게 말했습니다.

"네? 아~ 윤주요 … 출발 … 잘 … 했어요."

"왜 그래? 당신 왜 말을 더듬어?"

아마도 제가 계속 배우지 않았다면 이런 경우 시치미를 뚝 떼고 남편이 조금도 의심하지 않도록 거짓말을 했을 것입니다. 100만 원을 제 용돈으로 주었기 때문에 탄로날 일도 없을 테니까요. 그러나 거짓말은 결국 누구에게도 도움이 되지 않는다고 생각했습니다. 특히 저 자신에게요.

저는 용기를 냈지만 더듬거리면서 말했습니다.

"여보, … 사실은요 …."

제 말을 듣는 남편의 표정이 몇 번 바뀌면서 아슬아슬한 고비가 있었지만 넘어갔습니다. 마지막으로 백만 원은 제 용돈에서 보냈다고 했습니다. 제 말을 끝까지 듣고 말없이 방으로 들어가는 남편을 보며 저는 생각했습니다.

'솔직하게 말한 게 잘한 것일까. 때로는 거짓말도 하면서 살아야 하는 게 아닐까.'

그러나 저는 아이가 그렇게 가고 싶어 했던 뉴욕을 갔고, 또 마침 그날 갈 수 있는 비행기 표가 있었고, 비행기 탑승하기 전에 비자를 만들 수 있어서 얼마나 다행인가. 블라우스나 스카프 하나 사지 않아도 내 생명과도 같은 딸이 하고 싶은 일을 할 수 있도록 도와줄 수 있다니. 마음은 다시 딸의 뉴욕 생활을 상상하면서 딸의 마음처럼 설레기 시작했습니다.

다음 날 아침 남편의 출근 시간. 어젯밤 돌아누워서 말 한 마디 없던 남편과의 살얼음 같은 심리전이 위험했지만 무사히 넘길 수 있었습니다. 그런데 그날 오후에 남편에게서 문자가 왔습니다.

《여보, 당신 통장에 100만 원 넣었어. 생각해 보니 내가 장가를 잘 갔더라

고. 당신 덕택에 삼남매가 잘 컸구나 하는 생각이 들어. 윤주가 이번의 실수에서 많은 걸 배웠을 거야. 사실 나도 많은 실수 덕에 사법시험에 한 번에 합격했던 것 같아. 여보, 고마워.》

남편의 문자를 보며 '얏호!!!' 감동으로 남편이 옆에 있으면 남편을 꼭 안고 싶었습니다. 며칠 후, 이제는 성인이 되어 아버지가 된 두 아들이 말했습니다.

"어머니, 윤주 얘기 들었는데요. 어떻게 그렇게 하셨어요. 대단하세요. 물론 평소에도 어머니는 다르시다는 생각을 많이 했지만, 이번에도 저라면 어머니처럼 할 수 있었을까 생각했어요. 그렇게 하도록 노력할게요, 어머니."

두 아들이 저를 꼭 안아 주더라고요. 선생님, 17년 동안 꾸준히 배운 덕입니다. 감사합니다.

그렇다. 아무리 꾸준히 배운다 해도 공항에서 미국 입국 비자를 준비하지 못해서 뉴욕행 비행기를 못 탄다는 대학생 딸의 전화를 받으면서 여유롭게 대화하기는 어려울 것이다. 사람은 감정의 동물이라 그 순간 이성보다는 감정이 더 빨리 움직인다. 그러나 그는 이성으로 감정을 제압할 수 있었다. 오랜 세월 훈련 덕일까. 우리는 훈련할 때 자주 떠올리는 내용이 있다.

캐나다의 강연자이자 작가인 어니 젤린스키는 그가 쓴 책 『느리게 사는 즐거움』에서 우리가 늘 하는 걱정거리에 대해서 말한다.

걱정해서 해결할 수 있는 고민과 해결할 수 없는 고민이 있다.

고민해서 해결할 수 없는 고민이 96%인데

40%는 절대 일어나지 않을 사건들,

30%는 이미 일어난 사건들,

22%는 사소한 사건들,

4%는 우리가 바꿀 수 없는 사건들에 대한 것이다.

그러므로 나머지 4%만이 우리가 대처할 수 있는 진짜 사건이다. 쓸데 없는 데 쏟을 96%의 에너지를 우리가 대처할 수 있는 4%에 쏟으라고 한다.

그러므로 전자비자를 준비하지 못한 상황은 이미 지나갔다. 지금 내가 할 수 있는 일을 찾는다. 내가 할 수 있는 일은 황당한 아이를 위로하고 또 아이에게 도움이 되는 일을 찾아서 한다. 그래서 말할 수 있었다.

"저런!! 우리 딸. 얼마나 당황했을까. 엄마가 지금 뭘 도와주면 되지?"

어머니의 이 한 마디에 당황하던 윤주가 방법을 찾을 힘을 얻는다. 그리고 방법을 찾고 찾은 방법을 어머니에게 말한다. 어머니가 즉시 딸의 요청을 들어주었다. 돈 100만 원이 더 들었지만 이 100만 원을 낭비가 아니라 소비의 의미로 바꾸었다. 100만 원이 교육비가 된 것이다. 100만 원으로 이 가족의 이 행복을 살 수 있을까. 윤주가 누릴 뉴욕 여행의 아름다운 추억들을 살 수 있을까. 100만 원으로 온 가족에게 지금과 같은 평화로움과 사랑을 줄 수 있을까. 그러나 한 어머니의 지혜로운 선택으로 온 가족에게 평화롭고 아름다운 사랑의 추억을 안겨 줄 수 있었다.

우리가 세상에 살다가 떠날 때 무엇을 남겨 줄까. 아름다운 추억을, 삶의 향기를 남겨 주려면, 그것은 사건을 지혜롭게 해결했을 때 느끼게 되는 게 아닐까.

수강생들은 윤주 어머니의 사건 해결 사례를 통해 또 다른 실제 상황 대처 방법을 배우게 되었다. 나는 윤주 어머니에게 내 진심을 전했다.

"제 강의의 가치를 일깨워 주셔서 감사드립니다. 그리고 그 모든 걸 의미 있게 받아 주신 윤주 아버지께 존경스럽다고 전해 주실래요."

부모역할은 어디까지인가

아이가 고등학생일 때부터 배우기 시작해서 이제는 아빠가 된 아들을 둔 친구 같은 수강생의 얘기다.

선생님, 부모는 어디까지, 언제까지 아이들을 걱정해야 하죠? 며칠 전이었습니다. 결혼해서 딸아이 아빠가 된 작은아들이 지금 1층 현관 앞으로 나올 수 있느냐고 전화했습니다. 제가 궁금해하며 얼른 나갔더니, 못 보던 새 차 한 대가 제 앞에 세워져 있었습니다. 운전석에서 내린 사람은 아들이었고, 뒷자리에는 며느리와 10개월 된 손녀가 타고 있었습니다. 제가 어리둥절해하자 아들이 말했습니다.

"어머니. 차를 바꿨는데요, 맨 먼저 어머니 태워 드리려고요. 타시죠."

'뭐!? 차를 바꿔? 그 멀쩡한 차를? 아니, 집도 없으면서 차부터 바꿨다고? 제정신이야?!'

하려는데 선생님 얼굴이 떠올랐습니다. '선생님이라면 이런 경우에 뭐라고 하실까?' 멈추고 어리둥절한 불편함을 정리하는데, 아들이 다시 말했습니다.

"어머니, 타시죠. 동네 한 바퀴 돌고 제가 맛있는 저녁 사 드릴게요."

'뭐? 맛있는 저녁? 동네 한 바퀴? 네가 재벌 아들이냐?' 하고 싶은 말들을 삼키고 차를 탔습니다. 아들이 천천히 출발하면서 조심스럽게 말했습니다.

"어머니, 제가 정말 사고 싶은 자동차인데 많이 참았어요. 그런데 이번에 특별 행사가 있어서 아주 좋은 조건으로 샀어요. 모자란 돈은 할부로 했는데 무이자예요."

'뭐? 무이자가 좋은 조건이냐?' 하려다가 잠깐 생각했습니다. '그래. 이왕 샀는데, 화를 내면 무슨 소용이야. 그렇다면 도대체 무슨 말을 하지?' 하는데 불쑥 이 말부터 튀어나오더라고요.

"그럼 타던 차는?"

"네. 처남 줬어요. 처남이 오래전부터 차를 바꾸고 싶어 해서요."

"처남을? …."

"어머님, 아가씨한테 먼저 물어봤더니 아가씨는 대학 졸업까지 대중교통으로 다닌대요."

뒷좌석에 앉았던 며느리가 얼른 제가 한 말을 받아서 말했습니다.

"그랬어. 그 차는 친정아버님이 조심해서 타라고 물려주셨는데 …."

어색하던 자동차 안이 좀 더 조용해졌습니다. '아차, 내가 실수했나 보다.' 저는 마음을 추스르고 말했습니다.

"그래. 다행이다. 내가 아끼던 차를 사돈이 타게 되어서. 그럼 엄마는 뭘 도와주면 될까?"

"아니요. 어머니, 이제부턴 열심히 저축해서 집부터 살게요."

'집부터 살게요!? 자동차부터 샀네. 내가 바라는 건 자동차 말고 집부터 살게요라니까.' 하고 싶었습니다. 저는 자기 집이 있어야 아들이 안정된 행복을 누릴 것 같았습니다. 그래서 아들이 산 새 차를 보자마자 감정이 오락가락했습니다. 하지만 전 잘 견디며 게다가 격려금까지 송금하겠다고 했습니다. 아들이 놀라워하며 눈물을 글썽이더라고요.

저녁을 먹고 헤어지는데 아들이 제 가까이 와서 작은 소리로 말했습니다.

"어머니, 아내 앞에서 제 체면 살려 주셔서 고맙습니다. 아내랑 많이 걱정했거든요. 부모님이 집부터 사라며 많이 불편해하실 거라고요. 열심히 잘 살게요. 어머니, 고맙습니다. 그리고 아버지께 잘 말씀드려 주실 거죠"

제 아이가 고등학교 1학년부터 지금까지 선생님 따라다니며 배운 실력이었나 봅니다. 조금은 더 성숙한 엄마가 된 것 같아 뿌듯하고 행복했습니다.

수강자의 사례를 들으며, 아직 어린아이들을 둔 젊은 수강자들이 존경의 마음을 모아 큰 박수로 응원했다. 분명, 어머니가 불편해하실 걸 알면서도 어머니를 만난다는 건, 그것도 아내와 함께 만나러 가는 아들의 마음이 어떠했을까. 또 불안해하는 남편을 보는 아내의 마음은 어떨까. 그런데 그 모든 불안을 잠재워 주신 어머니, 그리고 어머니로부터 인격적인 대우를 받는 남편을 보는 아내, 아내 앞에서 어머니로부터 존중받는 자신의 모습을 보여 줄 수 있는 아들, 이들에게 어머니의 모습은 존경심이었을 것이다. 어머니의 너그러운 사랑으로 아들 가족에게 평화와 사랑을 가득 안겨 준 수강자를 나 또한 존경하지 않을 수 없다.

나는 오랫동안 함께 배워서 이젠 친구 같은 수강자의 얘기를 들으면서 언젠가 라디오에서 들었던 얘기가 생각났다. 어떤 주부에게 이사할 때마다 고민이 되는 물건이 있었다. 아버지가 사 주신 호마이카 칠이 된 나무로 만든 전축이었다. 결혼 전, 직장생활을 하면서 모은 몇 달치 봉급으로 꿈에 그리던 전축을 샀던 그날, 아버지는 정신 나갔다며 그 전축을 딸의 눈앞에서 산산조각 부숴 버렸다. 그 뒤, 결혼하는 딸에게 아버지는 말없이, 그때 부쉈던 똑같은 전축을 선물로 사 주셨다. 이사할 때마다 이제는 장소만 차지하는 골동품이 되어 버린 그 전축을 버릴 것인가 둘 것인가를 고민해야 했다. 그는 이번에도 버릴 수 없었다는 마음을 글로 맺었다. 눈물 가득한 아버지의 얼굴을 지울 수가 없어서. 그 아버지는 언제 알았을까? 딸의 소비를 걱정하며 아버지의 사랑이라는 이름으로 했던 행동이, 사랑이 아니라 학대였다는 것을 언제 알았을까. 그 전축이 그냥 전축이 아니라는 것을. 딸이 그 전축을 꿈꾸며 얼마나 많은 시간 자신을 달래며 많은 부러움을 이겨 냈다는 것을. 그 전축이 부서져 버려졌을 때의 딸의 마음을 언제 알았을까.

나의 수강자도

'웅!? 집도 한 채 없으면서 차부터 바꿨다고? 제정신이야? 네가 재벌 아들이야!!!'

하고 아들에게 말했다면 어느 날부턴가 후회하게 되지 않았을까. 부모는 자녀가 낭비하지 않고 검소하게 살기를 원한다. 그렇다면 검소와 낭비와 소비와 절약의 의미는 무엇일까. 부모가 자녀에게 가르쳐야 할 것은 무엇일까. 부모는 어디까지, 언제까지 가르친다는 말로 아이들의 삶을 통제해야 할까, 아니 통제할 수 있을까. 때로는 70살, 80살이 된 할아버지 할머니도 유치원생인 손자 손녀의 생각을 존중할 준비를 해야 하지 않을까.

하물며 아내와 아이까지 둔 아들을 존중하지 않고 부모의 가치관을 따르라고 한다면 관계가 어떻게 될까. 부모의 뜻대로 통제되던 자녀들의 삶은 누가 책임질까. 오늘도 생각하게 된다.

성당 반 모임에서

천주교 신자인 나는 한 달에 한 번씩 성당에서 열리는 반 모임에 참석한다. 강의 일정 때문에 많이 빠지기도 하지만 모임에 참가할 때면 많은 걸 깨닫는다. 지난번 반 모임에서 있었던 일이다. 『길잡이』(서울대교구 사목국에서 준비한 소공동체의 영적 성장을 위한 소책자)의 내용으로 진행된다. 내용 중에 책자에 실린 복음을 읽고

"마음에 와 닿은 말씀은 무엇입니까? 왜 그 말씀이 다가왔습니까?"

에 대해 서로의 생각을 나눈다. 그날의 복음은 루카 복음서 23장 39절에서 44절까지의 말씀이었다.

예수님과 함께 매달린 죄수 하나도, "당신은 메시아가 아니시오? 당신 자신과 우리를 구원해 보시오." 하며 그분을 모독하였다. 그러나 다른 죄수는 그를 꾸짖으며 말하였다. "같이 처형을 받는 주제에 너는 하느님이 두렵지도 않으냐? 우리야 당연히 우리가 저지른 짓에 합당한 벌을 받지만, 이분은 아무런 잘못도 하지 않으셨다." 그러고는 "예

수님, 선생님의 나라에 들어가실 때 저를 기억해 주십시오." 하였다. 그러자 예수님께서 그에게 이르셨다. "내가 진실로 너에게 말한다. 너는 오늘 나와 함께 낙원에 있을 것이다." 하고 말씀하셨다.

참가자들은 모두 자신의 마음에 닿은 말씀을 뽑고 그 이유를 설명했다.

한 분이 발표했다.

저는 "하느님이 두렵지도 않으냐?"를 뽑았습니다.

저는 오늘의 복음을 읽으며 제 손자들이 생각났습니다. 직장에 다니는 딸의 아이들 삼남매를 키우는데 너무나 힘들어서 아이들에게 화를 낼 때가 많습니다. 화를 낸 뒤에 정신을 차리고 보면 하느님이 옆에서 보시는 것 같습니다. 그럴 땐 두려운 생각이 듭니다. 정신을 번쩍 차리고 다음엔 절대로 화내지 말자고 결심하지만 그래도 화낼 때가 많습니다. 오늘 복음을 읽으며 하느님이 두렵지 않도록 살아야겠다는 생각이 듭니다.

참가자들은 자신의 부끄러운 내면을 솔직하게 표현한다. 다른 분도 말했다.

저는 "이분은 아무런 잘못도 하지 않으셨다."를 선택했습니다.

저는 오늘의 복음을 읽으며 저 자신을 볼 수 있었습니다. 저는 정말로 잘못된 일을 하지 않으려고 애씁니다. 제 삶의 목표이기도 합니다. 사람들은 저더러 완벽주의자냐고 하지만 저는 사람이 잘못하지 않으려고 애쓰는 게 당연한 일이라고 생각합니다. 그래서 저는 '미안하다.'는 말을 거의 한 적이 없습니다. 처음부터 미안할 일을 하지 않으면 되니까요. 제 남편과도 40년 넘게 살았는데 제가 남편에게 한 번도 미안하다는 말을 한 적이 없습니다. 남편은 제게 미안하다는 말 한 번 들으면 가슴속이 뻥 뚫릴 것 같다고 합니다. 하긴 어쩌다 남편에게 미안한 일을 할 때도 있죠. 그렇지만 큰 잘못을 하지 않기 때문에 그 정도 작은 일에 미안하다는 말은 할 수가 없었습니다.

그래서 저는 "이분은 아무런 잘못도 하지 않으셨다."를 선택했습니다.

또 다른 분도 당신이 선택한 구절의 의미를 설명했다.

저는 "저를 기억해 주십시오."를 뽑았습니다.

저는 언젠가 세상을 떠날 텐데 마지막 날이 가장 중요하다고 생각합니다. 그래서 그 마지막 날에 꼭 저를 기억해 주시라고 기도합니다. 제가 신자가 되면서부터 했던 기도 제목이기도 합니다. 지금도 기도 중에 빠지지 않고 하는 기도라 오늘 이 글을 보며 너무나 반가웠습니다.

우리는 몇 분의 발표를 더 들었다. 참가자들은 고개를 끄덕이며 서로의 발표를 진지하게 들었다. 그리고 마지막으로 정리했다.

신앙인이 바라는 마지막 바람은 무엇일까?

"너는 오늘 나와 함께 낙원에 있을 것이다."에 초점을 맞추고 이 말씀에 대해 집중적으로 나누었다.

그렇다면 마지막 날에 그분이 당신과 함께 낙원에 있고 싶어 하는 사람이 되려면 우리는 무엇을 준비해야 할까? 빈손으로 그분을 만날 수는 없지 않은가. 세상에 살면서 그분께 가지고 갈 선물은 무엇일까. 우리들은 서로 준비할 일을 찾았다. 우리는 각자의 일상에서 해야 할 일을 생각하며 헤어졌다.

한 달 뒤, 우리는 만나자마자 반갑게 인사하며 서로의 체험을 나누기 시작했다.

저는요, 손주들에게 화내지 않으려고 노력했어요. 날마다요. 아이들이 달라지더라고요. 더 말을 잘 듣는 거예요. 제 딸이 놀라더라고요. 어머니가 뭘 했냐고요. 저는 말했어요. 화를 덜 내려고 노력했다고요. 그곳이 낙원이더라고요. 하느님께 달려가서 '하느님 저 잘했죠.' 하고 자랑하고 싶었어요. 이제 하느님은 저에게 두려운 분이 아니에요. 제 손을 꼭 잡아 주시며 안아 주실 것 같아요.

목이 메어 말하자 다른 분도 말했다.

저도요. 온 가족이 모여 외식을 하는데 골프 치러 간 남편에겐 알리지 않았어요. 나중에 그 사실을 알게 된 남편은 친구들 앞에서 말하더라고요. '식구들이 다 모여 식사하는데 집사람이 나한테 한 마디도 안 하더라고.' 저는 말하고 싶었어요. '당신 골프 치러 갔는데 연락하면 오기나 해요.' 하고요. 그런데 그 순간 갑자기 남편에게 미안하다고 말해야겠다는 생각이 들었어요. 그래서 말했어요. '여보, 미안해요. 저는 당신이 골프 치러 간다고 해서 못 올 줄 알았어요. 미안해요.' 그랬더니 남편이 말하더라고요. '연락하면 내가 달려갔지. 오랜만에 손주들도 보고.' '그러게요. 미안해요. 다음엔 꼭 연락할게요.' 우리는 어색하게 마주 보며 웃었습니다. 그런데도 남편 속이 뻥 뚫리는 것 같았습니다.

참 신기했습니다. 남편과 둘만 있을 때도 하지 않던 말을 남편의 지인들이 많은데도 제 자존심을 꺾고 말할 수 있다니요. 그런데 말하고 나니 제 마음도 시원했습니다. 그곳이 낙원이더라고요. 낙원은 마지막 날에 있는 게 아니라 복음을 읽고 실천한 그 순간, 그곳에 있더라고요.

마지막에 내 사례도 발표했다.

지방에 근무하는 남편이 코로나19로 한 달 이상 서울의 집에 오지 못했습니다. 그런데 어느 날 남편의 문자를 받았습니다.
《책 한 권 주문해서 보냈는데 특히 67쪽 읽어 볼래.》

제가 답을 보냈습니다.
《인문학에 열심인 당신, 정말 멋있어요.》

남편의 답이 왔습니다.
《당신을 사랑하면 멋있게 돼.》
하고요.

저는 생각했습니다. '그렇구나. 하느님을 사랑하면, 하느님의 말씀을 사랑하고 실천하면 멋있는 사람이 되겠구나.' 하고요. 그러면 더하여 마지막 날에 '너는 오늘 나와 함께 낙원에 있을 것이다.'라는 말씀을 들을 수 있지 않을까 하고요.

우리는 한 달 동안 실천했던 사례들을 나누며, 또 다른 깨달음을 위해 새로운 반 모임의 나눔을 시작했다. 하느님의 말씀 안에서 멋있는 사람이 될 수 있으리라는 희망에 감사하면서.

그리고 나는, 《아훈》을 만나고 사랑하는 사람들이 더 멋있는 사람이 되도록 준비해야겠다는 결심을 했다.

고3 승희 이야기

승희 어머니가 고3인 딸과 어떻게 고3 시절을 보냈는지 말했다.

제 작은딸은 운이 좋았습니다. 아이가 초등학교 2학년부터 제가 훈육과 학대의 차이를 이해했으니까요. 학대하면서 훈육이라고 했던, 잘못된 제 교육 방법을 깨달았으니까 작은딸이 운이 좋은 거죠. 그래서 저는 아이에게 함부로 말하지 않았습니다. 매 순간 배우는 대로 멈추고 생각하며 인격적으로 존중하고, 이해하고 배려하며 말했습니다. 그래서 사춘기도 초등학교 5학년부터 시작한 언니보다는 훨씬 더 쉽게 그야말로 봄바람처럼 지나갈 줄 알았습니다. 아니더라고요. 그러다 어려우면 선생님에게 하소연했습니다. 선생님은

"어머니의 다른 이름은 기다림입니다. 서로 다를 때 다투지 않기 위해서 배우는 것입니다."

고 합니다. 중학생이 되면 달라지겠지. 고등학생이 되면 달라지겠지. 아니더라고요. 제 욕심은 학년이 올라갈수록 차분히 입시만 준비하기

를 바라는데 아이는 아이돌 그룹 빅스의 열렬한 팬이 되었습니다. 아이는 고3이 되어도 어렵게 빅스 팬 카페에 가입하고 용돈이 생기면 빅스의 CD, 브로마이드(인기인들의 모습을 담은 사진)를 사고 콘서트에 갔습니다. 아마 제가 배우지 않았다면 쉼 없이 다투면서 하루도 편할 날이 없었을 것입니다. 그러나 저희는 서로 편안하게 지낼 수 있었습니다.

그렇게 고3이 된 어느 날, 학교에서 돌아온 아이가 대성통곡을 하는 것이었습니다. 틀림없이 제가 훈련하지 않았다면 깜짝 놀라서 얼른 아이 곁으로 달려가서 다그쳤을 것입니다.

'왜? 왜 그래? 왜? 뭐? 무슨 일 있어? 엄마 걱정 되니까 빨리 말해. 빨리!!'

'혹시 대학 입시에 무슨 문제가 생겼나? 어떡하지?' 제가 기다리지 못하고 닦달하면 아이는 말했을 것입니다.

'엄마, 내가 빅스 팬 카페에 어렵게 가입했는데 콘서트에 가려고 표를 사려고 하니까 2장씩만 판다고 해서 2장 샀어요. 그런데 친구는 일이 생겨 못 간다고 해서 한 장을 인터넷에서 팔았어요. 그런데 한 번 산 티켓을 다시 팔면 팬 카페에서 강제 탈퇴된대요. 나는 규정을 몰라서 그랬는데 영원히 들어갈 수 없대. 흑 흑 …, 어떡하면 좋아요.'

'어떡하긴, 어떡해? 네가 제정신이야, 고3이야, 고3!! 팬 카페? 팬 카페가 너 대학 보내 준대? 팬 카페에서 쫓겨났다고 대성통곡을 해?' 하며 더욱 소리 지르며 퍼부었을 것입니다.

'야!! 누가 죽었어? 네 부모가 죽었냐고. 네 엄마가 죽었어, 네 아빠가 죽었어. 지금 그게 울 일이야? 참 어이가 없다. 어이가 없어. 정신 차려, 너 고3이야. 그러고도 대학 갈 수 있다고 생각해? 언제 정신 차리려고 그래? 그런 건 다 대학 가서 하는 거야. 어이그, 못 살아.' 했을 것입니다. 제 욕심대로 안 되는 답답함을 잔소리로 풀어 놓았을 것입니다.

그런데 참 묘하죠. 저는 대성통곡하는 아이를 보며 전혀 화나지 않았습니다. '무슨 일이 있나 보다. 무슨 일일까?' 늘 아이를 이해하려는 준비가 되어 있었기 때문인 것 같습니다. 저는 대성통곡하는 아이 곁으로 가서 조용히 말했습니다.

엄마 : 승희야, 무슨 일 있구나.

승희 : 내가 빅스 팬 카페에 어렵게 … 그랬는데 영원히 들어갈 수 없대. 흑 흑 어떡하면 좋아.

엄마 : ('어떡하면 좋긴, 공부하면 좋지.' 하고 싶지만) 아, 그래. 엄마가 뭘 도와주면 될까? (내가 생각해도 '환상적이다.' 생각하며)

승희 : 소속사에 문의해 봤는데 안 된대요. 엄마가 한 번 더 전화해볼 수 있어요?

'엄마가? 네가 초등학생이야, 엄마가 대신 전화해 주게. 너 고3이야, 고3?' 하는 말들이 떠올랐지만 살짝 스쳐 지나갔습니다. '그렇지. 이런 얘기를 엄마에게 털어놓는 것만으로도 엄마를 믿고 자신의 답답하고 억울한 마음을 하소연하는데. 그래. 도와줘야지.' 하는 생각으로 정리할 수 있었습니다.

저는 말했습니다.
"알았어. 엄마가 한 번 문의해 볼게."
제가 조심스럽게 문의했습니다. 가장 낮은 자세로, 뭔가 잘못한 죄인
처럼 조심조심 사정했습니다. 아이는 담당자와 큰 잘못을 저지른 사람
처럼 조심스럽게 사정하는 저를 보면서 조금씩 감정이 잦아드는 것 같
았습니다. 한참을 조용히 지켜보던 아이가 놀라운 말을 했습니다. 제가
상상할 수 없고, 가장 바라는 말이지만 현실 같지 않은 말을 했습니다.
"엄마, 됐어요. 저 들어가서 공부할게요."
기적 같은 일입니다. 그렇게 대성통곡하던 아이가 공부하겠다니요.
저는 아이를 안고 계속 말했습니다.
"괜찮아? 괜찮겠어. 네가 꼭 하고 싶은 걸 하지 못해서 어떡하지.
괜찮아?"
"괜찮아요. 나중에 갈게요. 제가 고3이잖아요."
'알긴 아냐? 네가 고3이라는 걸.' 놀려 주고 싶은 심술이 불쑥 올라왔
지만 '그렇네. 이래서 배우는 거야.' 하며 심술을 잠재운 자신에게 고마
웠습니다. 아이는 방으로 들어갔고 저는 아이가 좋아하는 간식을 열심
히 준비했습니다.

저는 방에 들어가서 공부하겠다는 아이를 위해서 제가 할 일을 찾았
습니다. 남편에게 의논했더니 당신 아는 분이 대학가요제 때 백 밴드 하

신 분을 안다고 했습니다. 그분이 아는 분을 통해서 아는 분의 아는 분을 만나서 공연에 갈 수는 없지만 공연이 끝나고 잠시 만날 수 있다고 했습니다. 아이는 뛸 듯이 기뻐했고 친구들이랑 가기로 했습니다. 그러나 친구들은 고3이라 시간이 안 된다고 해서 제가 아이와 함께 방송국에 갔습니다. 한 시간 이상 기다렸다가 그들과 인사하고, 악수하고, 사진 찍고, 싸인 된 CD도 받고 집에 왔습니다. 그리고 정말로 열심히 집중해서 공부하는 모습이었습니다.

제가 《아훈》을 훈련한 지 10년이 넘었습니다. 그동안 수많은 사건들을 경험하면서 한 번 두 번 시행착오를 겪으면서 다져진 결과였던 것 같습니다. 저 자신도 놀랐던 것은 대성통곡하는 아이의 사연을 듣고도 화가 나지 않았다는 것입니다. 아마 제가 화나는 대로 막말하고 감정을 아이에게 쏟았다면 아이는 방문을 닫고 들어가서 눈 닫고, 귀 닫고, 입 닫고, 누구와도 단절, 단절, 단절이었을 것입니다. 저는 생각합니다. 그랬다면 제가 바라는 모습대로 아이가 공부할 수 있었을까.

그러나 빅스에 대한 아이의 관심은 거기서 끝나지 않았습니다. 그 후에도 아이는 용돈이 생기면 빅스의 CD, 브로마이드, 또 콘서트에 갔습니다.

어느 날은 고3인 아이가 책상에 자신의 목표를 크게 써 붙였습니다. 저는 생각했습니다. 드디어 정신을 차리고 있구나. **대학 **학과 합격이거나 모의고사 몇 등급 올리기 … 등 대학 입학을 목표로 써 놓은 줄 알았습니다.

그런데 고3인 아이의 목표는

〔빅스 ** 랑 결혼하기〕

'어이그, 꿈이라는 게. 걔가 미쳤다고 너랑 결혼하겠냐. 고3이 너처럼 아이돌에 미쳐서 땡땡이치는 네가 뭐가 예뻐서 결혼하겠냐고. 정신 차려!!! … ….' 등등 많기도 많은 할 말들이 계속 이어서 떠올랐습니다. 속으로요.

그런데 정말로 감사한 것은 그 목표를 보고도 제가 화나지 않는 것이었습니다. 저 자신에게 기적이 일어난 것입니다. 물론 강의 중에 들었던 많은 배움이 저를 준비하게 했습니다. 저는 늘 생각했습니다. 대한민국에서 고3처럼 어려운 시기가 없는데 이 시기를 맞은 아이에게 내가 도움 되는 일이 뭘까, 아이를 100% 이해할 수는 없지만 가장 어렵고 중요한 시기에 엄마로서 할 수 있는 일이 뭘까, 내가 어떻게 하면 아이가 엄마로부터 사랑받고 있고, 이해받는다고 느낄 수 있을까를 연구했습니다.

그런데 또다시 제가 깊이 연구해야 할 사건이 생겼습니다. 고3 학기 말 고사를 앞두고 빅스의 공연이 있었습니다. 그리고 아이로부터 장문의 편지를 받았습니다. 빅스 공연을 생각하면 도저히 공부에 집중할 수 없다는 것입니다. 물론 엄마 몰래 갈 수도 있지만 엄마 허락받고 당당하게 가고 싶다고요. 그리고 공연을 보고 와서 수능까지 남은 시간 어떻게 공부할 것인지 계획도 함께 편지에 썼습니다.

제가 아무리 아이를 이해하려고 해도 그때는 고민이 되었습니다. 고3 학기말 시험을 앞두고 있는데요. 그러나 강의 중에 늘 듣던 말이 생각났습니다.

"아이들은 믿는 만큼 큽니다. 엄마가 내 아이 말을 믿어 주지 않으면 누가 내 아이를 믿어 줄까요. 아이는 엄마가 믿는 대로 약속을 지킬 겁니다."

어쩌면 아이는 제가 안 된다고 하면 제 말을 들을 것도 같았습니다. 그러나 본인이 안 간다고 결정한다면 모르지만 제 강요에 의해 못 간다면 그 시간에 공부가 될까. 물론 주변에서는 모두 말렸습니다. 공연의 잔상 때문에 공부가 안 된다는 것입니다. 그러나 저는 말할 수 있었습니다.

"승희야, 네가 솔직하게 얘기해 줘서 고마워. 네가 공부할 계획을 다 하고 공연을 본다면 엄마는 반대할 이유가 없어. 그리고 그렇게 계획하는 네가 고마워서 공연 티켓은 엄마가 선물로 사 줄게."

저는 10만 원이 넘는 공연 티켓을 사 주었습니다. 물론 더하여 간식비도요. 그리고 그 후, 아이는 약속대로 정말로 열심히 공부했습니다. 지금은 한국의 명문이라고 하는 대학을 졸업하고 취업도 했습니다. 주변 분들이 궁금해합니다. 그렇게 잘 놀던 아이가 어떻게 그 학교에 들어갔으며 취업까지 척척 하느냐고요. 제가 훈련하면서 늘 기억했던 신념이 있습니다.

"어머니의 또 다른 이름은 기다림입니다."

저는 기다렸습니다. 오늘이 아니라, 지금 이 시간이 아니라, 아이가 결심하는 그 시간을 기다렸습니다. 책상 앞에 몇 시간 앉아 있느냐가 아니라 얼마나 집중하느냐를 기다렸습니다.

어느 날 제가 아이에게 물었습니다.

"고3 때 결혼 목표는 어떻게 된 거야?"

아이가 대답하더라고요.

"엄마, 실제로 사람을 보니까 너무 잘 생겨서 제 짝은 아니더라고요. 저는 공부를 열심히 해야겠다는 생각이 들더라고요. 그리고 엄마, 엄마는 그때, 철없던 저에게 어떻게 그렇게 잘해 주셨어요. 너무 고마웠어요. 친구들이 다 부러워했어요. 엄마, 엄마한테 잘할게요. 아빠랑 언니도요. 엄마, 너무나 고맙고 사랑해요."

가끔 수강생들은 말한다.

"아이들은 모르나 봐요."

부모는 아이들이 부모의 깊은 뜻과 기다림을 모를 거라고 말한다. 그건 부모가 모르는 말이 아닐까. 아이들은 마음으로 깨닫지만 실제 행동으로 드러나기까지는 시간이 걸린다는 것을 부모가 모르는 건 아닐까.

승희는 어머니의 긴 인내를, 어머니의 깊은 사랑을 알고 있었을 것이다. 그래서 공연을 보고 와서 열심히 공부하지 않을 수 없었던 것이다. 어머니에 대한 고마움을 스스로 깨닫고 어머니에 대한 보답으로 선택한 것이 공부에 집중하는 것이었다. 부모역할은 아이들의 내면에 잠자고 있는 양심을, 거인을 만날 수 있도록 돕는 것이다.

프랑스의 대문호 빅토르 위고는 말한다.

"양심은 인간의 내면에 있는 하느님의 일부다."

부모와 교사의 역할은 아이들의 내면에 있는 하느님을, 내면에 있는 거인인 자신을 만날 수 있도록 도와주는 것이다. 그것은 따뜻한 관심으로 기다리는 것이다.

우리 작은아들이 초등학교 2학년 때였던 것 같다. 어느 날 내게 와서 말했다.

"엄마, 저는요. 형이 저보다 힘이 약한 줄 알았어요. 왜냐하면 형과 다툴 때면 언제나 제가 형을 이겼거든요. 그런데 어제 형과 다투었는데요. 제가 꼼짝 못 했어요. 형이 제 팔을 꽉 잡았는데 꼼짝 못 하겠더라고요. 형이 힘이 없는 게 아니라, 힘이 있는데 저한테 힘을 쓰지 않은 걸 알았어요. 저는 가끔 왜 형이 나한테 질까 생각했는데 이제 알았어요. 형이 저를 봐 줬어요. 친구들 형을 보면 우리 형 같은 형은 없어요. 전 정말 형이 좋아요."

우리 작은아들도 자신의 내면에 잠자고 있는 양심이 자신의 내면을 두드리고 있었던 것이다. '형이 나보다 몸집도 크고 키도 큰데 왜 나한테 꼼짝 못 하는 것일까, 왜 그럴까?' 그런데 어느 순간 탁 터지면서 깨닫게 된다. 형이 나한테 지는 것이 아니라는 것을. 형이 나에게 져 주고 있다는 것을. 형이 어린 나를 봐 주고 있고, 아끼고 있고, 사랑한다는 것을 깨닫는 날이 온 것이다. 그러자 형을 진심으로 좋아하지 않을 수 없는 것이다. 엄마인 나 또한 기다리고 있었다. 언젠가 작은아이가 형의 진심을 알게 될 날이 올 것이라는 것을. 작은아들은 형의 진심을 내가 예상했던 것보다 훨씬 더 빨리 찾았다. 그래서 그 기쁨을 엄마인 나에게 고백한 것이다. 이렇게 동생이 자신의 뜻을 이해하기를 기다려 주고, 그 깨달음을 고백하는 아이들을 사랑하지 않을 수 있을까.

작은아들의 말을 들으며 나 또한 나의 어린 시절의 기억으로도 잠자던 양심이 깨어 날 수 있음을 알 수 있었다.

7남매의 막내인 내가 초등학교 입학하기 전으로 기억한다. 저녁 식탁에서 맛있는 특별한 반찬이 있었다. 내가 많이 먹겠다고 떼를 썼다. 식구들이 모두 그 반찬을 나에게 모아 주었다. 그 특별한 반찬을 내가 몽땅 갖게 되자 보였다. 작은언니가 보였고 다른 언니들도 보였다. 오빠도 보였고 말이 없는 아버지, 어머니도 보였다. 나는 나누기 시작했다. 언니들과 오빠와 부모님에게 나누어 드렸다. 나 혼자 먹으면 안 된다는 생각이 들었기 때문이다. 내 안에 계신 하느님을 만난 것이다. 반찬을 다 나누고, 텅 빈 내 반찬 그릇을 보며 '으앙!!' 울음을 터뜨렸다. 또다시 식구들이 나의 빈 반찬 그릇을 가득 채워 주었다. 온 가족의 웃음과 함께 내 안에 있는 양심을 만나게 된 첫 번째 기억이다. 나누면 채워진다는 것을 이해한 첫 번째 깨달음이다.

그 기억은 그날 이후, 항상 내 안에서 나를 돌아보게 한다.

부모는 아이가 자기 마음 안에 있는 양심을 찾아 활동할 수 있도록 도와야 한다. 양심을 깨우는 날을 기다려야 한다. 그러나 그것은 아이들이 어릴수록 더 도움이 된다. 그래서 나는 어머니의 다른 이름은 따뜻한 관심을 기울인 기다림이라고 생각한다. 그러기 위해서 어머니는 배워야 하는 것이다.

내가 만난 아름다운 사람들

나는 '시작하는 글'에서

한 시간 동안 행복해지고 싶다면 낮잠을, 하루는 낚시를, 한 달은 결혼을, 일 년은 재산을, 일생은 다른 이를 도우라는 중국 격언을 소개했다. 사람들은 '다른 이'를 돕기보다는 도움 받는 것을 행복이라 생각하지 않을까. 《아훈》은 일생을 행복하게 '다른 이'를 도우며 사는 '아름다운'(알면 알수록 더 좋은)사람이 되는 방법을 연구하고 훈련한다. 그런데 나는 진정으로 '다른 이'를 도우며 행복하게 사는 사람들을 만났다. 그 도움은 내 삶을 가치 있고 행복하고 아름답게 만들어 주었다.

지난 1월 말에 나는 특별한 문자를 받았다.

《혹시 이민정 선생님 아니시온지요? 저 인창중학교 제자 황순창입니다. 늦게 인사드려 죄송합니다.》

내가 답을 보냈다.

《금방 기억나는 이름이네. 이렇게 귀한 소식 고맙고 고마워요.》

55년 만에 나를 찾아 준 제자였다. 그는 내게 늘 선생님을 생각하고 있었는데 볼 일이 있어 옛날 모교 앞을 지나는데 그날따라 선생님 모습이 하나하나 떠오르며 너무나 보고 싶어서 온갖 방법으로 찾았다고 했다. 우리는 바로 며칠 뒤 만나기로 약속했다.

"선생님, 선생님 연구소 근처 ○○음식점에서 만나시죠. 제가 저녁 사겠습니다."

"그 음식점 많이 비싼데."

"선생님, 가장 비싼 음식으로 대접하고 싶습니다."

코로나19가 위험을 알렸다. 연기, 연기했다.

55년 전, 옛날 순수한 소년이 중학교 때 선생님을 찾다니. 왜 나를 찾았을까. 나를 만나서 본인에게 도움 될 일이 하나도 없을 텐데. 내년이면 팔순이 되는 할머니. 만나면 보호해야 할 할머니를 왜 찾고 연락했을까. 가장 비싼 음식을 대접하고 싶다고 했을까. 저만큼 칠순을 바라보는 그 학생은 55년간 간직한 마음, '선생님 그때 고마웠습니다.' 그 마음을 꼭 전하고 싶은 이유 하나였으리라. 아직까지 지니고 있는 순수하고 맑은 소년의 마음. 세월에 묻어온 감동. 그 감동을 선물로 받은 나는 얼마나 행운인가. 제자 문자가 나에게 얼마나 큰 도움이 되었는지, 그 도움을 받으며 돌아본 나의 그때 그 교사였던 삶에 대해 얼마나 큰 보람을 느꼈는지. 그 제자는 '다른 이' 즉 나를 도와주었다.

그는 나에게 도움을 준, '행복한 삶을 사는 아름다운 제자'였다.

언젠가 광화문 근처의 복잡한 거리를 지나고 있었다. 어디선가 큰 소리로 "선생님, 선생님." 부르는 소리가 들렸다. 교사를 그만 둔 지 오래된 나에게 그 이름은 '나'와는 거리가 먼 단어였다. 그런데 한 남자가 사람들 사이를 어렵게 뚫고 내 앞으로 성큼 다가와서 말했다.

"선생님, 저 선생님 제자 신광순입니다."

많은 사람들 사이, 멀리서 큰 소리로 불러서 주변 사람들의 시선을 한 몸에 받으면서 나를 불러 준 그는 왜 나를 불렀을까. 그는 말했다.

"선생님, 많이 찾았습니다. 제가 무역업을 하면서 외국인에게 그림을 선물로 받았습니다. 그 그림을 보니까 선생님 생각이 더 많이 나서 꼭 선생님께 드리고 싶어서 간직하고 있습니다. 선생님과 연락할 방법을 찾지 못했는데 이제 드리게 되었습니다."

그 학생이 나를 찾은 이유는 무엇이었을까. 나를 만나서 본인에게 도움 될 일이 아무것도 없을 텐데. 학생은 "선생님 그때 고마웠습니다." 하는 마음을 꼭 전하고 싶은 이유 하나였으리라. 그때까지 지니고 있는 순수하고 맑은 소년의 마음. 그 마음을 선물로 받은 나는 얼마나 행운인가. 나를 부르던 제자의 큰 목소리가 나에게 얼마나 큰 도움이 되었는지. 그 도움을 받으며 쳐다 본 하늘이 얼마나 아름다웠는지. 그는 '다른 이' 즉 나를 도와주었다.

그는 나에게 도움을 준, '행복한 삶을 사는 아름다운 제자'였다.

언젠가 버스 정류장에서 버스를 기다리고 있었다. 젊은 군인이 내 앞으로 다가와 반듯하게 거수경례를 했다. 나는 얼떨떨했다. 얼른 기억나지 않았다.

"안녕하십니까. 선생님, 반갑습니다."

버스 정류소에 서 있던 사람들의 시선이 일제히 우리에게 쏠렸다.

"… 네? 네? 저요 … ?"

"네. 선생님, 저 선생님 제자 윤덕환입니다."

제자는 버스 정류소에서 말했다.

"선생님, 제가 대학 다니다 군대 갔는데요 생각해 보면 중고등학생 때, 가장 무서웠던 선생님 기억이 가장 많이 나요."

"그래요. 그럼 내 기억은 하나도 안 나겠네요."

"선생님. 말씀 낮추시죠. 전 선생님 기억이 가장 많이 나요."

나는 생각했다. 그때는 선생님들이 긴 직사각형 딱딱한 출석부와 함께 회초리 하나씩 들고 교실에 들어갔다. 나는 회초리 없이, 출석부만 들고 교실에 들어갔다. 그런데 무서운 선생님으로 기억하다니. 내가 다시 물었다.

"내가 가장 무서웠다고?"

"네. 선생님은 말씀이 무서웠어요. 늘 생각하게 하는 말씀이셨어요."

"좋은 쪽으로 기억해 줘서 고마워. 잊지 않을게."

"선생님 말씀은 늘 제 안에 함께 계십니다."

나는 눈가를 훔치며 군인 아저씨를 보았다. 우리는 따뜻한 시선으로 마주 보며 웃었다.

　버스 정류소에서 군인이 된 학생이 자신을 잘 알아볼 수 없을지도 모르는 선생님에게 왜 인사했을까. 주변의 모든 시선을 온몸에 받으면 부담스러울 수도 있을 텐데. 나에게 인사해서 본인에게 도움 될 일이 하나도 없을 텐데. 귀찮을 수도 있는 평범한 아주머니(그때는 아주머니였다.)에게 왜 인사했을까. "그때 고마웠습니다. 그리고 선생님 말씀을 늘 기억하고 있고 선생님은 기억에 남는 선생님이었습니다."

　하면서 나에게 힘을 주고 싶은 이유 하나였으리라. 그때까지 지니고 있는 순수하고 맑은 소년의 마음. 그 마음을 선물로 받은 나는 얼마나 행운인가. 그 군인 아저씨인 제자의 말 한 마디 한 마디가 나에게 얼마나 큰 도움이 되었는지. 그 도움을 받으며 쳐다 본 주변 사람들 모두가 얼마나 아름다웠는지. 그는 '다른 이' 즉 나를 도와주었다.

　그는 나에게 도움을 준, '행복한 삶을 사는 아름다운 제자'였다.

　많은 어려움을 겪었다는 소문을 들었던 2년 선배를 아주 오랜만에 만났다. 유능한 교사였던 선배는 당신이 찾은 삶의 비밀을 얘기해 주었다.

　"이민정 선생, 살아보니까 말이야. 가난하다고 불행한 건 아니더라고. 남편의 사업 실패로 방 다섯이던 집에서 방 하나, 거실 하나인 집으로 옮겼거든. 그때 세 아들이 고1, 중2, 중1이었어. 장정 셋이 거실에 모이니까 처음엔 숨이 막힐 것 같더라고. 그런데 차츰 익숙해지니까 좋왔어. 왜냐하면 세 아들을 늘 한 눈에 다 볼 수 있었으니까.

방 다섯인 집에서는 식사 한 번 하려면 방마다 돌아다니면서 아이들을 불러야 했거든. 그런데 세 아이가 있는 거실에 밥상만 차리면 되더라고. 넓은 집에서는 아이들이 각 방에 들어가면 서로 얼굴 보기가 어려웠어. 물론 붙어사니까 가끔 몸싸움을 할 때도 있지만 결국 장난처럼 웃으면서 끝내더라고. 아이들도 알더라고. 싸울 때가 아니라는 걸. 더 사이가 좋아졌어. 살 만해져서 각각의 방이 생기니까 흩어지더라고. 군대 가고, 대학 기숙사 가고. 돌아보면 거실 하나에 모여 살던 때가 가장 행복했던 시절이었어. 세상은 참 재미있지. 왜, 이제야 그걸 알게 되다니. 나이가 들어서 그런가?

가난 속에서 서로를 돕는 마음은 더 애틋하고 더 따뜻하고 더 행복하더라고. 가슴 가득."

선배는 가난했을 때 서로에게, 즉 '다른 이'에게 도움이 되는 삶을 살게 되었다고 했다. 당신이 깨달은 삶의 비밀을 말해주는 선배의 눈에는 보석처럼 빛나는 눈물로 가득했다. 그 빛나는 눈물은 끊임없는 자신과의 싸움에서 승리할 때 얻을 수 있는 보석이 아닐까.

나는 오늘도 아름다운 사람들을 만나는 행운에 감사하며 글을 쓰고 있다.

아훈 가족들의 이야기

여기 《아훈》 가족들의 이야기를 모았다. 나에게는 아름답게 빛나는 보석 같은 사람들이다.

🌱 내가 《아훈》 강사가 되지 않았다면

《아훈》 강사 박미진

저는 《아훈》을 만나지 못했더라면 양가 부모님이 돌아가시고 나서도 깨닫지 못했을 부모님의 마음을 《아훈》을 만나서, 그것도 강사교육을 받고 강의를 하면서 확실하게 이해할 수 있게 되었습니다. 지금은 양가 부모님으로부터 따뜻하고 고마운 버팀목이 되는 며느리이며 딸이라는 말을 들으며 살 수 있게 되었습니다.

시부모님과 저는 예전에도 겉으로 보기에는 누가 봐도 사이좋은 관계라고 느낄 정도였고 저도 같은 생각이었습니다. 그러나 시간이 지나면서는 점점 시부모님을 만나는 일이 불편하고 제 마음이 어려워졌습니다. 저는 아들인 남편보다 더 자주 어쩌면 거의 매일 안부 연락을 드리고, 시시때때로 좋은 것이 있으면 우리는 형편이 어려우면서도 시부모님 먼저 챙겨 드리고, 서로 다른 지역에 살고 있었지만 남편의 휴무날이면 매주 찾아뵈려고 노력했습니다. 그러면서 저는 며느리지만 딸처럼 하려고 애쓰는 굉장히 괜찮은 며느리라고 생각해 왔습니다. 그렇게 애쓰다 보니 조금이라도 시부모님과 서운한 일이 생기면 문제는 시부모님에게 있다고 시부모님 탓을 했습니다. 그러다가 《아훈》을 만나면서 그 불편하고 어려웠던 이유를 조금씩 알기 시작했습니다.

저는 제 깊은 마음으로 시부모님을 사랑하지 않는다는 것을 알게 되었습니다. 이유를 붙이며 노력하는 사랑이었습니다. 사랑하는 것이 아니라 사랑하려고 애쓰고 노력했다는 것을 알게 되었습니다. 시부모님은 남편의 부모님이기 때문에 잘 지내야 하니까 의무로 잘했던 것이고, 또 제가 시부모님께 잘해야 남편도 제 친정 가족들에게 잘할 것이라고 생각하며 잘했던 것이 거의 80%였던 것을 알게 되었습니다. 저는 저 안에 숨겨져 있던 자신의 모습이 조금씩 보이자 진정으로 사랑하는 마음을 담은 사랑을 하려면 어떻게 해야 하는지 연구하기 시작했습니다. 처음에는 마음처럼 되지 않았지만 시부모님을 만날 때마다 제 마음을 다듬고, 사랑하는 진정한 마음으로 대하려고 의식하면서 준비했습니다. 그러자 차츰 가벼운 마음으로 뵐 수 있게 되었습니다.

그러는 사이에 시아버님이 돌아가셨고 같은 해에 시어머님께서도 심부전증으로 쓰러지셔서 위독하신 고비를 넘기는 일이 몇 번 있었습니다. 그런 일들을 겪으며 저는 잘하려고 애쓰기는 했지만 그래도 그동안 마음으로 잘해 드리지 못했던 일들만 떠오르면서 많이 괴로웠고 후회가 되었습니다. 그리고 마음으로 결심했습니다. 어머님이 다시 깨어나신다면 100% 사랑하는 마음으로 노력하겠다고 다짐도 하고 마음으로 기도드렸습니다.

제가 믿는 주님은 제 간절한 후회의 기도를 들어주셨습니다. 시어머님께서 회복하셔서 퇴원할 수 있게 되었고 저는 다짐했던 대로 마음으로 어머님을 돌볼 수 있었습니다. 제 몸은 힘들었지만 어머니께서 건강하게 일상생활로 돌아오시는 것을 목표로 정성을 다했기 때문에 마음은 편하게 할 수 있었습니다. 시어머님이 원하셔서 저희 집과 가까운 곳에 사셨는데 저는 식사 시간마다 어머님 댁으로 가서 정성으로 식사를 챙겼습니다. 그렇게 6개월 정도 지나자 식사도 스스로 준비하여 드실 수 있게 되었고, 운동도 조금씩 할 수 있게 되었습니다. 저는 하루에 세 번 시어머님 댁에 다녀오면서 마음도 가볍고 기쁜 마음이 드는 것이 신기하기도 했습니다. 마음으로 사랑한 결과는 저 자신이 같은 일을 기쁘고 신나게 할 수 있다는 것입니다. 저희 시댁은 딸 셋 아들 셋. 6남매 중에 제 남편은 막내입니다. 그리고 어느 날 어머님은 식구들이 모두 모인 자리에서 제가 전혀 예상하지 못했던 말씀을 하셨습니다.

"내 재산이라고는 내 명의로 된 이 집이 전부다. 내가 살아서 지금처럼 지낼 수 있는 것은 다 미진이 네 덕이다. 이 집은 미진의 명의로 해 주려고 한다."

평소에 저를 부르실 때는 '어멈아.' 부르시던 분이 제 이름으로 얘기하셨습니다. 저는 너무나 민망해서 어쩔 줄 몰라 고개만 숙였지만 마음은 환희로 가득했습니다. 그 환희의 마음 안에는 집을 주신다는 경제적인 이유도 있었지만 그것은 그야말로 조금, 아주 조금이었습니다.

가장 큰 것은 어머님의 따뜻한 마음이 느껴졌기 때문입니다. 제가 6개월 정도 지극 정성으로 거의 날마다 음식을 바꿔 가며 해 드리면서 저도 기뻤고 어머님도 제 기쁜 마음을 아시는 것 같은 그 마음이 서로 통할 수 있었다는 기쁨이었습니다. 그리고 생각했습니다. 강의 중에 늘 듣던 칼 메닝거가 했다는 말

"사랑은 사람들을 치유해 준다. 사랑을 주는 사람과 받는 사람 모두를."

강의 중에 선생님은 말씀하셨습니다.

"여러분은 왜 내가, 또는 왜 나만, 상대방을 사랑해야 하느냐고 억울해하지 않아도 됩니다. 왜냐하면 사랑받는 사람도 치유가 되지만 분명 사랑하는 사람도 모두 치유되기 때문입니다. 제 말이 믿어지지 않으면 한 번 해 보시면 이해가 될 겁니다." 하셨는데 그때 저도 진정으로 느꼈습니다.

진정한 사랑은 사랑하는 사람과 사랑받는 사람 모두를 치유해 주는 구나 하고요. 그 확신으로 저도 강의 중에 힘 있게 말할 수 있게 되었습니다. 그때 사랑하는 마음으로 살아야 하는 이유를 더욱더 깊이 깨달았습니다. 배워서 실천해 보지 않았다면 어머님과 저와의 관계는 변함없이 적당히 사랑하며 살았을 것입니다. 그러면 후회도 없고 그 정도면 잘한 거라고 합리화하면서 진정한 사랑도 느끼지 못했을 텐데 어머님의 모든 자식들 앞에서 큰 결심을 말씀하시는 걸 듣고 어머님의 커다란 사랑의 마음을 느낄 수 있었습니다. 그래서 항상 어떻게 하면 사랑하는 마음으로 살아갈 것인가 연구하고 훈련합니다.

그런데 아무리 배우고 연구해도 친정아버지와의 관계는 풀기 어려울 것 같고, 어쩌면 돌아가셔도 절대 풀지 못할 것 같았습니다. 아버지를 마주할 때면 늘 마음이 답답하고 화가 났습니다. 늘 아버지의 기준에 따라 저의 모든 행동이 평가되었고, 제 뜻을 아버지께 말씀드린다는 것은 아버지의 뜻을 거스르는 일이라고 여기시며, 불같이 화내시는 아버지가 무서워 말을 할 수 없었습니다. 저에게 아버지는 두렵기만 한 존재였습니다. 권위적인 아버지의 태도는 어머니께도 다르지 않았습니다. 어머니의 슬픈 마음을 느낄 때마다 저도 어머니의 마음이 되어 어머니와 함께 괴로웠습니다. 그래서 저는 아버지와 함께 사는 유년기가 너무 어렵고 힘들고 고통스러웠습니다.

제 꿈은 어서 빨리 성인이 되어 아버지와 멀리 떨어져 사는 것이었습니다. 이런 마음들은 사라지지 않고 마음 깊숙이 쌓이고 쌓여 어느 순간 아버지에 대한 원망과 분노로 마음에 가시처럼 자라고 있었습니다.

결혼하고 아이를 낳아 키우고, 부모 교육을 받고,《아훈》을 배우면서도 아버지에 대해서는 아버지의 행동이 이해되는 것이 아니라, 배우면 배울수록 아버지가 저나 어머니에게 하셨던 말과 행동이 사랑해서 하는 행동이 아니라는 확신이 들었습니다. 그래서 진정으로 사랑하려고 노력했지만 사랑할 수 없었습니다. 때로는 그동안 마음 안에 숨겨 왔던 원망과 분노가 올라올 때면 엉엉 목 놓아 몇 시간씩 울기도 했습니다. 그러다 보니 아버지께 연락드리는 게 어려워 연락하지 않게 되고 사랑해야 하기 때문에 억지로 했던 "아버지 사랑합니다."라는 말은 입 밖으로 나오지 않더라고요. 친정에 가면 아버지와의 대화가 불편해서 말을 하지 않게 되고, 만나는 것이 불편해서 점점 친정에 가지 않게 되었습니다. 그렇게 남보다 못한 부녀 사이로 지냈습니다.

하지만 이런 마음을 아버지께 솔직하게 말할 수는 없었습니다. 때때로 어쩔 수 없는 상황이 되었을 땐 원망과 분노를 감추고 착한 딸 행세를 하는 척하며 지내기도 했습니다. 부녀 관계이기 때문에, 자녀는 부모를 사랑해야하기 때문에, 사랑하지 않으면 문제가 생기기 때문에 했던 딸의 역할을 계속하는 것은, 제가 배우면서 알고 있는 저에게는 괴로운 일이고, 아버지를 속이는 것이라 생각되어 더 큰 괴로움이 되었습니다.

제가 《아훈》 강사가 되면서 아버지와의 관계를 풀지 않으면 진심으로 제 삶을 사랑하며 살아가는 것은 어렵겠다는 생각을 하게 되었습니다.

2020년 올해도 지난해와 별로 다르지 않은, 가면을 쓴 부녀 사이로 지냈습니다. 그러면서도 매주 배우는 것을 6년 동안 연구하고 또 연구하면서 깨닫게 되었습니다. 이제 내가 가장 먼저 해야 할 일은 아버지를 사랑하는 마음으로 사랑하는 것이었습니다. 저는 스스로 제 마음을 다독이고 아버지를 이해하는 방법을 제가 배운 모든 방법을 동원해서 포기하지 않고 찾고 찾았습니다. 가랑비에 옷이 젖듯 저는 올바른 방향으로 저를 성장시켜가고 있다는 걸 알았습니다.

그렇게 제가 연구하는 중에 부모님께 경제적으로 어려운 일이 생겼습니다. 처음엔 또 아버지로 인해 생긴 문제였기 때문에 아버지에게 너무나 화가 났지만 저는 배우는 대로 멈추고 천천히 생각하기 시작했습니다. 그리고 지금 이 상황에서 제가 할 수 있는 일을 생각했습니다. 그런데 언제나 자신감이 넘쳤던 아버지, 당신이 틀림이 없다고 생각하시면 거침없이 일을 추진하시던 아버지께서도 이 일로 고통을 많이 겪으셨는지 처음으로 말씀하셨습니다.

"엄마와 너희들을 힘들게 해서 미안하다."

저는 세상에 태어나서 처음으로 느꼈습니다. '아하! 아버지께서도 가족들에게 미안한 마음이 있구나.' 하는 생각이 들자 일이 해결될 기미가 보이지 않았지만 저는 무엇이든지 기쁜 마음으로 아버지를 도와드려야 되겠다는 생각이 들었습니다.

그러나 도움을 드리는 과정에서 불쑥불쑥 마음에 있는 상처가 섞여들어갔지만 옆에서 남편이 저를 일깨워 주었습니다.

"여보 당신 말 들으면 아버님이 서운하실 것 같은데."

그럴 때마다 저는 정신을 번쩍 차리게 되었습니다. 그리고 제가 배웠기 때문에 남편 조언의 의미를 금방 이해하게 되었고 내 상처를 돌려드리려는 마음이 들어 있는 것을 인정하게 되었습니다. 그리고 서운해할 말이나 행동을 그대로 사과했습니다. 그래서 다음 날 바로 아버지께 연락을 드렸습니다.

"아버지 어제 제가 돈 문제로 아버지께 큰 실수를 했어요. 정말 죄송해요."

생각해 보니 제가 반항심으로 인해 아버지께도 상처를 드렸을 때 단한 번도 진심으로 사과한 적이 없다는 것을 알았습니다. 그런데 이번에는 진심으로 죄송한 마음으로 말씀드렸습니다. 물론 저는 전화하면서도 예전처럼 불같이 화내며 비난하고 훈계하고 충고하고 늘 하시던 대로 하실 거라는 예상을 하고 단단히 마음의 준비를 하고 말했습니다. 그런데 처음으로, 아버지의 따뜻한 음성을 들을 수 있었습니다.

"내가 서운한 것 없다. 아버지와 딸 사이엔 서운해도 다음 날이면 풀리는 거다."

전 정말 놀랐습니다. 그리고 아버지의 말씀을 들으며 언젠가 아버지에게 말씀드려야지 하고 마음에 담아 두었던 말을 39년 만에 처음으로할 수 있는 용기가 났습니다.

"아버지, 그렇게 말씀해 주셔서 감사해요. 그런데 아버지 … 저는 아버지께 서운한 것이 있어요. 저는 아버지가 저를 사랑하지 않는다고생각했어요. 친구 분들과 계실 때 제가 전화를 하면 빨리 끊으려 하시고, 친정에 내려가 아버지가 오시면 식사하려고 기다리다 전화를 하면 화내시고, 그래서 아버지는 저보다 친구 분들을 더 사랑하고, 저는 사랑하지 않는다고 생각했어요."

이렇게 말하면서도 아버지께서 어떤 말을 해도 받아들이자 다짐했습니다. 왜냐하면, 자식의 이런 하소연은 항상 쓸데없는 말을 한다고 하셨고, 버릇없는 행동이라고 혼내셨기 때문입니다. 그런데 상상도 하지 못한 말씀을 하시더라고요.

"그랬구나. 미안하다. 딸아 네 입장에서는 많이 서운했겠구나. 그런데 아버지는 너를 정말 많이 사랑해. 그리고 네가 아버지 엄마의 딸이어서 정말 자랑스럽고 고마워서 매일 엄마와 널 낳길 잘했다고 얘기해."

이 말을 듣는데 제 마음 깊은 곳에서 그동안의 원망과 분노로 덮여 있어서, 결코 없을 것 같은 사랑하는 마음이 흘러나와서 사무쳤던 설움이 녹아 흘러내렸습니다. 그리고 그동안 하지 못했던 말을 할 수 있었습니다.

"아버지 감사하고 죄송해요. 그동안 제가 엄마에게만 연락하고, 아버지께는 사랑한다는 말하지 않아서 서운하셨죠. 아버지 정말 사랑합니다. 그리고 아버지 어머니께 도움을 드릴 수 있어서 저에겐 정말 큰 기쁨이에요. 제가 도울 일이 있다면 언제든지 연락해 주세요."

그날 이후, 저는 아버지를 만나고 아버지와 대화하는 것이 행복해졌습니다. 제 삶을 더욱 사랑할 수 있게 되었습니다. 거짓말처럼 너무나 쉽게 풀린 듯했지만, 그동안에 《아훈》을 배우고 훈련하면서 제 마음이 건강하고 단단하게 자라고 있었음을 알게 되었고, 올바른 것이 무엇인지를 배우고 있기 때문에 가능한 일이라 생각합니다.

그리고 이제는 어떤 일도 두렵지 않습니다. 언제든 시련이 찾아올 수 있지만, 이제는 사랑하는 마음으로 정성스럽게 살아가는 방법을 알고 있고 계속 배우고 있으니까요. 그래서 매일매일 서두르지 않고 정성을 다해 살아가려 합니다.

제가 《아훈》 강사가 아니었다면 해 낼 수 없는 일을 해 낼 수 있었습니다.

이렇게 살아가는 방법을 배울 수 있고 깨달을 수 있도록 프로그램을 만들어 주시고 강의해 주시는 이민정 선생님께 감사와 존경과 사랑하는 온 마음을 담아 고백합니다. 선생님 사랑합니다.

🌱 《아훈》 강사가 되는 길

《아훈》 강사 김화정

저는 28살 25살 두 딸의 엄마이자 평범한 주부입니다. 결혼하고 아이 낳고 누구보다도 아이, 정말 잘 키우고 싶었습니다. 그래서 큰아이를 임신했을 때부터 부모 교육 하는 곳 찾아다녔습니다. 요즘은 교육하는 곳이 많지만 92년도엔 별로 없었는데 명동 성당에서 부모 교육 프로그램이 있었습니다. 그래서 아이 낳을 때까지 배우고 여러 육아 서적도 많이 읽고 엄마 되는 준비를 했습니다. 그래서 아이를 낳으면 정말 잘 키울 줄 알았습니다.

제가 자녀 교육에 아이 낳기 전부터 관심을 가진 데에는, 저의 부모님 덕분입니다. 부부 교사이신 저희 부모님은 열렬히 연애하셔서 결혼하셨는데 참 많이 다투셨습니다. 한번 다투시면 한 달 두 달 새벽에 일어나서 다투고 … 모처럼 가족 여행 가서도 두 분이 다투시면 저희들은 어느 쪽으로 편을 들어야 할지 난감해서 서로 엄마 편 되어라, 아빠 편 되어라 다투기도 했습니다. 그렇게 다투시면서 어떻게 네 자매를 낳으셨는지 궁금하기도 했습니다. 저는 그렇게 다투시는 부모님을 보면서 저는 절대로 저렇게는 안 살 거야 하고 결심했습니다.

'나는 결혼하면 화목한 가정, 따뜻한 엄마가 돼야지.' 그게 어릴 때부터 저의 꿈이었고 목표였습니다.

자매만 넷인 저희 집에 아들처럼 하겠다는 좋은 오빠를 만나서 결혼했습니다. 결혼을 하면 저는 부모님처럼 다투지 않고 달콤한 결혼생활을 하리라 생각했던 저의 꿈은 정말로 말 그대로 꿈이었어요. 다툼은 결혼식을 하고 신혼여행을 떠나기 전부터 시작되더라고요. 연애할 때는 가치관이나 생각이 비슷해서 잘 통할 것 같던 남편은 결혼 후에 벽처럼 느껴졌습니다. 텔레비전을 보다가도 시댁 일로 의논을 하다가도 아이들 교육 문제로도, 술 마시고 늦게 귀가하는 일로도 다툼거리는 무궁무진했습니다.

제 생각대로 따르지 않았던 남편과의 관계는 늘 살얼음판 같았고 저는 아이들에게 모든 에너지를 쏟기 시작했습니다. 어렸을 때 엄마로부터 받고 싶던 사랑을 우리 아이들에게 주려고 출산 후에는 남들이 부러워하던 직장도 그만두고 유치원에서 돌아오는 아이들을 따뜻하게 맞아 주었습니다. 자연을 자주 접해야 정서적인 안정감을 느낄 수 있다고 해서 기회가 될 때마다 들로 산으로 여행을 다니고, 다양한 체험 학습과 박물관 연극 뮤지컬 등등 아이들의 오감을 자극할 수 있는 공연을 찾아 수시로 다녔습니다. 밤이면 아이들이 잠들 때까지 수십 권의 책을 읽어 주었고, 아침잠에서 깰 때는 수준 높은 음악을 들을 수 있게 했습니다. 하지만 유치원에 다니기 시작한 큰아이는 다른 아이들과 잘 어울리지 못하고 구석에서 책만 읽다가 돌아오곤 했습니다.

초등학교 일학년 참관수업에 참석한 저는 소극적이고 입술만 잘근잘

근 피나게 깨물고 있는 우리 아이가 이해가 되지 않았습니다. 저는 어릴 때 엄마에게 받고 싶던 그 모든 것을 아이에게 주었는데 왜 저럴까 의문만 커져갔습니다.

그러던 어느 날 이웃집에 사는 친한 엄마가 빌려 준 이민정 선생님의 『이 시대를 사는 따뜻한 부모들이 이야기2』를 읽게 되었습니다. 선생님의 책을 읽으면서 눈에서는 눈물이 멈추지 않았고 제가 우리 아이들에게 주지 못한 한 가지 사랑이 무엇인지 깨달았습니다. 그것은 가정의 안정감, 즉 우리 부부의 위태로운 감정들이 아이들을 얼마나 불안하게 했는지 간과했던 것입니다.

이민정 선생님의 책을 읽고 잃었던 길을 찾아가고 있을 즈음, 서울교육대학교 부속초등학교에 다니던 큰아이가 학부모 특강이 있다고 해서 특강에 참가했고, 그때 선생님을 만나게 되었습니다. 그리고 이어서 서울교육대학교 평생교육원에서 선생님의 강의를 듣기 시작했습니다.

어떻게 살아야 하는지, 어떻게 사랑해야 하는지, 어떤 교육관을 가져야 하는지 …. 그동안 엉킨 실타래 같았던 마음속의 의문들이 서서히 풀리기 시작했습니다. 그간 나의 사랑은 남편과 아이들이 받고 싶은 사랑이 아니라 내가 주고 싶은 사랑이었음을, 그리고 사랑이란 이름을 얼마나 잘못 알고 있었는지를 깨닫게 되었습니다.

어디에서도 배울 수 없었던 선생님의 삶의 철학과 삶의 지혜를 배우면서 답답하기만 했던 남편과의 관계도 점차 생기가 돌고 아이들도 저를 보면 늘 대화를 하고 싶어 했습니다. 이렇게 일주일에 한 번씩 큰아이가 대학에 입학할 때까지 10년 동안 꾸준히 선생님의 강의를 듣다 보니 모든 주변의 관계들도 변화하기 시작했습니다.

제가 그렇게 원하던 화목한 가정이 되고 남편과 아이들과도, 주변에서 부러워할 정도로 관계가 좋았기 때문에 드디어 여유로운 시간들을 이젠 제가 하고 싶은 일하면서 지낼 수 있게 되었습니다. 그러나 딱히 하고 싶은 것도 할 수 있는 것도 찾지 못했습니다. 이때 고민하는 저에게 남편은 이렇게 말했습니다.

"여보, 당신이 뭘 하든지 당신이 재밌고 행복한 일을 했으면 좋겠어."

저는 남편의 말을 들었지만 무슨 일을 해야 재밌고 행복한 일인지 모르겠더라고요. 이렇게 한동안 고민하고 있을 때 대학교 4학년이 된 큰딸이 말하더라고요.

"엄마, 엄마가 공부하고 있는 《아훈》 강사 해 보시면 어때요."

저는 딸의 말을 들으며 정신이 번쩍 들었습니다. 물론 저도 마음으로는 해 볼까 하는 생각을 한 적도 있었지만 솔직한 마음은 자신이 없었습니다. 제가 남들 앞에서 얘기를 해 본 적도 없었고, 또 학생 때 공부를 잘한 것도 아니었기 때문에 누구 앞에서 강의를 할 자신이 없었습니다.

그렇게 자신이 없는 저에게 큰아이가 말했습니다.

"엄마, 엄마가 저희 키우면서 했던 경험들을 다른 분들과 나누는 것은 정말 가치 있는 일이라고 생각해요. 엄마가 공부하시면 엄마가 저희를 지원했듯이 이젠 제가 엄마를 지원해 드릴게요."

아이가 제게 해 준 말은 가슴 뭉클한 감동이었고 또 희망의 싹을 키울 작은 힘이 되었습니다. 그리고 얼마 지나지 않아 큰아이는 자기가 아르바이트 해서 모은 돈이라며 200만 원을 제 통장으로 보내 주었습니다. 참으로 큰 상을 받은 느낌이었습니다. 걱정도 되고 과연 내가 할 수 있을까 하는 두려움도 있었지만 가족 모두의 응원으로 《아훈》 강사 과정을 시작하게 되었습니다. 강사과정을 시작할 때까지도 많은 용기가 필요했는데 시작하고 나니까 여러 가지 어려움이 생겼습니다. 집에서 살림만 하던 제가 강의를 하려면 노트북 PPT로 자료를 만들어야 하고 강의할 내용을 워드로 기록도 해야 하는데 제겐 너무나 어려웠습니다. 컴퓨터로 인터넷 검색 정도만 해 왔기 때문에 워드로 뭘 적는다는 것도 강의안을 만든다는 것도 시간이 너무 오래 걸리고, 난관의 연속이었습니다.

저는 또 걱정이 되었습니다. '와! 이걸 내가 할 수 있을까?' 노트북 사용 방법이 백지상태에 가까웠던 저에게, 하루에 수십 번씩 물어보는 엄마에게, 큰딸은 짜증 한 번 내지 않고 자상하고 친절하게 반복해서 알려 주었습니다. 정말 누구 딸인지 존경스러웠습니다.

평범한 주부로 살던 제가 하루 종일 앉아서 노트북과 씨름하며 강의안을 만드는 과정은 어렵고 힘들었지만 한편으론 저에게 집중하는 시간들이 행복하기도 했습니다.

드디어 2019년 12월 28일 강사과정을 마치면서, 포기하지 않고 끝낸 저 자신이 너무나 자랑스럽고 고마웠습니다. 그동안의 과정을 지켜보며 응원하던 큰딸이 강사과정을 마치는 날 예쁘게 포장된 선물을 내밀었습니다.

"엄마 축하합니다."

라는 말과 함께 포장된 선물은 엄마가 강의할 때 노트북 넣어 다니라고 백팩, 그리고 명함 지갑과 함께 편지 한 통이었습니다.

"엄마에게

엄마, 오랜만에 편지 쓰는 거 같은데 엄마가 작년에 강사과정 시작하고 새로운 것도 갑자기 많이 배우고 벅차고 부담스럽고 지칠 때도 있겠지만 난 엄마가 정말 너무 대단한 것 같고 정말 자랑스러워요.

나중에 (조만간 곧) 엄마를 만나 얘기를 듣고 고민을 나눌 많은 사람들은 정말 행운이라고 생각해요.

진짜 여러 가지 면에서 엄마를 인간으로서 너무 너무 존경해요.

엄마처럼 새로운 것, 변화를 끊임없이 받아들이고, 다른 사람들에게 공감하면서도 엄마에게 소중한 것들까지 균형 있게 가져가는 모습을 보면 내가 과연 저렇게 살아갈 수 있을까? 하는 생각이 들어요.

그래서 더더욱 엄마가 스스로(겉으로는 힘들다 하지만) 옳다고 믿는 방향으로 나아가는 걸 지켜보면서 어떻게든 응원하는

마음을 표현하고 싶었어요. 별거 아니지만 이쁘게 들고 다니
고요, 다음 주나 언제 데이트 합시당!

사랑해요.

2019.12.29 또 다른 봄을 맞을 엄마에게.

정말로, 엄마로서 제가 듣고 싶었던 말을 다 들었습니다. 제가 오랫
동안 배우고 때론 어려웠던 엄마로서의 삶이 모두 보상받은 느낌이었
습니다.

물론 제가 《아훈》 강사가 됐다고 해서 늘 아이들과 남편과 모든 사
람들과 어려움이 없는 건 아니었습니다. 하지만 사건이 일어날 때마다
그것을 바라보는 나의 시선이 달라졌고 그것을 해결하려는 의식의 수
준이 높아졌습니다. 예전에는 억지로 참았던 것들을 기쁘게 수용하게
되었고 남편과 아이들을 진심으로 이해하게 되었습니다.

길고 긴 강사과정이 끝나고 수강자들을 대상으로 강의를 하면 할수
록 제 경험을 나누면서 많은 분들께 도움이 되고 위로가 된다는 생각이
저 자신을 기쁨으로 가득 차오르게 합니다.

오랜 시간 저의 어리석음과 미련함에 더딘 걸음을 할 때마다 사랑과
격려로 힘을 주신 이민정 선생님의 이끌어 주심이 제가 매 순간 의식하
고, 꿈꾸고, 성장하게 하였음을 감사드립니다.

🌱 내 안에 있는 사랑이라는 이름의 거인

《아훈》 강사 양인숙

"엄마, 저요, 쟤랑 같이 못 살겠어요. 제가 따로 나가든, 쟤를 따로 보내든 해 주시면 좋겠어요."

올 여름, 그칠 줄 모르는 긴 장맛비로 칙칙하기만 했던 어느 날, 큰 아이(28세, 여)에게서 온 이런 문자를 받자마자 둘째 아이(26세, 여)의 문자도 왔습니다.

"엄마. 더 이상 언니랑 같이 못 살겠어요. 저 따로 나가 혼자 살도록 좀 도와주세요."

저희 집은 대전입니다.

큰아이는 대학 진학하면서부터 서울에서 지내왔고 둘째는 대전에서 대학을 졸업하고 취업을 하면서 서울로 올라가 언니와 함께 지내게 된 지 일 년쯤 된 때에 두 아이에게서 이런 문자를 받았습니다.

만일 《아훈》을 공부하기 전의 저였다면 이런 문자를 확인하자마자 '왜 또 이런 일이 생기는 거야 ….'

하면서 불편한 마음에 감정부터 확 올라오면서 이렇게 생각했을 것입니다.

'얘들이 지금 초등학생도 아니고 나이가 몇이야. 스물여섯, 스물여덟이나 되어 가지고 자매가 다투고 같이 못 지내겠다고 지금 엄마에게 서로를 일러바치는 거야?! 도대체 나이를 어디로들 먹은 거야. 정말이지 기가 막혀 못 살겠네. 난 너희들에게서 오는 모든 연락이 무섭다 무서워!! 진짜 ….'

저는 한없이 어두운 마음과 잔뜩 구겨진 얼굴로 서울로 쫓아 올라가거나, 또는 두 아이를 당장 대전으로 불러 내리거나 해서 두 아이를 앉혀 놓고, 또는 따로 불러 앉혀 놓고는 (이미 성인이 된 아이들인지라) 차마 소리 지르며 화를 내지는 못하고 조곤조곤 우아하게 타이르기 시작했을 것입니다.

'동생과(언니와) 지내는 게 불편해도 그래도 네가 언니니까(동생이니까) 언니답게(동생답게) 너그럽게 품고 참고 지내야 하지 않겠냐.

지금 이렇게 서로 못살겠다고 따로 떨어져 지내면 앞으로 남은 긴 세월 너희들 서로 얼굴 안 보고 지낼 참이냐. 엄마는 너희들이 똑똑하고 성품 좋은 줄 알았는데 이제 보니 너무 생각이 없는 것 같아. 엄마가 너희들 그렇게 가르쳤냐. 엄마는 너희들에게 정말 실망이다.'

라는 등등의 일장 훈시와 설교를 통해 일단 아이들의 입을 막고, 이런 너희들의 모습으로 인해 엄마가 이렇게 슬퍼한다는 다소 과장된 모습을 보여 주면서 아이들에게 죄책감도 심어 주고, 정 너희들이 이런 식이면 엄마도 너희들 안 보고 살겠다는 등등 ….

제가 알고 있는 이런 종류의 방법들을 총동원해서 아이들을 설득하고 회유하거나 협박(?)해서 결국 아이들에게서 참고 잘 지내보겠다는 대답을 쥐어 짜냈을 것입니다.

친자매는 당연히 서로 우애 있게 지내야 하는 거고 그렇게 되도록 하기 위해서 제가 알고 있던 방법들이란 이런 것들이었으니까요. 그래서 어릴 때부터 그렇게 가르쳤는데 아직도 저러면 앞으로 또 저럴 거 아니냐고 … 하면서 아이들이 어릴 때나 아이들이 다 커서 어른이 된 뒤에도 엄마 노릇은 정말 힘들다는 생각으로 저는 또 우울했겠지요.

저는 좋은 사람으로 잘 살고 싶었습니다. 그래서 어떻게 사는 것이 보람 있게, 가치 있게 잘 사는 것인지, 그리고 그렇게 살기 위해서 어떻게 살아야 하는지 늘 배우려 했습니다.

그리고 아이들이 태어나면서부터는 어떻게 하면 좋은 어머니가 될 수 있는지 열심히 배웠고, 그래서 필요한 만큼은 알고 있다고 생각했거든요. 그래서 제가 할 수 있는 한 제가 알고 있는 대로 아이들에게 최선을 다 했었습니다.

그러나 아이들이 커 갈수록 아이들을 대하는 건 점점 더 어려워지고 아이들도 저도 힘들어 거의 지쳐 떨어진 2012년, '아름다운 인간관계 훈련'이라는 프로그램과 이민정 선생님을 만났습니다.

아이들을 사랑하는 것 너무나 중요하다는 것 알고 있었지만 이 공부를 하면서 가장 먼저 알게 된 것은 아이들이 사랑받는다고 느끼도록 사랑하는 것에 대해서 저는 아는 것이 없었다는 것이었습니다.

내가 내 아이들을 사랑하는데 아이들은 그렇게 느끼지 않을 수도 있다는 것은 생각해 본 적도 없었습니다.

그리고 옳은 일을 하기 위해 사용했던 저의 옳지 않은 방법들도 하나 둘 보이기 시작했습니다.

사랑하기 위해 옳지 않은 방법을 사용하니 사랑이라고 할 수도 없는 괴이한 것으로 변해 버렸더라고요. 저는 제가 폭력 부모라고 생각해 본 적이 없었습니다. 아이들에게 원색적인 막말을 하지도 않았고 무차별로 때리거나 한 적도 없거든요. 시키는 대로 하지 않는 아이들에게 무섭게 대하긴 했지만 그것도 다 아이들의 장래를 위해서 그랬던 건데 그것을 이해하지 못하는 아이들이 야속하기만 했었습니다.

결국 사랑이라는 이름으로 포장된 폭력을 휘두르면서 저는 그것이 아이들을 사랑하는 방법이라고 착각하고 있었던 거죠. 그래서 제 사랑을 거절하는 아이들 때문에 저는 점점 지쳐만 가고 아이들은 저 때문에 힘든 시간을 지내 왔던 것을 알게 되었습니다.

제가 대전에서 서울을 오가며 《아훈》의 기본과정과 심화과정들을 마치고 강사과정을 거쳐 매주 월요일 진행하는, 전문강사 시연과정에 들어와 공부를 시작할 때에도 강사가 되어야겠다는 생각은 없었습니다. 그 당시 저는 일상에서 일어나는 작은 사건들을 지혜롭게 해결하는 구체적인 대화 방법을 지속적으로 배우고 훈련하는 일만이 절실했을 뿐이었지, 제가 배운 것을 다른 누구와 나누거나 할 생각은 할 수 없었거든요.

이번에 일어난 일도 제가 배우기 전 알고 있던 그런 방법대로 했다면 아이들에게서 제가 원하는 대답을 쥐어 짜낼 수는 있었을지도 모릅니다. 그렇게 두 아이들을 어떻게든 꾸역꾸역 같이 지내게 했을 테고, 지내는 동안 아이들은 겉으로는 더 이상 큰 충돌 없이 엄마가 부탁한 대로 서로 참으며 지냈을지도 모릅니다. 마음 한편에 가시를 안고서 말이죠.

하지만 그렇게 지내다가 결혼을 하든, 직장을 옮기든 서로 떨어져 지내야만 하는 때가 온다면 어떤 마음으로 서로를 보낼까 하는 생각을 해 보았습니다

혹시나

'그동안 참고 지내느라 지긋지긋했는데 해방이다!! 이제야 언니에게서(동생에게서) **해방이다!!!'**

하는 마음이 들지는 않을까, 그래서 정말 걱정했던 대로 친자매이면서도 웬만하면 서로 안 만나고 싶은 그런 남만큼도 못한 사이가 되면 어떡하지 하는 걱정을 하면서도 달리 어떻게 해야 할지 올바른 방법을 몰라서 제 마음에도 아이들과 같은 가시를 안은 채 한탄하며 살았을 것입니다. 세상 살기가 왜 이렇게 피곤하냐 하면서 말이죠.

그러나 지금의 저는 그러지 않을 수 있었습니다.

두 아이가 10년 가까이 서로 떨어져 살다가 함께 지내다 보면 불편한 일이 생길 수 있다는 생각을 하고 있었고 그런 느낌이 없었던 것도 아니던 차에 이런 문자를 받고 보니

'드디어 우리 아이들에게 잠재되어 있던 문제를 해결하도록 도울

수 있는 **기회가 왔구나.'**

하는 생각에 그 문자들이 반가웠습니다. 마치 기다렸던 상황인 듯 말이죠. 전혀 화가 나지 않았습니다. 선생님은 늘 말씀하셨습니다.

'화가 나는 이유는 어쩌면 실력이 없기 때문이 아닐까요?' 저는 긴가민가했습니다. 그런데 이번 일로 화가 나지 않는 걸 보니 저도 꽤 실력이 있나 봅니다.

서울로 올라가는 내내 열차 안에서 생각했습니다.

'어떻게 하면 이 사건이 자매가 서로를 마음으로 이해하고 배려하면서 우애를 나눌 수 있는 계기가 되도록 도울 수 있을까. 우선 아이들의 이야기를 자세히, 충분히 듣도록 한다. 방이 둘이지만 두 아이가 큰 방 하나에 같이 쓰는 것이 두 아이가 친숙하게 지낼 수 있는 유일한 기회라고 함께 쓰고 있는데 혹시 어렵다면 두 아이가 방을 따로 쓰도록 한다.'는 것도 고려한다는 생각도 했습니다. 위험하지만 기회로 만들 것이라는 각오로 준비했습니다.

드디어 저는 아이들을 만나 그동안 배웠던 내용들을 총동원해서 대화를 나누기 시작했습니다. 우선 제가 편안한 마음으로 시작하자 분위기는 안정적이었습니다.

아이들과 대화를 나누는 순간순간 아이들이 엄마에게 이해받고 있다고 배려받고 있다고 느끼도록 하려면 내가 어떻게 말해야 할까 연구하면서 조심스럽게 말했습니다. 그렇게 대화를 나누기 시작한 지 얼마 되지 않아 저는 어느 새 대화의 중심에서 벗어나 있었고 두 아이는 서로 마음으로 사과하고 화해를 하고 있었습니다.

아이들은 언제 다투었냐는 듯이, 엄마의 도움은 전혀 필요 없었던 것처럼 서로를 대하는 아이들의 모습은 제 삶에서 얻은 또 하나의 빛나는 보석이었습니다.

"언니, 미안해. 내가 너무 심했어."
"내가 더 미안해. 내가 너무 무신경했어."
"엄마 와 주셔서 정말 감사해요."
"엄마, 정말 큰 도움이 되었어요. 고맙습니다, 엄마."

구구절절 옳은 말씀으로 가르치거나 억지로 몰고 가거나 하지 않아도 따뜻한 우애를 나누는 길로 스스로 찾아갈 줄 아는 저의 아이들을 저는 기뻐하지 않을 수 없었습니다.
만일 제가 더 일찍, 그러니까 저의 아이들이 훨씬 어렸을 때부터 제가 아이들을 올바른 방법으로 사랑할 수 있었다면 이렇게 다 자란 후에 다투는 일이 아예 없었을지도 모릅니다. 그러나 이제라도 지난날 저의 무지로 인해 오늘날 나타나는 잘못들을 이렇게 하나하나 바로잡아 가면서 오히려 저는 아이들을 향한 더 깊은 사랑과 아이들로부터 오는 더 큰 기쁨으로 더 크게 감사하게 됩니다.

이 사건 이후 두 아이들의 관계는 눈에 띄게 부드러워졌고 그 둘만의 관계뿐 아니라 대전에서 살고 있는 막냇동생과 나누는 대화방의 대화까지도 서로 더 아끼고 더 배려하는 말들로 가득합니다.

예전의 저는 장래 아이들의 행복한 인생을 만드는 일에 도움이 된다고 생각해서 혼내고 야단도 치며 무섭게 대했습니다. 그러나 지금은 이런 매일매일의 행복과 감사가 아이들의 행복한 인생을 만들어 간다는 것을 압니다.

처음에는 제가 아이들을 올바르게 사랑하고 싶어서 배우기 시작했지만 점차 가족 전체에, 그리고 저와 만나는 이웃들과의 관계까지 점점 아름답게 변화되는 것을 경험하면서 저는 더 다양한 삶의 보석들을 더 많이 발견하게 되었습니다.

그리고 일상에서 일어나는 이런 작은 사건들 하나하나가 모여서 제 인생이 되는 걸 생각할 때 저는 따뜻하고 아름답게 풀어낸 매일 매일의 작은 사건의 보석들로 제 삶을 채워 가고 싶습니다.

그리고 예전의 저처럼 마음속에 커다란 사랑을 품고 있으면서도 그 사랑을 나누는 올바른 방법을 모르는 분들에게, 그 사랑을 끌어내기에 힘들고 지친 누군가인 수강자들에게, 제가 배우고 깨달은 내용들을 나누는 일도 이제는 제 삶의 큰 기쁨이고 보람입니다.

제 안에 갇혀 있던 '사랑이라는 이름의 거인'이 밖으로 나오는 길을 찾는데 제가 받은 도움을 나누는 일이기 때문입니다. 생각해 보니 저는 강의를 통해 저의 삶을 '나눌 때' 오히려 가장 정확하게 배우고 깨닫는다는 생각이 듭니다.

늘 깨어서 살고 싶지 않은, 게으름에 항복하고 싶은 마음이 굴뚝 같을 때도 종종 있지만 그래도 깨어 살아가며 올바르게 사랑하는 방법을 배우는 즐거움과 깨닫는 기쁨, 그리고 그것들을 나누는 보람보다 더 큰 행복은 없다는 생각을 합니다.

존중받는다는 게 무엇인지, 이해받고 있다는 게 어떤 느낌인지 알게 해 주신 아름다운 인간관계 훈련을 통해 만난 아름다운 모든 분들께, 특히 이민정 선생님께 존경과 감사의 마음을 드립니다.

고맙습니다.

다음은 제 아이들과 풀었던 상황을 간단히 정리한 내용을 소개합니다.

제가 중간에서 특별히 한 일이 없습니다. 다만 대화에 방해되는 말 안 하고 열심히 듣기만 했거든요. 정확히 다 기억나지는 않지만 기억나는 대로 적었습니다.

엄마 : 엄마는 너희 둘이 어떤 일로 어떻게 불편한지 궁금해. 그래서 둘 이야기를 듣고 싶어. 그런데 엄마는 한 번에 한 사람 이야 기만 들을 수 있어서 말이야. 누가 먼저 이야기하든 한 사람 이 야기를 끝까지 듣고 다른 한 사람 이야기도 끝까지 들을 거야.

누가 먼저 이야기 할까?

동생 : (언니에게) 내가 먼저 얘기해도 돼?

언니 : 그러든가.

동생 : 언니는 청소를 너무 안 해요. 아침에 출근할 때도 옷을 벗어 놓고 나간 거 보면 번데기처럼 벗어 놓고 몸만 빠져 나간다고요. 엄마도 그거 아시죠. 좀 치우고 가라고 하면 돌아와서 한다고 그냥 나가요. 그리고 퇴근 후에는 거의 매일 공부한다고 학원에 갔다가 늦게야 집에 오니까 결국 옷 정리나 집 청소는 다 제가 하게 된다고요.

엄마 : 그래, 그렇게 되었겠다. 너도 퇴근하면 쉬고 싶었을 텐데 말이야.

언니 : 내 옷은 그냥 두면 내가 나중에 다 하는데 쟤가 못 참고 그냥 하면서 저런다니까요.

엄마 : 그래. 잠깐만. 동생 말 먼저 다 듣고 네 말도 다 들을게.

언니 : 알았어요.

동생 : 그리고 몽이(고양이)는 사람 음식 먹으면 안 되는데 언니는 먹고 나서 그냥 둘 때가 많다구요. 그러지 말라고 몇 번이나 부탁을 했는데도 잊어버리곤 해서, 저번에도 언니가 먹다 남긴 양념치킨 그냥 둬서 몽이가 그거 먹는 바람에 몽이 탈났을까 봐 동물 병원 갔다 왔었고, 또 보푸라기 터진 인형도 언니가 그냥 둬서, 몽이가 보푸라기까지 먹었을까 봐, 내가 얼마나 불안했는지 몰라요.

엄마 : 그랬었구나. 말도 못하는 몽이가 탈이 나면 어쩌나 정말 불안 했겠다. 별 탈 없어서 너무 다행이지만 또 그런 일 생길까 봐 조마조마하구나.

동생 : 네, 엄마. 그래서 이번에 대전 다녀오는 동안 보푸라기 인형 조심해야 한다고 언니에게 미리 신신당부했는데도 돌아와 보니까 그 인형은 바닥에 떨어져서 터져 있고 보푸라기도 널려 있어서 혹시 몽이가 먹은 게 아닌가 너무 걱정되고 그래서 언니에게 화를 냈더니 언니가 나한테 미안해하기는 커녕 저 약상자를 나한테 던졌다니까요. 어떻게 나한테 그럴 수가 있어요?

엄마 : 저런, 그런 일이 있었구나. 미리 부탁까지 했는데 그런 상황이 되어 있어서 정말 서운했구나. 게다가 약상자까지 날아오니 무섭고 억울하고 황당하고 그랬겠다.

동생 : 네, 만약 제가 맞았으면 다쳤을 거라고요.

엄마 : 그러게. 맞지 않아 천만다행이다. 그리고 또?

동생 : … 언니는 나중에 자기가 다 치운다고는 하지만 널려 있는 옷가지를 그냥 두고 보는 건 너무 불편하니까 결국은 제가 다 치우게 된다고요. 언니는 함께 쓰는 공간이라는 생각을 못 하는 것 같아요.

엄마 : 그래. 그렇구나. 엄마가 생각해 보니까 네가 여기로 올라올 때 저 방을 네 방으로 치워서 따로 침대를 놓아 줄 걸 그랬나 보다. 엄마 욕심에 자매가 같은 방에서 자고 지냈으면 해서 그러도록 권했던 건데 결국은 너희들을 불편하게 만든 게 돼서 미

안한 생각이 드네. 사람에겐 자기만의 공간이 있어야 더 편안한데 말이야. 그리고 또?

동생 : …. 일단 여기까지예요.

엄마 : 그래. 이런저런 일로 그동안 불편한 게 많았다가 이번에 몽이 일로 이렇게 됐나 보다. 그럼 이제 언니 이야기 들어볼까?

언니 : 나는 한꺼번에 몰아서 치우면 된다고 생각하는데 다미는 그때그때 치우라고 하니까 저도 피곤하다고요.

엄마 : 그렇지. 너도 한 번 치웠다 하면 시원하게 치우는데 말이야.

언니 : 네. 저는 이때까지 그렇게 지내왔다고요. 그리고 음식 먹고 나서 늘 그냥 두는 것도 아니고 나도 예전에 단군이(언니가 키우다 죽은 고양이) 키워 봤기 때문에 조심해야 하는 것 알고 있다고요. 다만 단군이는 사람 음식은 전혀 안 먹던 아이라서 몽이만큼 조심할 필요는 없었기 때문에 좀 다르긴 하지만 나도 충분히 조심하고 있고. 치킨 그냥 둔 것도 그날 한 번이었다고요.

엄마 : 그렇지. 너도 단군이 키우면서 고양이에 대해서 열심히 공부하면서 돌봤었으니까. 그리고 네가 몽이도 얼마나 예뻐하는데.

언니 : 그러니까요. 나도 몽이 정말 예뻐한다고요. 제가 몽이 아플 일 일부러 하겠냐고요. 그래서 저 보풀인형도 저 위에 올려 뒀었는데 몽이는 안 올라가는 데가 없어서 저렇게 된 거라고요. 빨리 치우려고 했는데 깜박해서 저렇게 됐고, 몽이는 먹지도 않았는데 다미가 화를 내면서 …. (갑자기 눈물이 글썽하더니 눈물을 주루룩 쏟는다.)

엄마 : … ?

언니 : 다미가 나한테 단군이도 제가 잘 돌보지 못해서 결국 죽은 거 같다고 하는 바람에 너무 화가 나서 다미한테 약상자를 던졌어요. 단군이 보내고 내가 얼마나 슬퍼하고 힘들어했는지 옆에서 뻔히 보고 알면서 어떻게 나한테 그런 말을 할 수 있어요? (단군이는 큰아이가 아기 고양이 때부터 키우던 눈처럼 하얀 고양이인데 2년 전 선천성 심장병으로 무지개 다리를 건넜다.)

엄마 : 그래. 그랬구나. 그래서 그랬구나 ….

동생 : …. 언니. 미안해. 내가 말이 너무 심했어. 진짜로 그렇게 생각해서 그런 건 아니야. 언니가 단군이 얼마나 아꼈는지 나도 알아. 내가 너무 흥분이 돼서 막 아무 말이나 한 거야. 정말 미안해.

언니 : 내가 더 미안해. 네가 약상자에 맞지 않아서 너무 다행이야. 단군이 이야길 들으니까 나도 내 정신 아니었었어. 그리고 나도 너무 내 생각만 하고 지냈다는 생각이 들어.

엄마 : 그럼 이제 어떻게 하지? 각자 방을 나눠 쓰도록 할까? 아니면 집을 하나 더 구해 봐야 할까?

언니 · 동생 : 아니요, 아니요. 엄마. 이런 집에서 이렇게 편하게 함께 지내게 해 주신 것도 얼마나 감사한데요. 이제 앞으로 청소나 정리나 몽이 돌보는 거 어떻게 할지 우리가 의논을 좀 해야 하겠어요. 이제 엄마는 좀 쉬세요. 엄마, 도와주셔서 고맙습니다. 저는, 이제는 다 큰 아이들이지만 우리가 배울 때 하는 마지막 말을 한 마디 더했습니다.

엄마 : 그래. 너희들이 서로 문제를 해결해 줘서 고마워. 그럼 엄마가 이젠 걱정하지 않아도 될까? 그리고 이제 너희들이 다 커서 부탁하기엔 민망하지만 하나만 부탁해도 될까?

언니·동생 : 네. 뭔데요?

엄마 : 너희들이 어렸을 때 했어야 하는데 늦었지만 부탁하고 싶어. 두 사람이 하루에 한 가지씩 서로를 기쁘게 할 수 있는 일을 기쁜 마음으로 하는 거야. 그리고 상대방은 그 일을 알았을 때 고맙다고 말하는 거야. 좀 쑥스럽고 어색하겠지. 엄마도 하루에 한 가지씩 아빠가 기뻐할 일을 해 보자 하는 생각으로 해 봤더니 처음엔 어색하더라고. 아빠가 알 때도 있고 모를 때도 있는데 내가 편하더라고. 그리고 내가 하면서 기뻤어. 한 번 해 볼래. 물론 안 될 때도 많겠지만 한 번, 한 번, 해 보면 어떨까.

언니·동생 : 알았어요. 그럴게요.

엄마 : 고맙다. 엄만 늘 말하지만 너희들이 사이좋게 지낼 때 가장 행복해. 고마워.

두 아이가 마주 보며 싱긋이 웃더니 꼭 껴안았습니다. 하늘을 날 것 같았습니다.

그리고는 둘이서 각자 어느 부분을 맡아서 관리를 할 지 의논을 하면서 일을 나누었습니다. 그 이후로 이런 일로 다투는 일은 싹 사라졌고 주말에는 같이 다니면서 아름다운 시간을 보내고 있다고 자랑하고 있습니다. 이 모든 것이 제가 배웠기 때문입니다.

🌱 중학교 2학년 태훈이의 편지

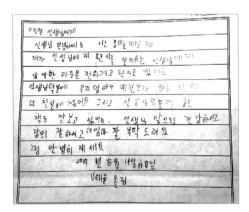

이민정 선생님에게

선생님 안녕하세요. 저는 김태훈이라고 해요.

제가 선생님에게 편지를 쓴 이유는 선생님에게

감사한 마음을 전하려고 편지를 썼어요.

선생님 덕분에 우리 엄마가 예전보다 화도 덜 내고

더 친절해졌어요. 그리고 선생님 덕분에 좋은

책도 잘 보고 있어요. 선생님 앞으로도 건강하시고

강의 잘 하시고 우리 엄마 잘 부탁드려요.

그럼 안녕히 계세요,

2019년 5월 14일 화요일 김태훈 올림

🌱 초등학교 4학년 도은이 편지

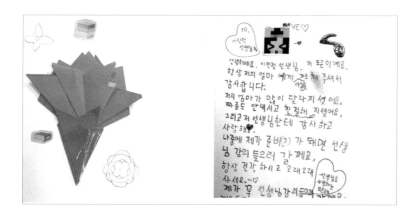

to 이민정 선생님께.   2019년 스승의 날에

안녕하세요. 이민정 선생님. 저 도은이에요.

항상 저희 엄마에게 《아훈》을 가르쳐 주서서

감사합니다.

저희 엄마가 많이 달라지셨어요.

짜증도 안 내시고 친절해지셨어요.

그리고 저 선생님한테 감사하고

사랑해요.

나중에 제가 준비(?)가 되면 선생님

강의 들으러 갈께요.

항상 건강하시고 오래오래 사세요.

제가 꼭 선생님 강의 들으러 갈께요.

선생님을 사랑하는 도은 올림.

2019년 5월 12일

🌱 초등학교 3학년 승훈이 편지

이민정 선생님 저 승훈이예
요. 요즘에는 선생님이 더 2배
로 열심히 하는 것 같아요. 저
도 집에서 최대한으로 노력하
고 있어요. 부지런한 이민정
선생님처럼요. 우리 엄마도 열
심히 노력하고 계세요. 물론
이민정 선생님처럼 훌륭하지
않지만요. 하지만 무섭게 화낼
때도 있어요. 어쩔때만이냐면,

우리가 놀다가 싸우거나 위험한 BB탄 총으로 등이요. 선생님! 선생님
덕분에 제가 예전에는 −10 이였는데 요즘에는 100프로를 사랑받고
있다고 느껴요. 이게 다 선생님 덕분이예요. 감사합니다. 제가 편지를
하나 더 썼어요. 그리고 저도 언젠간 선생님처럼 될 수 있겠지요? 더
노력해볼게요. 선생님 우리 엄마한테 교훈을 주셔서 감사합니다. 사랑

해요 ♡

2018년 5월 9일 승훈이 올림

🌱 이젠 대학생이 된 민호 어머니 편지

카드를 쓰려고 앉으니 이 밤, 이 책상에서

눈물과 절망으로 기도하는 심정으로 글을 쓰던

날들이 생각납니다.

감히 몇 년 후에 이렇게 행복한 날들을 맞이할 수

있다는 걸 꿈도 꾸지 못했던 시간들이었습니다.

교만했던 저를 보듬어 주시고 다독여주시고, 또한

용기를 주셨던 수많은 시간들이 있었기에

지금의 제가 있을 수 있습니다.

아시죠 ~ ~

저말고도 저희 가족 모두의 지금을 있게 해 주신

선생님 감사합니다. 사랑합니다.

언제나 늘 항상 감사드립니다.

민호 엄마 이숙은 올림

🌱 초5 찬준이가 《아훈》에 참가하는 엄마에게

엄마께

엄마, 안녕하세요. 찬준이에요.

나는 엄마가 부모훈련을 받는 게
참 대단해요.

정말 열심히 사는 것 같아서 참
존경스럽습니다.

앞으로 첫째로 최대한 다치지 않
겠습니다.

둘째 동생이랑 최대한 싸우지 않
겠습니다.

글씨도 더 노력하는 찬준이가 되겠습니다.

앞으로 엄마랑 같이 있는 시간이 많아지면 좋겠습니다.

앞으로 엄마가 더 기분이 좋고 기분이 좋아지는

일이 많으면 좋겠습니다.

생신 축하드립니다. 우리 엄마.

2019년 5월 13일 찬준 드림.

🌱 토론토에서 보내 온 메일

토론토 수강생

안녕하세요. 김영숙입니다.

이민정 선생님~ 몸은 괜찮으신가요? 오늘 이른 아침에 잠이 깬 김에 선생님의 강의 테이프를 들었습니다.

한 권의 좋은 책은 하나의 대학에 필적한다는 말이 너무나 공감이 되어서 선생님 생각이 났어요.

선생님의 책은 여기에 더하여 거울처럼 우리 삶을 바로 잡아 주는 크나큰 힘이었습니다.

우리의 마음을 전환시키고 말과 행동을 바로 잡아 주며 삶에 용기를 북돋아 주는 책이었습니다.

선생님의 삶의 지혜와 열정이 묻은 아름다운 삶을 살고자 하는 선생님의 삶의 가치를 본보기로 보여 주셔서 감사합니다.

모든 사람에게도 나누고 싶은 선생님의 사랑과 열정에 더욱 더 감사를 드립니다.

선생님의 책을 만나지 못했더라면 저의 삶은 상상할 수 없습니다.

저의 생명을 구해 준 것과 다름이 없습니다.

감사함을 가지고 산다는 게 참 좋네요. 사랑해요.

부디 건강하시길 바랍니다.

2020년 5월 스승의 날에 토론토에서 김영숙 올림

《아훈》 강사가 보낸 메일

《아훈》 강사 김민정

이민정 선생님.

제가 이렇게 강의할 수 있도록 해 주신 것

승훈이 승민이 승훈 아빠를 올바르게 더욱 더 사랑하게 된 것.

지금보다 더 아름다운 사람이 되어 다른 사람에게 도움이 되고 싶은 마음이 자꾸 생기는 것.

제 인생에 대해 감사한 마음이 들게 되는 것.

공부를 하면서 깨닫는 참 재미를 알게 되는 것.

수없이 많아 다 말씀드릴 순 없지만 …

이 모든 것이 선생님 덕분이라는 걸, 선생님이 계셔서

제가 이렇게 차근차근 하나 하나 해 나갈 수 있게 된

것들이라고 말씀드리고 싶었어요.

2018년 11월 23일

 매주 부산에서 서울로 오는 수강생

임정원

존경하는 이민정 선생님

오늘 강의도 너무 좋아서, 두엇거 흐기력을 쳤지!! 듣고 싶은 마음이었지만 마음으로만 감동하고 왔습니다ㅆ

많은 분들에서 부산에서 서울까지 새벽기차를 타고 매주 올라가는 저를 걱정하시지만, 강의를 듣고 내려올때마다 저는 가슴이 뜨거워져서, 더 없이 행복해집니다.

얼마전 기쁜일이 있었습니다.

학기초에 둘째아이가 유치원에서 친구들의 눈총을 받고, 안 좋은 일이 생기면 "도연이가 그랬어요" "김도연은 남의 얘기 안들어요" "김도연은 자기 마음대로 하려고 해요. 같이 놀기 싫어요." 라고 말해서 마음이 많이 아팠는데요.

얼마전 둘째 아이 선생님과 통화를 했는데, 도연이가 많이 달라졌다고 하시는걸 들었습니다.

놀이를 할때마다 "도연이가 있어야해" "도연이랑 같이 해야돼" "이건 도연이가 해야돼" 하고 제 아이를 늘 챙긴다고 말씀하시네요. 오늘은 친구에게 "넌 인기가 많아" "너 예뻐" 하는 얘기를 들었다고 행복해하는 아이를 보고 얼마나 기뻤는지 모릅니다.

1

존경하는 이민정 선생님.

오늘 강의도 너무 좋아서 두 엄지손가락을 척!! 들고 싶은 마음이었지만 마음으로만 감동하고 왔습니다 ~

많은 분들께서 부산에서 서울까지 새벽기차를 타고 매주 올라가는 저를 걱정하시지만 강의를 듣고 내려올 때마다 저는 가슴이 뜨거워져서 더 없이 행복해집니다.

얼마 전 기쁜 일이 있었습니다.

학기 초에 둘째 아이가 유치원에서 친구들의 눈총을 받고, 안 좋은 일이 생기면 "도연이가 그랬어요.""김도연은 남의 얘기 안 들어요.""김도연은 자기 마음대로 하려고 해요.""같이 놀기 싫어요."라고 말해서 마음이 많이 아팠는데요. 얼마 전 둘째 아이 선생님과 통화를 했는데. 도연이가 많이 달라졌다고 하시는 걸 들었습니다.

놀이를 할 때마다 "도연이가 있어야 해.""도연이랑 같이 해야 돼." "이건 도연이가 해야 돼." 하고 제 아이를 늘 챙긴다고 말씀하시네요. 오늘은 친구에게 "넌 인기가 많아.""너 예뻐." 하는 얘기를 들었다고 행복해하는 아이를 보고 얼마나 기뻤는지 모릅니다.

엄마는 배우긴 하지만, 잘 안 될 때도 많아서 고뇌하고,
때로는 자책도 하고, 그러면서 포기하지 않고 계속 시도하는
사이에 아이는 많이 달라져 있네요.
끊임없이 실패하고, 이게 아닌데 깨닫고, 다음에는 어떻게

엄마는 배우긴 했지만, 잘 안될때도 많아서, 고뇌하고,
때로는 자책도 하고, 그러면서 포기하지 않고 계속 시도하는
사이에 아이는 많이 달라져 있네요.
꿈임없이 실패하고, 아게 아닌데 깨닫고, 다음에는 어떻게
해야할지 연구하고, 선생님께 여쭙고 또 시도하고 …
시행착오를 계속하는 동안에, 10번중 한번도 되지 않던
것들이, 이제는 10번중 7-8번은 배운대로 되고 있습니다~

남편과 밤마다 아이들 얘기, 우리 가족의 미래 또 아이를
어떻게 키울 것인가를 얘기합니다. 대화방법 뿐 아니라,
아훈에서 배운 삶의 철학과 무엇이 옳은가에 대한
토론을 거의 매일합니다.
그때마다 우리가 아훈을 알게 되고, 이민정 선생님을 뵌것은
인생 최고의 행운이라며, 늘 감사한답니다.
아훈이 아니었으면 네 명의 아이들을 얼마나 막 키웠을는지,
매일 소리지르며 혼내고 굶아가 너무 힘들었겠지요.
정말 무서운 것은 그것이 옳은 방법이라 믿고 키웠을거라는
겁니다. 생각안 해도 아찔합니다.

해야 할지 연구하고, 선생님께 여쭙고 또 시도하고 ….

시행착오를 계속하는 동안에 10번 중 한 번도 되지 않던 것들이,

이제는 10번 중 7~8번은 배운 대로 되고 있습니다.

남편과 밤마다 아이들 얘기, 우리 가족의 미래 또 아이를 어떻게 키울 것인가를 얘기합니다. 대화 방법뿐 아니라, 《아훈》에서 배운 삶의 철학과 무엇이 옳은가에 대한 토론을 거의 매일 합니다.

그때마다 우리가 《아훈》을 알게 되고, 이민정 선생님을 뵌 것은 인생 최고의 행운이라며, 늘 감사한답니다.

《아훈》이 아니었으면 네 명의 아이들을 얼마나 막 키웠을지, 매일 소리 지르며 혼내고 육아가 너무 힘들었겠지요.

정말 무서운 것은 그것이 옳은 방법이라 믿고 키웠을 거라는 겁니다. 생각만 해도 아찔합니다.

아훈을 배우면서 무엇보다도 저 스스로도 정말 많이 성장했고, 매일 매일 성장하는 기쁨으로 너무나 행복해서 선생님께 정말 많이 감사드립니다.
가장 감사한 건, 부족함이 없었으나, 늘 불행하다고 느꼈던 제가, 아훈을 듣고, "남탓을 하지않고, 지금, 이 순간 내가 할 일을 찾기 시작한 순간부터 저는 더 없이 행복해졌고, 제 인생은 단전히 바뀐것입니다.

감사함을 표현하기에 그 어떤말로도 부족하지만, 이렇게 감사의 말씀을 전합니다. 감사합니다 ♡♡♡

아.. 요즘 아이들을 존중하고 명령을 하지않고 아이들 선택을 존중하면서부터, 스스로 선택한 것을 얼마나 잘 지키는지, 큰 소리 낼 일이 거의 없답니다^^
이 모든 것을 가능하게 해주신 선생님. 너무나도 감사합니다. 이민정 선생님...^^

　　　　　　　　　2018년 9월 임정원 드립니다.

《아훈》을 배우면서 무엇보다도 저 스스로도 정말 많이 성장했고, 매일매일 성장하는 기쁨으로 너무나 행복해서 선생님께 정말 많이 감사드립니다.

가장 감사한 건, 부족함이 없었으나, 늘 불행하다고 느꼈던 제가《아훈》을 듣고, '남' 탓을 하지 않고, 지금, 이 순간 내가 할 일을 찾기 시작한 순간부터 저는 더없이 행복해졌고, 제 인생은 완전히 바뀐 것입니다.

감사함을 표현하기에 그 어떤 말로도 부족하지만,

이렇게 감사의 말씀을 전합니다. 감사합니다. ♡♡♡

아 … 요즘 아이들을 존중하고 명령을 하지 않고

아이들 선택을 존중하면서부터, 스스로 선택한 것을

얼마나 잘 지키는지, 큰 소리 낼 일이 거의 없답니다.

이 모든 것을 가능하게 해 주신 선생님. 너무나도

감사합니다. 이민정 선생님

2018년 9월 임정원 드립니다.

🌱 해외 주재원인 남편과 함께 미국에 간 수강생

《아훈》예비 강사

선생님, 《아훈》 강사 훈련 받은 이미자입니다.

잘 지내시죠. 선생님. 미국 적응 후 하루하루 보내면서 문득 선생님을 생각하며 지내기도 했습니다.

새로운 사람들을 만나면서 또 계속되는 만남을 통해서 저의 대화가 궁금하다며 어린이집 원장이라 그러는 건가요? 라고 묻는 이들도 있고,

말하는 게 따뜻하다고 하는 이들도 있습니다. 그래서 《아훈》을 소개하게 되고 선생님 책을 여러 사람에게 빌려 주기도 했습니다.

시간이 지날수록 제가 선생님을 만나지 못했더라면 교육 받은 대로 실천하려고 노력하지 않았더라면 아찔하고 철렁합니다.

선생님 고맙습니다. 감사합니다. 실패하더라도 과녁을 생각하며 노력하고 있으며 더욱 노력 중에 있습니다.

와서 보니 저만 적응을 잘하면 되겠지 생각했는데 오히려 가끔은 아이들과 남편과의 일들이⋯. 그래서 늘 준비하고 있어야 함을 깨닫게 됩니다.

선생님 늘 건강하시기를 기도합니다.

사랑하고 존경합니다.

2019년 5월 15일 스승의 날에 이미자 올림

🌱 청도에 사는 독자 편지

독자 이서은님

이민정 선생님께

정말! 너무나 감사드립니다.

『아름다운 부모들의 이야기』 책을 읽다 "사랑"이라는

⋯ 두 글자가 뜨거운 눈물과 함께 제 가슴에 들어왔습니다.

어릴적부터 가정불화와 부모님의 이혼으로 사랑을 못 느끼고 자랐습니다. 제 사랑하는 아들을 그동안 엉망으로 대했습니다. 대물림 될 뻔 했습니다. 지금 5살 제 아들 백기훈이를 따뜻하게 대하게 해 주셔서 너무나 ♡감사드립니다. 사랑을 알게 해 주신 박수진 선생님께도 넘 감사드립니다. 정말! 감사합니다.

청도 이서은 올림

🌱 교육에 참가했던 수강생의 편지

박미영 선생님.

이민정 선생님께

선생님, 선생님 강의는 지금까지도 저의 마음을 사로잡고 있습니다.
늘 그것에 대해 생각하고 연구하고 있습니다. 삶의 문제에 대한 해결
의 실마리를 찾았다고나 할까요?

저는 한 달 전에 결혼했습니다. 결혼 준비를 하면서 돈 문제 때문에
심각하게 다투고 화해하는 과정에서 우리는 '근원을 알 수 없는 분노와
슬픔'에 대해서 이야기를 나누었습니다. 우리 둘 다 자신 안에 내재되어
있는 그 근원을 알 수 없는 분노와 슬픔을 인정했으니까요.

그러면서 저는 선생님의 강의의 핵심을 생각했습니다. 그리고 선생
님 책의 글 속에 들어 있는 적나라한 우리 부모와 나 자신의 모습들 ….
그 글들을 읽으면서 그 원인 모를 분노와 슬픔의 원인과 해답을 찾기
위한 열쇠를 발견할 수 있었습니다. 저 멀리 가늘게 새어 들어오는 불
빛.

그러나 그것은 너무도 명확하고 선명한 것이었습니다.

사람들이 어떠한 계기로 가족의 소중함과 고마움을 알고 깨닫게 되
어 그것을 실천하리라 굳게 다짐을 하더라도 그것을 실천할 수 있는 구

체적인 방법과 기술을 알지 못하면 쉽게 장애에 부딪쳐 포기하게 됩니다. 그런 의미에서 선생님은 그 미지의 세계를 개척하신 셈이죠.

그 기술은 기술로 끝나는 것이 아니라, 그것을 실천하기 전에 자신이 상대방을 존중하고 있는가, 진정으로 이해하고 있는가, 자신이 사랑임을 알고 있는가, 먼저 돌아보게 합니다.

그러한 과정이 바로 선생님이 가르치는 기술의 진정한 위력을 발휘하게 하는 겁니다.

저는 선생님이 주신 열쇠로 삶에 대한 자신감과 흥분을 가지게 되었습니다. 특히 가정을 이루고 아이를 양육하고 더 넓은 의미의 가족과 사회를 포용하는 여성으로서 살아갈 준비 단계에서 말입니다.

선생님도 '나무를 심은 사람'이라는 영화를 보셨겠지요. 저는 늘 생각합니다. 내가 할 수 있는 '나무를 심는 일'이란 어떤 것일까. 저는 진정 선생님이 하시는 일이 '나무를 심는 일'이라고 생각합니다. 진정 사명감을 가지고 할 수 있는 일이죠. 그래서 저는 선생님이 혼신을 다해 강의하시는 걸 느낄 수 있었죠. 그만큼 가치 있는 일입니다.

저 역시 저 자신과의 작은 약속들을 지켜나가는 일이 제가 할 수 있는 '나무를 심는 일'임을 깨닫고 있습니다. 그것은 결국 결코 끝나지 않는 자기 자신과의 싸움이죠.

오늘도 제가 사랑하는 몇 개의 단어들을 외쳐 봅니다. 자신감!! 확신!! 포기하거나 절망하지 않음!!

내일 새벽에 오늘 하지 못한 공부를 해야 하니 이만 자려 합니다.

사랑과 평화! …. 선생님께! ….

교육에 참가한 강릉에 사는 간호사 박미영 드림

🌱 이름 없는 독자의 고마운 글.

『이 시대를 사는 따뜻한 부모들의 이야기』. 이 책은 지금까지 내가 가져왔던 자녀 교육관에 대해 큰 전환을 이루는 계기가 되었고 부모 역할도 배우고 노력해야 한다는 것을 일깨워 준 내 인생의 새로운 길잡이가 된 책이다.

2007년 봄 남편의 권유에 의해 처음 이 책을 대하였을 그 당시 나는 하루하루가 지옥같이 매우 힘든 상황에 처해 있었다. 아이들 특히 큰아이와 나와의 관계는 악화될 대로 악화되어 거의 매일 밤을 소리 지르고 야단치고 울고 남편에게 나의 찢어질 듯한 심정을 토로하곤 했다.

생각하다 못한 남편이 책을 사서 선물했던 것이다. 2년 전 일인데 마치 예전에 있었던 일인 양 아련한 추억처럼 스쳐 지나가며 가슴이 뻐근하게 아파 온다.

책을 처음 읽었을 때 나처럼 아이들 때문에 고민하고 속상해하는 같은 처지의 사람들이 많이 있구나, 하는 동지 의식과 (왜냐하면 나는 그때까지 주위의 모든 사람들은 큰 문제없이 잘 키우는데 나만 왜 이러나 하는 심한 열

등감에 빠져 있었다.) 그동안 내가 얼마나 무지했고, 과거에 나의 부모로 부터 받았던 옳지 못하다고 느낀 교육 방법을 그대로 쓰고 있던 나를 처음으로 객관적인 입장에서 살펴볼 수 있었다. 엄마라는 미명하에 휘둘렀던 잘못된 힘, 그리고 아이가 커가면서 갈수록 내 마음대로 안 된다는 위기의식으로 절망했던 나, 그래서 급기야는 왜 저 아이는 나에게 태어나서 나를 이렇게 힘들게 만드나 하는 원망을 수도 없이 하였다.

그런데 이 책의 내용은 충격 그 자체였다.

'부모역할도 배워야 한다고?'

'모든 문제의 원인은 결국 나에게 있었다고?'

'그래서 변해야 할 사람은 나라고?'

이제껏 나는 모든 문제는 아이 탓이라고 생각했다.

공부는커녕 숙제도 제대로 안 하고 걸핏하면 동생과 싸우고 못 살게 굴고 엄마 말이라고는 좋은 말로 한두 번 해서는 듣지도 않고, 결국 소리 지르고 매를 들어야 듣는 척하는, 그리고 엄마인 나를 존중해 주기는 커녕 무례하게 구는 어디 한구석 칭찬할 게 없는 아이가 너무나 미웠다.

그런데 그 모든 원인이 나에게, 나의 잘못된 교육에 있었다는 것은 충격이었다. 내가 아이를 미워했던 그리고 사랑이라는 이름으로 행해졌던 잘못된 말과 행동이 순간순간에 나 이상으로 힘들었고 상처 받았을 아이에 대해 생각해 볼 수 있었다.

한없이 미안했고 가슴 저리게 후회되었고 책을 읽고 교육 받으면서 나는 기회가 있을 때마다 아이들에게 사과했다.

그동안 엄마가 잘못한 것들에 대해 할 수만 있다면 나의 참사랑으로 그 상처들을 하나하나 지워 주고 싶다.

"모르는 게 약이고 아는 게 병"이라는 말이 있듯이 이제는 배우고 알고 나니 문제나 갈등이 생겼을 때 이렇게 하면 효과적으로 해결할 수 있나? 먼저 생각해야 하니 머리도 훨씬 복잡해지고 말도 함부로 할 수 없어서 답답할 때가 많다.

나의 욕심을 버리고 쉽게 할 수 있는 방해되는 말들을 참으며 아이들을 신뢰하고 이해하면 아이들이 스스로 깨달아서 모든 일을 바르게 선택할 수 있도록 기다려 주는 것은 정말 힘이 든다. 그러나 올바른 부모가 되기 위해서는 참아야 할(기다려야 할) 과정이라고 생각한다.

요즘의 나는 2년 전에 비해 농담 삼아 남편에게 자주 쓰는 말로 "I am not what I was." (지금의 나는 과거의 내가 아니다.) 남편도 아이들도 인정해 주는 이 말에 다시 과거로 돌아가고 싶도록 불끈불끈 솟아오르는 감정을 삭히려고 더욱 노력하게 된다. 앞으로도 더욱 힘들고 어려운 일이 많이 있겠지만 먼 훗날 나의 아이들이 나를 따뜻한 부모로 기억하기를 진심으로 바라고 그러기 위해 끊임없이 생각하고 노력하겠다.

이럴 때 이렇게 말한다

여덟 살 첫째 아들과 세 살 둘째 딸이 하루가 멀다고 다툽니다. 같이 앉아 사이좋게 놀다가도, 첫째 방에서 둘째가 함부로 물건을 만지거나 가져가면, 첫째가 동생을 밀쳐서 울립니다. 둘째도 한 치 양보 없이 울며 대들면서 끝없는 싸움이 반복됩니다. 자기 물건을 동생과 공유하기 싫어하는 오빠, 오빠한테 지기 싫어하는 여동생 사이에서 계속되는 다툼에 지쳐갑니다.

위 내용은 남매를 둔 엄마가 신문에 기고한 글이다. 이럴 땐 어떻게 말할 것인가?

8세 첫째와 3세 둘째가 날이면 날마다 싸웁니다.

여덟 살 첫째 아들과 세 살 둘째 딸이 하루가 멀다고 다툽니다. 같이 앉아 사이좋게 놀다가도, 첫째 방에서 둘째가 함부로 물건을 만지거나 가져가면, 첫째가 둘째를 밀쳐서 울립니다. 둘째도 한 치 양보 없이 울며 대들면서 끝없는 싸움이 반복됩니다. 자기 물건을 동생과 공유하기 싫어하는 오빠, 오빠한테 지기 싫어하는 여동생 사이에서 계속되는 다툼에 지쳐 갑니다.

우리 아이 이럴 때 어떻게 할까요?

전문가들을 조언한다.

"아이들이 싸우면 부모님이 개입해서 아이들을 떼어 놓아 주세요."

(아이들만 있을 땐 누가 떼어 놓을까?)

"아이의 마음을 공감해 주고 진정이 되면, 동생에게 '만지지 마. 내 거야.' 하고 말하는 법을 가르쳐 주세요."

(공감하는 말은? '만지지 마. 내 거야.' 하면 '알았어요.' 하면서 만지지 않을까?)

"동시에 '때리는 건 안 돼. 동생이 아파.'라고 알려 주세요. 이때는 화를 내거나 짜증을 내지 말고, 단호하고 엄하게 말해 주셔야 합니다."

('때리는 건 안 돼. 동생이 아파.' 하면 오빠가 때리는 행동을 멈출까? 오빠는 동생이 아프라고 때리는 게 아닐까? 엄마가 그러듯이.)

"'오빠니까 한 번만 참아라.'는 식으로 일방적인 양보를 강요하는 건 바람직하지 않습니다."

"둘째가 오빠 장난감을 가지고 놀고 싶어 하는 마음에 공감해 주세요. 그러면서 '먼저 오빠에게 물어봐야 한다.'고 알려 주세요. 어렸을 때 부모가 상황과 이유를 설명해 줘야 다른 사람과 잘 지내는 법을 체득해 갑니다."

(세 살 동생이 오빠에게 물어보면 오빠가 순순히 빌려 줄까?)

"아이들이 둘 사이 규칙을 지키는 습관이 생길 때까지 반복해서 알려 줘야 합니다. 아이들이 싸우지 않을 때까지 6개월, 아니 1년 이상 걸릴 수도 있습니다. 두 아이가 10년, 20년 함께 지내야 한다고 생각하면 1년 정도는 긴 시간이 아닐 겁니다."

(장난감으로 다투는 일을 멈추게 하는 데 6개월에서 1년 이상 걸리기 때문에 부모역할이 어려운 건 아닐까?)

전문가들의 조언에서는 반복해서 알려 줘야 한다고 하는데 《아훈》에서는 아이들이 스스로 깨닫도록 돕기 위해서 어떻게 대화할 것인가에 초점을 맞춘다.

이런 경우 8세 오빠와 3세 동생 두 아이 중에 누구에게 말해야 이해가 빠를까? 위에서 제안하는 방법은 부모가 아이들을 설득하는 방법이다. 아이들은 세상을 잘 모르니까 부모가 이래라, 저래라 알려 줘야 한다고 생각한다. 그러나 아이들도 판단 능력이 있다. 3세 동생보다는 8세 오빠가 이해력이 더 높다. 그러므로 오빠에게 말한다. 그렇다면 오빠가 상황을 이해할 수 있도록 어떻게 말해야 할까.

특강을 들은 수강자가 위와 같은 내용을 질문했다. 방법을 질문했던 엄마와 내가 역할극으로 그 상황에서 어떤 말을 하는지 나누었다. 그 수강자는 다음 정규 과정에 참가해서 참가하게 된 이유를 말해 주었다.

선생님의 강의를 듣고 집에 갔더니 마침 8세 오빠와 5세 여동생이 우리가 나누었던 상황과 똑같이, 장난감을 서로 뺏으면서 다투고 있더라고요. 제가 선생님과 역할극으로 나누었던 내용으로 말하기 시작했습니다.

물론 제가 화를 참으면서 얘기하지 않았습니다. '내가 오늘 배운 방법으로 사건이 평화로이 해결될까? 한 번 실천해 봐야지.' 하고 집에 올 때까지 외웠던 대화를 생각하자 화내지 않고 말할 수 있었습니다.

"얘들아, 잠깐만. 무슨 일로 다투는지 궁금하네."
큰아이가 큰 소리로 말했습니다.
오빠 : 얘가 자꾸 내 장난감 빼앗잖아요.
엄마 : 그랬어. 동생이 자꾸 네 장난감 빼앗았다고.
오빠 : 네. 이거 내 장난감이잖아요.
엄마 : 그래. 그건 너 장난감이지. 그러니까 너 장난감은 너만 가지고 놀아야 한다고.
오빠 : 네.
엄마 : 그래. 그럼 … 너 장난감은 너만 가지고 놀고, 엄마가 동생에게 새 장난감을 사 주면 그 새 장난감은 동생만 가지고 놀아

도 될까?

전 정말 아이가 이해할 수 있을까? 반은 믿고 반은 의심했습니다. 아이가 멈추더라고요. 뭔가 생각하는 것 같았습니다. 화내며 당당하던 아이가 조용해졌습니다. 잠시 뒤에 8세 오빠가 신기하게도 제가 원하던 말을 했습니다.

오빠 : … 알 았 어 요. 너 이거 가지고 놀아.

가슴에 몇 년 묵은 체증이 쓰윽 다 밀려 내려가는 것 같았습니다. 저는 외웠던 말을 했습니다. 기쁘고 고마운 마음으로 말했습니다.

엄마 : 지원아, 고마워. 정말 고마워. 네가 동생에게 네 장난감을 빌려 줘서 정말 고마워. 엄마는 너희들이 사이좋게 지낼 때 가장 행복해. 엄마 행복하게 해줘서 고마워.

저는 큰아이를 가슴에, 제 가슴에 꼬옥 안았습니다. 감격으로 안았습니다. 미안함으로 안았습니다. 그동안 큰 소리치고 때리기도 했던 미안한 마음으로 안았습니다. 아이가 이해하도록 말하지 못했던 제 미숙함의 미안함으로 안았습니다. 엄마 마음을 이해해 준 고마움으로 안았습니다. 이 아이의 엄마가 된 이 기쁨을, 이 감동을, 이 경이로움을, 이 행복을 어디에서 얻을 수 있을까요

그날 이후 비슷한 상황에서 다툴 때도 있지만 차츰 큰아이는 동생이 자기 장난감을 만지면

"야!! … 아냐, 음, 너 먼저 가지고 놀아."

하는 것입니다. 저희 집안이 얼마나 평화로워졌는지요. 제가 계속 배우지 않을 수 없어서 이 과정에 신청하지 않을 수 없었습니다.

지원이의 이 변화는 단순히 장난감을 동생에게 빌려 주느냐 아니냐를 넘어 다른 인간관계까지 영향을 준다. 더하여 동생도 오빠를 좋아하게 되고, 또 동생도 오빠처럼 다른 사람과 나누게 된다. 그리고 지원이는 이와 같은 사건의 해결을 통해서 자신의 감정이나 욕구 등 내면의 갈등을 지혜롭게 풀고, 절제하는 능력을 키우게 된다. 이 능력은 정신건강을 키우는 원천적인 힘이 된다. 작은 사건 하나, 하나를 지혜롭게 해결해야 하는 이유다.

《아훈》은 상대방을 이해시키는 방법이 아니라 상대방이 이해할 수 있도록, 상대방이 깨달을 수 있도록 돕는 방법을 훈련하는 프로그램이다.

神(신)이 인간에게 준 가장 큰 사랑은 부모 되는 능력이 아닐까. 그러므로 인간은 그 어디에서도 얻을 수 없는 행복과 기쁨을 자녀에게서 얻을 수 있다. 부모가 지혜롭기만 하면.

끝